这些古人治好了我的精神内耗

白羽 著

开明出版社

图书在版编目（CIP）数据

这些古人治好了我的精神内耗 / 白羽著 . -- 北京：
开明出版社 , 2024.10--ISBN 978-7-5131-9262-0

Ⅰ. K820.2

中国国家版本馆 CIP 数据核字第 2024PF1862 号

责任编辑：卓玥

书　　名：这些古人治好了我的精神内耗

作　　者：白羽

出　　版：开明出版社（北京市海淀区西三环北路 25 号青政大厦 6 层）

印　　刷：保定市中画美凯印刷有限公司

开　　本：710mm × 1000mm　1/16

成品尺寸：170mm × 240mm

印　　张：16

字　　数：211 千字

版　　次：2024 年 10 月第 1 版

印　　次：2024 年 10 月第 1 次印刷

定　　价：59.80 元

印刷、装订质量问题，出版社负责调换。联系电话：（010）88817647

目

录

生活不止一条路径

《庄子·知北游》中说："人生天地之间，若白驹之过隙，忽然而已。"一个人懂得了生命的有限性，才会更加热爱生命。我们应该活成自己的样子，而不是别人期待的样子；我们应该去做自己的选择，而不是被功利思维裹挟着，奔向所谓成功。古代名士们用哲学、文学、绘画、音乐以及放荡不羁的狂人生命方式所诠释的，其实只有两个字：真我。

为何今天的人们，会羡慕古人的隐居生活？

其实，我们羡慕的并不是牛羊散漫，日出而作的生活方式，而是放下生活的面具，随遇而安的生活状态。

庄子在《人间世》里说："知其不可奈何而安之若命，德之至也。"一个人洞悉了自己的天赋所在，资质利钝，性格长短，也就懂得了顺乎天然，随遇而安的真谛，也就找到了属于自己的生命光芒。

有些努力是有意义的，有些使力则是徒劳。

安之若命，是对单一价值追求的抵制，是与自我的和解。《骈拇》云："凫胫虽短，续之则忧；鹤胫虽长，断之则悲。"凫鸟不必羡慕仙鹤的大长腿，仙鹤不必效仿凫鸟的小而美，一个人木工做得好是成功，菜做得好是成功，长期保持好身材同样是成功，每个人有自己的优长，上天赐予每个人的短处，是为了彰显他的长处。丢开蝇营狗苟的琐碎生活，舒展被束缚的羽翼，我们都是独一无二的、自由的飞鸟。

我们最好的生活，来自我们对生活方式的选择。如何摆脱物质与精神的双重束缚，获得更多生命的可能？

前贤率性而为的人生，为我们提供了参考。

真正的自由，不是做什么的自由，而是不做什么的自由。刘伶长得一点都不帅，甚至有点丑，但喊出了"天生刘伶，以酒为名"的声音，简直就是嬉皮士的老祖宗；陶渊明丢开了五斗米俸禄的官衔，却拥有了"采菊东篱下，悠然见南山"的诗意主张，里里外外透着元气淋漓，一看就是"睡到自然醒"的模样；林和靖选择与梅花仙鹤为伴，好像做了一辈子单身狗，实则远离了鸡零狗碎、一地鸡毛的生活，拥有的是神仙般的状态；傅青主精通医术、书法、绘画、诗词、武术、美食，傍身绝学十几项，妥妥斜杠青年，却不装油滑、扮大师，一生无媚骨；还有严子陵、阮籍、嵇康……他们拒绝卷入"学成文武艺，货与帝王家"的老套路，不想做"禄蠹"，把自由视为生命的最高原则。

黛比·福斯特说："我们需要理解、接纳和包容自己身上的一切特质，因为如果连我们自己都接受不了自己的话，又怎么能期待世界接受我们呢？要想获得别人的爱，我们必须首先建立起自爱。只有把内与外、积极与消极结合起来，找回一个完整的自我，你才能在不同的情境下控制自己所表现出的特质。"这些古代的名士们，不曾出将入相，没有高官显爵，却同样耀眼。他们纵酒、长啸、弹琴、打铁，开 party，甚至于裸奔，他们的形象不那么庄严，在历史的宏大叙事中一点儿也不高大上，步履甚至有些歪歪斜斜，却让人觉得更加可爱，更加可亲近，就像我们身边的朋友一样。

我们应当明白，我们之所以与众不同，不是成就在我们身上的加持，而是生而为人的本性。

筑自己的梦，面对自己的命运，随遇而安。

生活不止一条路径，成功不限一种方式。

　　我们也许不会成为世界上活得最长久的那个人，却可以成为活得最多元的那个人，拒绝只有学习和工作的干瘪生活模式，反对内卷，反对活在他人的目光里，去交友、去跳舞、去旅行、去爱。就像诗人詹姆斯·乔伊斯告诉我们的那样："去生活，去犯错，去跌倒，去胜利，去用生命再创生命。"

　　是为序。

白羽

二〇二四年四月五日凌晨于天津晨阳里

第一章

庄子：我是梦中的蝴蝶

——物我两忘蝶入梦，寂寥人生大智慧

泉涸，鱼相与处于陆，相呴以湿，相濡以沫，不如相忘于江湖。

——《庄子·大宗师》

庄子是智者，是寂寞且真正多情的智者，因此才会说出这般话来。当一个人爱得很深，但又无奈的时候才会选择"相忘"，就好像两条处在泥洼中的鱼儿，尽管彼此用充满爱的唾液维持着生存，但这爱却让人觉得悲凉和辛酸。若是能够在江湖里悠然自得地游来游去，那么彼此相忘，甚至于不相识也是一种快乐。

相濡以沫固然令人期许，但还要爱淡如水。

这是庄子的智慧，也是他的忧伤。

某个深夜曾经和好友"潇湘夜雨"聊起庄子，对其逍遥境界颇为仰慕。友人说，庄子的境界太高，难以企及。我说，你有你的庄子，我有我的庄子，其实每个人的心中都有一个庄子。她大悟，连称妙。这一席话，促使我再次读《庄子》。在这本书中，我能感受到文字间深深的寥落，这种内在的东西是无法排遣的，它是智慧的副产品。也许，智慧造就寂寞，任何一位哲人都无法避免。但是，庄子不同，他不但喜欢寂寥，而且他还从寂寥延伸到

庄子像

了爱，使它那般悠远和深沉，这是功利的人所无法理解的。

庄子大约生于公元前369年，名周，字子休，是战国时期宋国蒙人。他继承并发扬了老子的思想，因此后世"老庄"并称。道家思想到了他的手中，变得高远而浪漫，后世的很多知识分子追求这种境界，因此奉他为偶像。道教干脆尊他为"南华真人"，将其神化。但他的身上找不到丝毫的神仙气，恰恰相反，他倒像个"愤青"。不信且看下面这个故事。

有一次，他穿着破烂的衣服、麻绳编成的鞋子去拜访魏王。魏王看着他如此不堪的装束，说："先生怎么潦倒到了这个程度啊？"庄子冷冷一笑，说："这是贫穷，但不是潦倒。一个人不能体现他的道德，才是潦倒。衣衫破烂，鞋子粗陋，这是贫穷，也叫作生不逢时。大王你难道没看到林中的猿猴吗？在长着高大的楠树、樟树的森林里，它们攀缘往来，轻捷得像飞鸟闪电一样，就是像后羿、逢蒙那样的神箭手也无法射到它们；可是如果在荆棘丛中，它们行动就非常谨慎，躲躲藏藏，满面惊恐，普通的猎户就能抓住它。这不是它们腿脚变僵硬、身手不灵活了，而是因为它们所处的环境发生了变化。现在我处在这个混乱的国家，君主昏聩，臣下贪暴，怎么能不潦倒呢？"他的话没说完，魏王已经面色铁青，只好把他当作一个说狂话的"愤青"来看待了。

庄子所说的"君主昏聩，臣下贪暴"并非夸大。他所处的时代，各国诸侯为了争夺人口和地盘，互相攻伐，老百姓久经兵灾战乱，痛苦不堪。和庄子同时代的孟子为了实现所谓的"王道"，曾经像孔子一样游说各国君主，但是君主们为了"霸业"根本不理睬什么王道。倒是庄子看得透，他对诸侯们争夺一己之私的嘴脸早就了然于胸，因此不屑与之为伍，做了几年漆园小吏后干脆辞官隐居了。尽管生活很贫穷，但是他并不以此为意。他在濮水垂钓时，楚国国君闻听他是贤人，曾委派两位大夫去请他。庄子手持钓竿，背对来人，没有一丝热忱。

一位楚国大夫说："我们大王久闻先生贤名，想以国事劳累先生。希望先生出山，为君王分忧，为吏民造

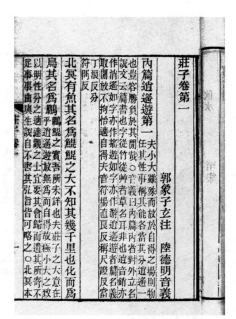

《庄子》书影

福。"庄子一扬钓竿，把钓起的金丝鲤鱼放进鱼篓里，淡淡地说："我听说你们国家有只神龟，被杀的时候已经三千岁了。你们的国君很珍视它，用绸缎包裹着它，供奉在庙堂上。请问两位大夫，这只神龟是愿意被杀死供奉在庙堂上，还是愿意拖着尾巴在水田里慢慢地行走？"楚国大夫不明庄子话中的含义，但仍然据实回答："当然是愿意活着在水田里爬行。"庄子说："二位使者请回去吧，我也愿意做一只在水田里爬行的龟。"在庄子的眼里，世俗是一个巨大的樊笼，出任官职和供奉在庙堂上的死龟并无区别。他对自由的热忱远远大于做官的兴趣。他一生淡泊名利，主张清静无为。不过，他并非对世事毫不关心，而是愤世嫉俗。他的内心有一种深重的绝望感，使他对现实中的一切都冷眼相看，并存有戒心。这从他和惠子的一番对话中就能看出来。

他的好朋友惠子当上了梁国的宰相，庄子前去拜见。有人告诉惠子，庄子是来和他争夺相位的，惠子深知庄子的才华，因此大为惊恐，派人搜捕，

《梦蝶图》（局部）（元代 刘贯道）

企图阻止庄子前来。谁知庄子却飘然而至，这令惠子非常尴尬。庄子笑着讲了个故事，说南方有一种鸟叫作凤凰，它展翅一飞就从南海飞到北海。除了梧桐树，它不栖息；除了竹子的果实，它不食用；除了高山间的清泉，它不饮用。它飞过来的时候，恰好遇到了一只吃腐鼠的猫头鹰，猫头鹰以为凤凰是来抢老鼠吃的，因此赶紧护住死鼠，对着凤凰狂叫。最后，庄子对惠子说，你现在也想用猫头鹰吓唬凤凰的方式来吓唬我吗？

惠子听了庄子的一席话，非常羞愧。在庄子的眼里，所谓梁国的相位只不过是猫头鹰的腐鼠，根本就难入他的法眼。他洞察了世道的污浊，视权位如腐鼠，率性而为，这是惠子这样的人无法理解的。他主张精神上的逍遥自由，因此在现实中也放浪形骸，怎么可能为了官职而束缚自己。他曾经说：

"名也者，相轧也；知也者，争之器也。二者凶器，非所以尽行也。"在他的眼里，名和利都是凶器，是倾轧和斗争的祸源，是需要警惕的东西。

尽管庄子的著作中充满了如此之多的激愤，甚至刻薄的言论，但他并非是一个光知道"愤"的人，面对迷雾般的现实，他具有一针见血的洞察力。他认为统治者和强盗并没有本质上的区别，只是统治者更加冠冕堂皇，更会为自己脸上贴金而已。在对老百姓的掠夺和残害上，君主和大盗如出一辙。他举了一个盗跖的例子，说一个蟊贼问盗跖："盗亦有道乎？"（强盗也有法则吗？）盗跖说："不论什么地方都是有法则的。入室抢劫之前能测算出有多少东西，这叫圣明；进行抢劫时第一个冲进去，这叫勇气；抢劫结束最后退出来，这叫义气；判断能不能进行抢劫，这叫智慧；分赃的时候能够协调各方的利益，这是仁道。具备这五种素质，而能够成为大盗的，天下罕见。"在这里，儒家所倡导的仁、义、智、勇、圣等字眼并未发生变化，只是在不同的人眼中意义完全不同，概念的虚伪性在这里一目了然。大多数统治者都是虚伪概念的使用者，他们以仁道之名，行大盗之实。对此，庄子非常清醒，所有的统治者都是大盗，只是他们自称君王，而把那些不服从他们统治的人称作"盗跖"。所谓"彼窃钩者诛，窃国者为诸侯"，正是如此。

他的言论，完全是冷冰冰的，甚至是刻薄的。若这样理解，只能把他当作一个冷酷的哲学家，而不是一个具有爱的人。清人胡文英对庄子颇有研究，其理解和我如出一辙。他说："庄子眼极冷，心肠极热。眼冷，故是非不管；心肠热，故悲慨万端。虽知无用，而未能忘情，到底是热肠挂住；虽不能忘情，而终下不下手，到底是冷眼看穿。"这段话非常准确地描绘了庄子的内心世界，理解了这段话，不但能够理解庄子，也能理解后世的鲁迅。庄子虽然言语刻薄，但拥有一颗悲悯之心。面对人世间的种种罪恶与荒谬，他不可能像孔子那样从现实的角度进行努力，因此只能冷嘲热讽。这既是对黑暗的一种控诉，也是一种反抗，看似无情，却最是多情。他的这一点很多人看不透，因此对他有颇多误会。其实他在情感上，是存在"悲"的，而且"悲"得深沉。

庄子在《大宗师》中有一句话，很能说明他"悲凉"之中的那份爱。"泉涸，鱼相与处于陆，相呴以湿，相濡以沫，不如相忘于江湖。"这句话的意思是，水干了，很多鱼儿被困在干涸的塘中，它们张开嘴吐气，用唾沫互相濡湿慰藉。这虽然很好，但不如像从前一样互相无涉，在江河里游荡。很多人用这句话形容爱情，但大都用错了。人们常常期望相濡以沫的爱情，却害怕相忘于江湖。其实，现代人很难做到相濡以沫，更做不到相忘于江湖。这句话的意味之深，常让我感动不已。

相濡以沫固然令人期许，但还要爱淡如水。

很多年以前，有一对青年男女相恋，他们相约到大城市寻梦。可是现实并不如意，他们的生活陷入了困顿。就好像庄子文中相濡以沫的鱼儿一样，他们彼此安慰，彼此鼓励，相信有一天命运会发生转机。可是，现实并没有发生戏剧性的变化，反而每况愈下。这个青年男子丢失了工作，只剩下女孩一人在拼搏。望着自己心爱的人脸色变得苍白，美丽的容颜日渐憔悴，男孩心如刀绞。就在这个时候，另一个人——女孩的上司闯入了他们的生活。这是一个谈吐儒雅、年轻有为的男子，他开始热烈地追求女孩。故事说到这里已经很俗套了，但我还是想继续讲下去。女孩没有接受上司的爱，她并不是一个追慕荣华富贵的女子，在她的眼里爱情高于一切。这一切都被男孩看在眼里，他心中产生了一个想法，与其让自己所爱的人跟着自己受罪，还不如让她去寻找她的幸福。他把自己的想法讲给女友听，可是很快被聪明的女孩打断。

就这样，清贫的生活仍然继续着，尽管男孩再次找到了工作，但并未改变他们的处境。每次望着女友疲倦的眼睛，男孩的心都一阵剧痛。最终，他下定决心实施自己的计划。烟酒不沾的他开始吸烟、酗酒，甚至公然和一些风尘女子来往。女友一再劝阻他，可是他却对她越来越粗暴。最终，他们分开了，看着那个英俊的男子扶着站不稳的女孩离去，他跌倒在地。此后，女孩多次来找他，可是都被他拒绝了。女孩并未放弃，一次又一次地来找他，为了不再使她伤心，他搬了家。直到五年后，他才听到女孩结婚的消息，她的丈夫并不是当年的上司。又过了很多年，他也功成名就了。在一个酒会上，他看到了她。她一手挽着气度不凡的丈夫，一手牵着可爱的孩子，他笑出了眼泪。就在他要离去的时候，她认出了他，刹那间她明白了一切，当年男孩的堕落都是表演给她看的。

当我把这个故事讲给别人听的时候，每个人的反应都不同，有人说男孩是懦夫，也有人说男孩太傻。在我看来，两条鱼与其互相以唾沫维持痛苦的生活，不如回到江湖，去寻找真正的幸福。是的，总有一方会被当作傻子，或者受到误解。相忘于江湖，这五个字说起来简单，做起来太难。

就是这个观点，使庄子遭到了诸多误解。对他来说，爱不但可以相忘于江湖，就连生死也可以。据说，他的妻子去世了，好朋友惠子前来吊唁，却看到庄子席地而坐，正敲着瓦盆唱歌。惠子非常气愤，质问他说："你的妻子为你侍寝，为你生子，为你操持家庭，为你分担痛苦，现在去世了，你不但不悲哀，居然还在这里唱歌，实在太无情无义了。"不但惠子这么骂，恐怕现代人也会说庄子太不是东西。庄子的这种行为看起来不仅仅是无情无义，简直是没心没肺。这是因为俗世的人无法理解"鼓盆而歌"，不但无法理解，也无法接受。庄子在回答惠子的责问时说："她去世时我也曾悲伤，但思前想后觉得这是凡夫俗子的感情，是不明生死之理、不通大道者的悲哀。"聪明的惠子仍然愤愤不平，质问道："那你说说，什么是生死之理？"庄子说："在人的生命之始，是没有精神的；不但没有精神，连人的身形也是不存在的。阴阳两种气在冥茫之中游荡，气的变化产生了人的形体，随着

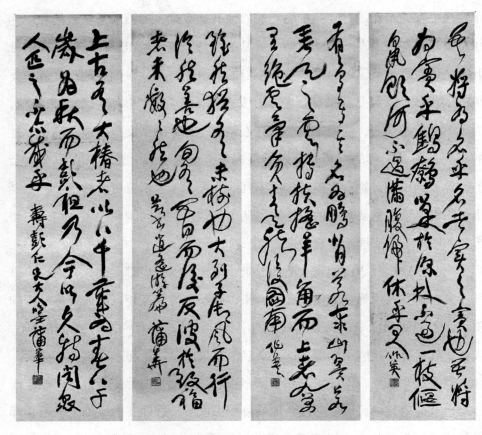

草书《逍遥游》（清代 蒲华）

形体的诞生也带来了精神。人的生死就好像季节的变化，她虽死了，但只不过是回到冥茫之中，还原为阴阳之气，安居在天地之间，并没有彻底消失。"

惠子对庄子的回答虽然认同，但是并不满意。他说："理虽如此，情何以堪？"庄子的回答体现了他对爱的理解和情感上的旷达。他说："死生，命也；其有夜旦之常，天也。""汝身非汝有也……是天地之委形也；生非汝有，是天地之委和也；性命非汝有，是天地之委顺也。"他认为，生与死都是自然界的规律，就好像昼夜变化，不但别人的生命不属于你，就连自己的生命也不属于自己。人的生命是天地所委托，并不取决于人。人不能占有任何东西，不论感情上接受不接受，该离去终究会离去。平常人无法接受这一点，因此才有悲乐之心。既然明白了其中的道理，还有什么不堪忍受的呢？况且，得者，时也；失者，顺也。安时而处顺，哀乐不能人也。他还说："夫大块载我以形，劳我以生，佚我以老，息我以死。故善吾生者，乃所以善吾死也。"意思是说，自然界赋予了我形体，有了生命所以才操劳，年老而享受清闲，死亡而得到安息。因此，生时固然要欢欣，死时也不要悲哀。对生命的止息完全没有悲哀，已经超越了普通的情感局限，也不执着于烦恼，而是以终极的态度来看待生死。这一点和我前面所说的"悲"并不矛盾，因为只有"悲"，才能"不悲"，只有"悲悯"，才能"普度众生"。这种情感和佛家有共通性。

庄子的大智慧始终建立在矛盾之中，除了上面的"冷眼"和"热肠"，"愤"和"旷达"，"悲"和"不悲"，还有"现实"与"梦幻"，这是庄子哲学中最具浪漫色彩的一部分。《庄子·齐物论》中说："昔者庄周梦为蝴蝶，栩栩然蝴蝶也，自喻适志与！不知周也。俄然觉，则蘧蘧然周也。不知周之梦为蝴蝶与？蝴蝶之梦为周与？周与蝴蝶则必有分矣。此之谓物化。"这段话的意思是：有一天，庄周梦见自己变成了蝴蝶，一只翩翩起舞的蝴蝶，感到非常快乐，悠然自得，不知道自己是庄周。一会儿梦醒了，仍是躺在床上的庄周。不知是庄周做梦变成了蝴蝶，还是蝴蝶做梦变成了庄周呢？庄子在这里提出了一个命题，即形而上的快乐，这就是梦幻。若是梦幻足够真切，足够长，人是否有能力分清现实和梦幻？

法国哲学家笛卡尔认为，人通过意识感知世界，世界万物都是间接被感知的，因此外部世界有可能是真实的，也有可能是虚假的。他甚至还说："我思，故我在。"他通过自己的思考，来感知自己的存在。这和佛家所说的"相"有某些类同。我们所看到的一切都在于感知，若是事物的本源隐藏着，我们看到是始终是虚假的"相"，那么我们就把这种"假相"当作真实。同理，若是虚幻给一个人幸福，那么真实的东西反而使他无法接受。法本无相，很多事物本身就是假相，但我们仍然相信它。这就像我们看到的星光，其实星星已经陨落了，因为距离几万光年，这个太远的距离让我们把它传播过来的光当成了本体。

庄周梦蝶是庄子哲学中打破生死、物我界限的一个经典。清人张潮的《幽梦影》中有很多经典的小品，其中说到"梦蝶"时说："庄周梦为蝴蝶，庄周之幸也；蝴蝶梦为庄周，蝴蝶之不幸也。"这话很有些让人分不清现实和梦幻的意思。他说，人从现实进入梦幻，就好像从浊恶的尘世进入逍遥境界，是人生的大幸；反之，从梦幻回到现实，是从逍遥境界进入烦恼的尘世，是大不幸。孰幸孰不幸，恐怕只有庄子知道。

有了庄子的智慧，再寂寥的人生也不那么苦涩了。万般悲悯盛一杯，千古辛酸笑与泪。物我两忘蝶入梦，寂寥人生大智慧。今晚，我枕着《庄子》入梦，也变成一只蝴蝶飞去。

第二章

东方朔：阿凡提式的人物

——一身傲骨万古秋，诙谐方见真风流

天下无害，虽有圣人，无所施才；上下和同，虽有贤者，无所立功。

——《答客难》

东方朔胸怀奇才，且接近汉武帝，却不被重用。从某种意义上来说，他不但拥有成就一番大事业的主观条件，还具备客观条件，但现实是残酷的，在帝王的眼中他和优伶并无多大区别。也许只有自嘲才能解脱命运加在人身上的悲剧，因此他选择了戏谑、滑稽的方式。他在《答客难》中的话似是为自己辩护，实则是讽刺。汉武帝执政的时期貌似天下无害，上下和同，却是最沉闷、最铁板一块的时候。当时大搞"罢黜百家，独尊儒术"的一元文化，因此绝不会诞生圣人，也不会诞生贤者。同样，也无法容忍圣人和贤者。东方朔作为一个贤者，他毫不犹豫地选择了黑色幽默。

汉代的文人身上大多有一股道学气，即便是名士也不例外，例如梁鸿。这主要是因为汉代倡导以孝治天下，也就是说整个社会都重视道德评判。道德评判导致了伪道德的出现，人们争着抢着作秀，因而我对汉代的名士大都持怀疑态度。但有一个人例外，因为他是一个阿凡提式的人物，他的诙谐不但载入史册，还流传在民间，他就是东方朔。

在我的家乡有一出秦腔剧叫《宝莲灯》，里面就有东方朔这个人物。也许人们会奇怪，《宝莲灯》不是讲述"劈山救母"的故事吗，怎么会跑出个东方朔？不错，因为东方朔是天庭的神仙。他在蟠桃宴上嘲笑二郎神，使得二郎真君知道了自己妹妹私自下凡，因此才有了二郎神将妹妹压在山下之举。这就是故事的开端。在戏中东方朔举止滑稽，言语诙谐，令人捧腹。我不知道家乡的戏曲是如何将东方朔变成神仙的，但他诙谐滑稽的举动倒也和历史的记载一致。

东方朔像

东方朔，字曼倩，平原郡厌次（今山东德州陵城区神头镇）人，生在公元前154年。当时大汉王朝处于上升阶段，到汉武帝达到了全盛时期。汉武帝是一个很有作为的君主，但也是一个好大喜功的君主。他在位时，不但开拓疆域，还期望长生不老。这一点很能反映人性的贪婪，不仅反映在小人物身上，也反映在伟人身上。不但汉武帝如此，秦始皇如此，就连中国历史上的模范帝王李世民也不例外，都企图克服生命对人类的限制。李世民尽管以善于纳谏、有自知之明著称，但最终还是相信了方士的话，吃了金丹，在年富力强的五十多岁时身亡，白白做了药物试验的小白鼠。也许，他们太想永远坐在金殿上了吧，因此上帝和他们开了一个不大不小的玩笑。东方朔侍奉的这位主子——汉武帝，和李世民极为类似，在治国上、用人上都符合一个封建政治家的标准，但就是有一点不好：求仙。汉武帝为了长生，大量征召民间的方士，这让那些巫师、神婆、跳大神之流的人乐翻了天，当然东方朔也借这个机会来了个毛遂自荐。

在自荐信里，东方朔很不谦虚。他首先介绍了自己的身世，告诉皇帝自己出身农家，根红苗正，绝对和地主阶级无涉。然后开始吹捧自己的奋斗史，说自己十三岁开始读书，整整读了三年的历史典籍，内容包括政治、经济、文化等多个学科，这之后虽然可以说是大学毕业了，但是光有大学文凭还不够，于是他又去学剑道，一年之后剑道也算过三段了。这就具有了古人所说的"文武双全"这种本事了。不过这还不够，有这些身手去当个游侠估计没问题，但要安邦定国还是有难度的。他接着学了《诗》《书》等儒家经典，

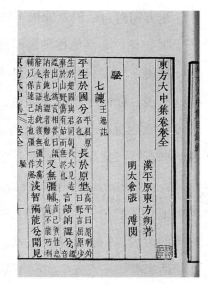

《东方大中集》书影

算是弄到了研究生的文凭。之后又学孙吴兵法和排兵布阵，以及各种兵器的操作、战斗通信等知识。这就牛了，东方朔俨然具备了汉初三杰中张良和韩信的水平。或许，他觉得还不够，就又拿历史人物来打比方，说自己的辩论水平能比得上孔子的得意门生子路，自己的勇敢能比得上齐国的大力士孟贲，自己的敏捷能比得上吴国的刺客庆忌，自己的廉洁方正能比得上齐国的鲍叔牙，自己的诚信能比得上等情人而被水淹死的尾生。还别说，东方朔这封大言不惭的"自荐信"还真打动了汉武帝，汉政府给了他一个"公务员"的职位。

东方朔听说让自己当"公务员"，顿时大喜，以为汉武帝要重用自己，屁颠屁颠地把自己的治国意见写成书面材料报了上去。可惜当时伟大的蔡伦还没诞生，发明纸还是数百年后的事。因此东方朔就把自己的见解刻写在竹简上，总共刻满三千片竹简，两个人抬着才勉强送进宫去。汉武帝花了两个月时间，才把这些竹简读完。不过接下来的事情却比较令人失望，汉武帝并不怎么看重他的才华，仅仅给了他一个公车令的小官。

东方朔对自己的处境很不满意，可是他见不到皇帝，即便发泄不满也无济于事。有一天，他在皇家园林瞎逛，突然看到了皇家马戏团的侏儒小丑，就吓唬说："你的死期要到了！"那小丑平时就对东方朔敬若神明，突然听他这么说，顿时吓得面无人色，连问为什么。东方朔说："像你这种人，活着没什么用处。你的力气太小，因此不能耕作；你的长相也无法做官，不能治理百姓；拿兵器到前线去打仗就更不行了。像你这种人，对国家没什么用处，活在世上只是糟蹋粮食，因此皇上打算把你们全部杀掉。"侏儒一听，绝望地大哭起来。东方朔把人吓哭了又安慰人家，说："你先别忙着哭，有你哭的时候，一会儿皇上过来，你就去叩头谢罪，只管大哭就好了。"从这几句话来看，东方先生实在不厚道，吓人的是他，出主意的也是他，真可谓又当师婆又做鬼。

且说过了一会儿，汉武帝真的乘着御辇过来了。侏儒跑上前去，跪在地上号啕大哭。汉武帝一问，皇家小丑就把东方朔的话转述了一遍。汉武帝一听，这家伙居然敢打着自己的旗号欺负皇家小丑，心里很是不爽，他早就耳闻东方朔伶牙俐齿，想着今天干脆给他点颜色看看，便立刻召见他。东方朔总算逮着了一个机会，他带着令人目眩的微笑走了进去，叩拜之后开始诉苦。他说："皇上，那小丑身高不到三尺，一月的俸禄是一袋米、二百四十个钱，整天撑得发慌；而我身高九尺多，也是这么点儿俸禄，简直快饿死了。你广求人才，我听说你是个爱才的上司，因此才来应聘的。你如果觉得我是个人才，就重用我；如果不是，你就赶我走算了，省得浪费纳税人的粮食。"汉武帝被他逗得哈哈大笑，当即任命他为金马门待诏，不久之后又提拔他为侍郎，成了皇帝的参谋人员。

此后东方朔的确常常能见到汉武帝，但是汉武帝并没有把他当成一个真正的大臣看待，而是视为弄臣。每次召见，东方朔谈吐幽默、用语诙谐，常逗得汉武帝哈哈大笑。史载："数召至前谈语，人主未尝不说也。"在皇帝面

《东方朔偷桃》（清代　徐和銮）

前，他还做过一些别人不敢做的事，例如偷肉。当时皇帝自掏腰包款待大臣，饭菜上来后，东方朔把肉全部拿走，塞进自己的衣服里，弄得官袍也脏了。这一点可以说是前无古人，后有来者。所谓"前无古人"，是说他之前没人敢这么做，有一个名叫周亚夫的大将军，仅仅在汉景帝的宴席上要求给自己拿双筷子，就掉了脑袋。"后有来者"是说三国时期有一个小屁孩陆绩，他曾在大军阀袁术的宴席上偷橘子，结果被主人发现。问他何故偷，他说孝敬母亲，结果留下了"陆绩怀橘"的美谈。东方朔偷肉，实在没什么理由，不过这人一贯怪诞，我们可以理解为孝敬老婆。

孝敬老婆当然纯属笔者瞎编，绝无考证。东方朔这人是绝对不可能孝敬老婆的，因为他是最无情的主儿。就在汉武帝重用他的时候，他干了几件最令人不齿的勾当。汉武帝赏识他，多次赐予他丝绸和银子，他就用这些赏赐之物去娶长安最漂亮的姑娘当老婆。但是只要满一年，不论是天香国色，还是倾城倾国，他都要抛弃，再娶新妇。就这样，一年做一回新郎，完全可以和他同时代的风流才子司马相如媲美了，以至于汉武帝赐给他的钱都花在了娶新老婆身上。汉武帝左右的人居然也不举报，只是将他称为狂人。史载："徒用所赐钱帛，取少妇于长安中好女。率取妇一岁所者即弃去，更取妇。所赐钱财尽索之于女子。人主左右诸郎半呼之'狂人'。"岂止是狂人，简直是变态狂人。不过汉武帝也确实是个很有个性的君主，他不但没有惩罚东方朔，还为他辩护，真所谓有其臣必有其君。若是仅看以上文字，无疑人们会说东方朔是个彻头彻尾的王八蛋，但是且往下看。东方朔说笑话，常常让汉武帝乐得不知东南西北，这时候借机进谏，皇帝不知不觉间也就上套了。

建元三年（公元前138年），汉武帝为了打猎和游乐，准备从关中划出方圆百里的良田，建造规模宏大的跑马场和猎场。满朝大臣为了迎合皇帝，没有一个人反对，只有东方朔据理力谏，他说："帝王如果谦虚谨慎，上天就会降下洪福；如果帝王骄傲奢侈，上天就会降下灾祸。"东方朔这种连哄带骗又吓唬的进谏方式最多吓唬一下小丑，对汉武帝就不灵了。根据史书记载，他还说出了"取民膏腴之地，上乏国家之用，下夺农桑之业，弃成功，就败事"这么富于格言色彩的话，使汉武帝很高兴，因而赐其黄金百斤，还授予其太中大夫给事中的官职。此后，东方朔也不再遮遮掩掩了，上至政治得失、农业发展、国防战略，下至鸡毛蒜皮、皇帝的梦话和哈喇子，他都发表了自己的意见。汉武帝听了他的意见很开心，但这种开心和侏儒小丑带来的开心并没有区别。我怀疑这是汉武帝的报复，当年东方朔把自己的皇家小丑吓哭了，结果那小丑后来死活要辞职，武帝没辙只好让他走了。此后，武帝就把东方朔当小丑。天哪，这莫非就叫作报应？人一愤怒就要骂人，或者打架，但是文人发怒大多以写文章泄愤。东方朔是个文人，自然不会做有辱斯文的事，因此写了《答客难》《非有先生论》，发发牢骚。

当然，东方朔也并不是一个光知道发牢骚的人，他也干过几件不畏权贵的事，否则他这名士也就少了点刚直的东西。汉武帝有一个外甥，是隆虑公主的儿子，因为是老年得子，所以公主对儿子很溺爱。汉武帝为了让妹妹开心，就封这个外甥为昭平君。谁知道这小家伙从小被宠坏了，长大不成器，骄横不法，居然干出了酒后杀人的勾当。就连国家的最高司法审判机构长官——廷尉也不敢治他的罪，便亲自向汉武帝请示。汉武帝总不能破坏自己制定的法律，但是也不能杀了自己的外甥呀！因此假装哭泣，目的在于暗示廷尉免罪。很多大臣都看出了汉武帝的用意，只有东方朔装傻，对汉武帝说："圣王执政，赏赐不避仇敌，诛杀不择骨肉。今圣上严明，天下幸甚！"东方朔连吹带捧，这时候汉武帝再想赦免外甥也没办法了，只好依法治罪。

我读历史，常常觉得中国历史充满吊诡，居然说汉高祖是一条大蛇和他母亲发生性关系而生下的，听来简直匪夷所思，这比希腊神话还要令人吃惊。估计史官也不是什么好玩意儿，居然连这种八卦新闻也写进历史。接下来关于东方朔的一段话就有这种效果。

汉武帝的宫殿建章宫后面跑出来一个奇怪的动物，外表看起来好像是麋鹿。汉武帝亲自跑过去看，他问左右的大臣，居然没有一个人认得。这帮人里包括皇家图书馆馆长、皇家动物园园长、国家最高学府校长等博学多才的人，但就是没人认识。最后召来东方朔，东方朔终于抓住这个大好机会狠狠地敲了皇帝一笔。他一看，就很有把握地说："我认得，但皇上要大宴群臣。"汉武帝当即答应。他又说："我要××地方那块风水宝地。"汉武帝也答应了。各位也许会奇怪，东方朔什么时候这么厚道，突然想起来要款待自己的同事了（尽管是借花献佛），其实他是收买人心呢，目的在于要那块地。此君可谓真小人。

等到汉武帝答应了他所有的条件，他这才说："这种东西名叫驺牙，这种东西出现，远方就会有来投诚的人。"为了证明东方朔是个真正的预言大师，写历史的人不忘在后面加上一笔："其后一岁所，匈奴混邪王果将十万众来降汉。"这话什么意思呢？一年之后，匈奴混邪王带着十万人来归降汉帝国。因为他预测很准，因此汉武帝再次赏赐了他很多钱。我怀疑东方朔一定是提前听到了什么情报，所以才会有"预言"。不过，史官居然言之凿凿地写进了历史，除了"神化"东方朔，我不知还有什么意味。子不语，怪力乱神。但是史官们的笔下到处都是怪力乱神。呜呼，曼倩！

汉武宫廷多少侯，半是裙带半吴钩。唯有曼倩真才子，一身傲骨万古秋。公元前93年，汉武帝的活玩偶东方朔终于翘辫子了。纵观整个汉代历史，像他这样的臣子唯其一人，其诙谐幽默令人发笑，今特以此等方式写出怪文一篇，以飨读者。

第三章

严子陵：飞龙般的狂隐

——云山苍苍千古风，江水泱泱一钓钩

昔唐尧着德，巢父洗耳。士故有志，何至相迫乎!

——《后汉书·严光传》

严子陵是彻彻底底的自由主义者，他之所以不愿意做官，并不是政治不够清明，也不是帝王不够贤明，而是害怕束缚。他认为，即便是唐尧那么贤明的君主，也还有巢父那样的隐士。每个人在合法的前提下，有获取最大限度自由的权利，他的志向就是无拘无束，不受任何束缚。除了史书中简单的记载，他没有留下多少故事，甚至没有留下什么作品。他让人想起了《老子》中描述的一种动物——龙。世间万物皆有羁绊，利用双翼在长空飞翔者困于弓矢，凭借水流在川泽浮游者困于网罗，依靠大地而生存者困于刀枪陷阱。而龙则是这样一种存在：它飞可翔于宇宙，游可隐于波涛，潜可深入大地，既是万物的集中体现，却又在万物之外。它在天是风云，在水是浪花，在地是细壤，弓矢网罗刀枪陷阱都不能奈其何。这就是龙性——圣哲和英雄最推崇的形象——寂寞，却自由。

严子陵的生命质地俨然如一条龙，见首不见尾，就这样消失在了时空中，令后人遐想。

　　中国东汉之前的名士，道德家和纵横家习气还很浓，前者如被张良请出山的道德楷模"商山四皓"，后者如自称高阳酒徒的郦食其。直到东汉初严子陵傲然而起，知识分子中才出现了一根铮铮铁骨、一片轻灵飘逸的衣袖。他坚决不和统治者合作，喜欢自由散漫、闲适淡定的野居生活。严子陵为人常常让我想起一种幻想中的动物——龙。它们飞则在高天之上，驻则在大泽深渊之中，和天光云影、清风明月为伴。

　　严子陵的生卒年月如今已不可考，名光，以字行于世，是东汉初的大名士。他生于今天浙江余姚一带，本姓庄，但因为汉明帝名叫刘庄，因此为了避讳，改姓严。严子陵少年时代就很有才学，西汉末年曾经和刘秀、侯霸一起在长安学习，是颇为谈得来的同学，若非刘秀后来做了皇帝，两人的私谊应该是不错的。问题就在于，一旦两人的身份发生变化，作为知识分子的严子陵若显得过于亲近，则有谄媚之嫌；若是故作清高，则有做作的偏向。然而作为一个不世出的自由知识分子，严子陵并未在这两者之间有任何摇摆，因为他本人实在是一个不为俗情所困的人。

　　西汉末年，社会越来越黑暗，王莽乘皇权衰弱，篡夺了刘氏的权杖。但是改朝换代并未改变百姓水深火热的处境，反而加深了社会各个方面的矛盾。当时在首都长安的太学生中有三种倾向，一部分人向王莽靠拢，一部分人投入到反对王莽的绿林赤眉大起义中，还有极小的一部分人选择了隐居山林，严子陵就是其中选择隐居的人。刘秀则加入了起义大军，经过几年的磨难和奋斗，终于扫清群豪，登上帝王宝座，成为傲视寰宇的主人。

　　东汉建武元年（公元 25 年），刘秀称帝，是为光武帝。他一直在寻找严子陵，想当年自己在长安籍籍无名，而严子陵已经名动京师，如今自己做了皇帝，也许可以炫耀一把了吧。刘秀的这种心态多少近似于后世的朱元璋，虽然做了皇帝，但是面对故人，尤其是面对大知识分子时内心仍然有一种自卑感。幸好刘秀还是帝王中较有胸襟的人，不像朱元璋一样心胸褊狭，动辄杀人。幸好严子陵没有生在那个时代，否则纵有千百颗脑袋恐怕也早已落地。

刘秀命画师绘制了严子陵的画像，让全国各地的官员查访老同学的下落。齐地的地方官上报说，他们那里的野泽中常有一个披着羊皮的人垂钓。光武帝怀疑那就是严子陵，立刻派人带着丰厚的礼物，驾着车去延请。那人果然是严子陵，面对老同学的盛情邀请，他一再拒绝。光武帝连续三次派人去请，还亲自写了一封信，说："古大有为之君，必有不召之臣，朕何敢臣子陵哉。唯此鸿业若涉春冰，譬之疮痏须杖而行。若绮里不少高皇，奈何子陵少朕也。箕山颍水之风，非朕所敢望。"光武帝的这段话是说，上古时期既有大作为的君主，也有不肯来做臣子的贤人，我哪里敢让你严子陵做我的臣子。只是现在国家初定，就好像走在春天的薄冰上一样，在这种局势下须拿着竹杖慢慢探行。如绮里季等四位著名的老先生不肯做高皇帝的臣子，我也不敢委屈你做我的臣子。像巢父一样在箕山颍水之间隐居的大名士，是我所不敢追望的。

《严子陵图》（清代 朱文新）

在这封信中，光武帝刘秀丝毫没有表露出要强迫严子陵做官的意思，而是充分表达了自己求贤若渴的态度。他三次派人延请，态度诚恳可见一斑。如此看来，三国时期刘备三顾茅庐请诸葛亮出山，并非自己首创，而是抄袭光武帝的做法。况且光武帝请严子陵时，已经是天下大定，而刘备请诸葛亮时，还只是创业阶段。两人身份也极为悬殊，一个已经是万乘之君，一个仅仅是个小军阀。相比之下，光武帝的诚意要大得多。严子陵再也找不到拒绝的理由，只好乘车马到洛阳了。

到洛阳后，严子陵被安排住在政府的公馆里。老同学侯霸也派人来看他，此时的侯霸已经不是昔日的那个太学生，而是东汉政府的丞相了。丞相派人去公馆里看严子陵，严氏不置一言，后来口授了一封信，说："怀仁辅义天下悦，阿谀顺旨要领绝。"意在告诫老友，辅佐君主要多倡导仁义，而不能完全谄媚顺从帝王意志。不知道侯霸是否听从了严子陵的告诫，但是从侯霸的为官之道，及其在东汉政府初期的作为来看，他是一个颇为正直，也比较坦荡的官员。史载："在位明察守正，奉公不回。"可是后世在写到严子陵时，总是把侯霸说成小人，这一点实在是不公平。大概为了抬高严子陵，只好不顾史实对侯霸进行贬低了吧。

侯霸看了信后，不敢怠慢，马上封好上奏刘秀。刘秀看了信后，笑着说："狂奴故态也。"从光武帝的言语来看，他并无责备严子陵之意，倒颇有些老友之情，这在帝王中是难得的。他虽然口中说严子陵是"狂奴"，但随后就去馆中看望严子陵了。面对皇帝大驾来临，严子陵假装睡着了，高卧床上置若罔闻。这在封建时代确实需要胆气，仅凭"目无君父"这一条罪名就够砍十次脑袋了。好在光武帝颇有气度，不但没有责备严子陵这种失礼行为，还亲自到床前，抚摸着他的肚子说："嗨，老同学，你就不能出山帮我治理国家吗？"

皇帝都到了床前，装聋作哑已经不可能。严子陵慢悠悠地睁开眼睛说："像尧帝那样的品格，巢父许由尚且不愿意出来做官。读书人各有其志，你就不要强迫我了吧。"严子陵的态度很明显，光武帝知道无法打动他，只好叹息着回宫了。

在中国古代，读书人出人头地的途径只有做官，因为其他行业都被视

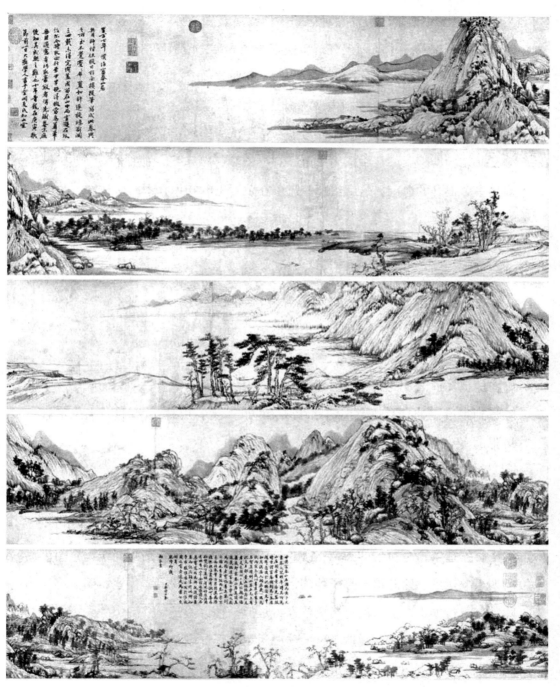

《富春山居图》（元代 黄公望）

为"贱业"，统治集团散播这种思想，使得所有知识分子都被笼络进了统治体制内，个别不合作的知识分子也被视为"异端"或者"野人"。凡是胸怀大志的知识分子，无不孜孜于考取功名，即便是像李白那样的旷达之人也多次找人推荐，希望进入体制内发挥自己的才智。当然他后来主动脱离体制，这是题外话。至于像蒲松龄那样考了一辈子试，仍然未能进入体制内，那是多么悲哀的事啊。好在中国历史上，有严子陵这样的人，他虽非第一人，但确是一个很好的典范，这就给那些流落在荒野里的知识分子一个散淡人生的榜样。

刘秀返驾后，不久就把严子陵召到宫中，和他谈论昔日的往事。此时的光武帝完全放下帝王之尊，以老同学的姿态和他聊天。两人对多年以来的变故多有感慨，刘秀谈到自己时，不无得意地问严子陵："朕现在和读书的时候相比大不一样了吧？"从一介书生奋斗为天子，刘秀本以为会获得一些赞许，哪知严子陵却淡淡地说，确实有一点点改观。这话让光武帝大为尴尬，好在他也知道老友的秉性，因此未予深究。两人聊到深夜，同榻而眠，严子陵睡到半夜，翻身时故意把腿搁在皇帝的肚子上。史载："明日，太史奏客星犯御座甚急。帝笑曰，'朕故人严子陵共卧耳。'"

对于史书中所载的这件事，只能当笑话看。人事和天上的星星并无因果关系，古人的说法实属牵强附会。那么，"客星犯御座甚急"的说法从何而来呢？有三种可能，其一是侍候光武帝的侍从人员把这件事告诉了太史官，太史官捏造了这个所谓的天象；其二是相关利益群体和太史官勾结，企图借所谓天象达到驱逐和迫害严子陵的目的，有人认为指使者是侯霸，因为严子陵曾指责过侯霸，但这没有历史依据；最后一种可能是，写历史的人为了体现光武帝的宽广胸襟，编造了这一情况。依我的推测，最后一种可能性比较大。纵观中国古代史中很多所谓天象，以及帝王出生时的异象，这种捏造很容易理解。黑格尔说，历史是一个任人打扮的小姑娘，如是言。

不论这个"客星犯御座甚急"的故事是否属实，但是由此可看出官场的险恶。当光武帝强行任命他为御前谏议大夫，掌管议政时，他以家中母亲年老为由，一再拒绝。最终，光武帝也明白无论用什么手段，也不会让严子陵做官，只好作罢。严子陵离开洛阳后，回到故乡，在富春山隐居。他八十多岁时，老死山野，终生未曾踏入官场一步。

至今在富春江上还有著名的"子陵钓台"，据说是严子陵隐居时垂钓的地方。宋代范仲淹凭吊古迹时，曾著文《严先生祠堂记》，他在文中盛赞严子陵："云山苍苍，江水泱泱，先生之风，山高水长。"应该说，这种评价并不过誉，在以做官为最荣耀的职业的古代，严子陵的选择令无数现代人汗颜。他代表了一种人格，这种人格凸显出来的是一种自觉的自由意识。富春山水今依旧，子陵滩头自横舟。云山苍苍千古风，江水泱泱一钓钩。他是一个真正的狂隐之士，无冕之王。

第四章
蔡邕：一张古琴透射出的性情
——素心才识焦尾琴，一闻音律知杀声

青青河畔草，绵绵思远道。远道不可思，宿昔梦见之。梦见在我旁，忽觉在他乡。他乡各异县，展转不可见。枯桑知天风，海水知天寒。入门各自媚，谁肯相为言！客从远方来，遗我双鲤鱼。呼儿烹鲤鱼，中有尺素书。长跪读素书，书中竟何如？上言加餐食，下言长相忆。

——《饮马长城窟行》

读《释诲》，发觉蔡邕满身都是直线条，道德之气盈身，但上面这首诗却把浪漫的诗人之气体现得淋漓尽致。尽管研究者对这首诗的作者仍然存有争议，但我却相信是他作的。他以一个女性的口吻写了这首诗，把一个妻子内心的思念和温情描绘得极为真切。他在《释诲》中说，不我知者，谓之迂也。一个不了解他的人，的确会把他当成一个迂腐的人，光是因董卓而下狱，就够被误解的了。不过，一个人身上的光辉，是不会被轻易掩盖的。总有那么一些人，值得后世反思。

焦尾琴是我国古代四大名琴中最为人们津津乐道的一张琴，它在四大名琴中诞生最晚，却最具传奇色彩。制作它的人叫蔡邕，正是他赋予了这张琴传奇色彩。据说这张琴从东汉末期始，辗转流传，数易人手，直到明朝时才

不知所终，流传时间长达一千余年。

蔡邕生于公元 133 年，这是汉帝国走向衰弱的时代。他是陈留人（今属河南开封），祖上多人为官，其中六世祖蔡勋较为出名，是蔡邕之前蔡氏宗族中最显赫的人物，曾当过地方官，深受道家思想的影响。西汉末王莽篡权，群雄并起，蔡勋辞官隐居，是很出名的隐者，也是当时的大名士。到了蔡邕这一代，蔡家仍然拥有较大的社会影响。据说蔡邕出生时，大科学家张衡刚刚去世不久，因此人们竞相传说蔡邕是张衡转世。史载，他"好辞章、数术、天文、妙操音律"，这就使这个传说被传得更加神乎其神。

蔡邕像

不论蔡邕是否张衡转世，他的才气绝不输于张衡。他的品格也备受尊崇。他是个出了名的大孝子，母亲病卧在床三年，他亲奉汤药，日夜在床前侍候，若非季节交替、天气发生变化，他从不脱衣入睡。母亲去世后，他在墓旁盖了一间房子，为之守墓，一举一动都非常注意，害怕惊扰了母亲在地下安眠。他和叔父从弟等一大家子住在一起，三世不分家，也不分财。古人以此认为他才德很高，能保持一家人的平静而无纷争。他对母亲的孝心令人很感动，但是不分家的做法并不令人赞同，后世的很多名家对此也颇有非议。一大家子人住在一起，是农业社会的一种现象，它尽管能说明人的品性，但实际上背后却包含了很多忍让、压抑和委曲求全。这种东西不仅和品德无关，更让人始终离不开家长制的套索。

蔡邕是著名的大学者，很多当权派都想拉拢他，让他出来做官，其中大

蔡邕《熹平石经》拓本

反派徐璜、左悺都曾拉拢过他。他们对皇帝说，蔡邕是个音乐奇才，不如叫他来京城开个人演唱会。接到政府的文件后，蔡邕本无多大兴趣，可是看到文件上血红的大印，他还是去了。去是去了，可是走到半路他又撒谎说身体欠佳，撒丫子回家过起了隐居生活，闭门谢客，拒绝一切社会活动，搞得宦人徐璜、左悺很没面子。

尽管蔡邕为人架子很大，但是宰相桥玄仍然很看重他，亲自出马，请他到国家的最高文献机构来工作。由于这项工作很符合他的爱好，于是建宁三年（公元170年）蔡邕终于出来做官了，担任议郎，在汉政府的大型图书机构"东观"负责校书。他认为，由于时代久远，加上当时的印刷设备落后，经典著作谬误很多，因此给皇帝打报告要求校订被公认为"圣典"的六经。不久报告获得批准，蔡邕领衔，和堂溪典、杨赐、马日䃅、张驯、韩说等人开始了这项文化工程。校订结束后，为了让这次校订的书起到示范作用，汉灵帝命人将校订过的六经刻在最高学府太学门外的四十块石碑上，这就是中国古代最浩大的碑刻石经——《熹平石经》。当时的学子们听说国家统一的教科书出版了，纷纷赶到太学门外抄写，结果发生了严重的堵车事件，史载："车乘日千余两，填塞街陌。"由此可见，蔡邕也是古代最受崇拜的明星级教授，其编定的教材大受学生青睐。

蔡邕当着明星级教授，日子过得非常滋润。皇帝对他也很器重，顺带还任命了一批和蔡邕一样爱发牢骚的文人骚客为官。由于这帮人自诩正派，因此逐渐和那些被称为"公公"的人产生了矛盾。蔡邕认为国家日渐腐败，主要坏在这帮公公们身上。加上当时地震、蝗虫、冰雹等自然灾害频发，为了提高自己的影响力，蔡邕就说这是上天的责罚，只要让宦官们下岗，上天自然会息怒。六神无主的皇帝也不辨真假，就说你是专家你看着办。蔡邕当即一挥而就，制定出了一个改革方案。在把方案递上去的时候，蔡邕深知太监们能量巨大，因此要求皇帝保密，否则改革就会胎死腹中。皇帝看了方案后，发现自己的那些"知音"统统被下岗，实在很郁闷。原来皇帝的知音就是那帮太监，把太监当知音，也可见这皇帝是个什么货色。

就在皇帝去洗手间的时候，大太监曹节偷看了蔡邕制定的"下岗方案"，随即将内容透露了出去，那批在宫里混饭吃的太监听说后，无不对蔡邕恨之入骨。恰好这时候蔡邕和宰相刘郃发生矛盾，他的叔叔蔡质又和将作大臣（建设部部长）阳球不和，叔侄两人都得罪了上司，这就被痛恨他们的人抓到了把柄。他们的政敌指使人在皇帝面前狠狠告了一状，说他们诬蔑国家高级"公务员"。状子递上去，皇帝也糊涂，居然就判了杀头。幸亏太监吕强知道这件事的利害，若是真要杀蔡邕，那就会引起对此案的彻查，那么顺藤摸瓜，这件案子的指使人，以及背后的所有幸灾乐祸的人都会暴露在阳光下，因此蔡邕是万万不能动的。他向皇帝说情后，皇帝想起往日给自己充当文学导师的蔡老师，也就后悔了，因此改判为全家流放。

阳球这个人恩仇必报，是整人不过夜的主儿。史载，他还是少年时，郡中有一个官员侮辱了他的母亲，他当即纠集了十几个不良少年将该官员杀

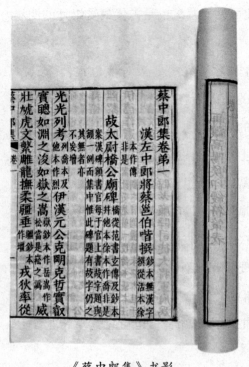

《蔡中郎集》书影

死，这还不解恨，又将该官员全家杀光。我不知道，汉代的法律是怎么规定的，阳球这个凶犯后来居然爬上了政府高级"公务员"的位置。蔡邕得罪了这么个杀人不眨眼的屠夫显然是没有好果子吃的，果然阳球嫌流放不解恨，暗暗买通几个黑社会分子，命他们在流放路上刺杀蔡邕。令人称奇的是，这几个杀手颇有侠士本色，虽然干的是拿钱杀人的勾当，但是一听说刺杀对象是蔡邕，纷纷予以拒绝，原来他们都是蔡邕的粉丝。看来蔡先生真不是浪得虚名，连黑社会中都有他的崇拜者。

白骨精害人，一计不成又来一计，阳球正是此辈。阳球贿赂掌管刑司的官员，让他们在饭菜中下毒害死蔡邕。但蔡邕名声实在太大，连狱吏中也有他的粉丝，不但未在饭菜中下毒，还告诉了他实情。如此再三，阳球的毒计最终未能得逞。关于这段历史是这么记载的："球又赂其部主使加毒害，所赂者反以其情戒邕，故每得免焉。"

读史至此，每每击案浩叹：这是什么？这就是道德的力量，一个人的魅力到了这种程度，确实没什么可说的了。

九个月后，大赦天下，蔡邕一家获得了赦免。在离开五原郡的时候，太守王智为之饯行。由于王智是大太监（中常侍）王甫的弟弟，因此蔡邕对这个人很看不上，就在王智起身跳舞的时候，蔡邕一声不吭，以一种蔑视的态度看着其人丑态。王智一贯飞扬跋扈，难得有这么高的热情为一个人送行，没想到蔡邕丝毫不给面子，让其非常恼恨，说："小小囚犯敢轻视我？"蔡邕也很不客气，一挥袖子起身走人。王智立刻发动自己的关系诋毁他，蔡邕原来得罪过的那些人也到处煽风点火，告他的黑状。蔡邕知道后，只干了一件事：逃。

史载，他亡命江湖，跑到了今天浙江一带，当时这里还是相对较为蛮荒的地方。他在这一带的山水间一待就是十二年。在流浪期间，蔡邕常常随身带着一张琴，正所谓"食可以无肉，居不可无竹"，虽在天涯漂泊，但是音乐是不会丢弃的。他寄居在吴地时常常弹琴自娱，一天他刚刚弹完一支曲子，正沉思时，突然听到隔壁的厨房里，传来一阵木头的爆裂声。他一跃而起，直奔厨房，只见灶膛中一节木头正在火中燃烧，发出清越的爆裂声，好像在哀鸣。他不顾火势正旺，扑过去从火中将木头抢了出来，又扑又打，很快将火熄灭。原来这是一节桐木，是制作琴的上佳原料，由于他抢救及时，这节桐木还算完整。他将木头带回自己的房间，经过精心设计、雕琢，终于制成了一张琴。由于尾部被烧焦，因此命名为"焦尾琴"。用这张琴弹出来的曲子如同天籁，异常美妙。加上制作琴的人有盖世之才，这张琴遂成为至宝，后世凡称赞名琴，都美其名曰"焦尾"。

不但人需要知音，一幅画、一张琴也需要知音。在凡夫俗子的眼里董其昌、徐渭的画不过是泼在纸上的墨渍，张旭的草书不过是涂鸦，但是在方家的眼里却是价值连城的至宝。在普通人的眼里，那节桐木只不过是烧火的柴而已，和地上的枯枝败叶无异。但是在蔡邕的眼里，那可是绝世罕见的木料，所以说蔡邕是这节桐木的知音。可惜的是，汉灵帝不是蔡邕的知音，只能让他流落在吴地的山水间。话说回来，若蔡邕真受到重用，那么也只是封建时代多了一名官吏，却少了一位文化大师。所以说，上帝在开玩笑的同时，也制造另一出喜剧。

和"焦尾"齐名的另外三大古琴是：号钟、绕梁、绿绮。在这里也顺便说说这三大古琴的故事。据说"号钟"是周代的琴，最早弹奏这张琴的名人是伯牙。后来，此琴落到了春秋五霸之一的齐桓公手中。齐桓公通晓音律，尤其喜欢弹琴，收藏了很多名琴，其中最喜欢"号钟"，常在举行大型公共活动时弹奏此琴，伴着牛角、钟鼓之声，奏出悲壮苍凉的曲子。部下闻琴无不泪流满面，很能显示齐桓公一代霸主的英雄情怀。由于齐桓公对这张琴的钟爱，遂赋予了这张琴特殊的地位，使它成为早期知名度较高的乐器。

晚于"号钟"的"绕梁"属于楚庄王，它是华元献给楚庄王的礼物。华元曾是宋国的右师（宋政权机构的核心人物），属于小枭雄级别的人物。据说楚庄王得到这张琴后，非常迷恋，常常弹奏。有一次，楚庄王居然连续七天不理国家大事，只顾弹琴。从这张琴的名字"绕梁"，我首先想到了一个典故"余音绕梁"。此典出自《列子》，说周代诸侯国韩国的女歌手韩娥去齐国，在齐国的雍门花光了钱，情急之下在那里开了一场个人演唱会。她的歌声如同长空雁鸣，令人落泪，演唱完之后三天，余音还在梁间环绕，因此留下了"余音绕梁，三日不绝"的成语。从这个成语可以看出这张名为"绕梁"的琴魔力有多大。

楚庄王沉迷于音乐，荒废了国家大事，不但大臣们着急，就连他的小老婆樊姬也着急了，劝告他说："君上，你过于迷恋音乐了。过去夏桀迷恋妹喜导致亡国，纣王迷恋妲己江山毁弃，你迷恋'绕梁'，就不害怕亡国吗？"楚庄王听完樊姬的话，如同醍醐灌顶，忍痛割爱，命人用铁如意将"绕梁"琴砸得粉碎，至此此琴成为绝响。

读到此处，恐怕所有的读者都会为之叹息了。古代的君王荒淫无度，不反省自己缺乏自制能力，却把罪名加在外物上，凡是亡国的，没有一个在自己身上寻找原因的，无不把罪名安在女人、奸臣、宦官、美酒，甚至于一张琴上。古代的史官也都糊涂，大多把罪责往女色、音乐、美酒上推。要知道，美的东西乃是上帝所造，它无错，错的是人。人有了欲望，不能控制自己的欲望，反而归罪于物，实在荒谬之极。

第三张琴名曰"绿绮"。这张琴和前两张琴相比更悲惨，因为它的主人是司马相如。司马相如成名之前家徒四壁，但他颇有才华，曾为梁王作赋，梁王大为赞赏。为了表示自己的谢意，就拿自己收藏的一张古琴"绿绮"相赠。这是一张从上古传下来的传世之物，琴上的铭文说它是"桐梓合精"，琴身是由上等的桐木和梓木制作而成，这种完美的结合在古琴中是罕见的。司马相如得到这张琴后，如获至宝，非常钟爱，加上他高超的琴艺，从而使"绿绮"名动天下。

"绿绮"的出名，司马相如的风流倜傥，必然会演绎一段浪漫的故事。他在富商卓王孙家里演奏时，遇到了卓家大小姐文君，一曲《凤求凰》打动了姑娘的芳心。文君小姐不顾家人的反对，也不嫌司马相如贫寒，夜奔而去，做了他的妻子。像卓文君这样为了爱情不顾一切，又具有远见卓识的奇女子是人间罕见的。但是，司马相如实在算不上什么奇男子，他并不是一个忠诚的男人。他后来离家赴长安，受到汉武帝的赏识，终于功成名就。但是，他却成了天下第一负心汉，他常常用武帝赐的金子迎娶长安市最美的女子，风流之后立即抛弃。之后，反复演绎这等绝情故事。卓文君听闻后，曾写下著名的《白头吟》，司马相如看后惭愧不已，最终回心转意。相如文君的故事固然是千古佳话，可是相如的人品实在有些令人不齿。纵使他才华绝代、功成名就，对于一个女子来说，一旦背叛爱情，他所拥有的一切也就没有任何意义了。所以说，相如虽然拥有"绿绮"，却非"绿绮"的知音，真正的知音是文君。所以我说这是一张悲剧之琴，还不如像"绕梁"那样被砸碎了好。

四大古琴的故事中，也就蔡邕堪称是琴的知音。到了蔡邕的时代，其他三大古琴均已消失，只剩下美丽的传说，而蔡邕依旧弹奏着他的"焦尾"，流连于山水之间。

有一天，蔡邕在陈留，一个朋友请他去吃饭，他走到门口的时候听到里面有人在弹琴。他仔细一听，大吃一惊。原来屋子里虽然是喝酒喧哗的声音，琴声里却传来一股令人心悸的杀意。他以为是主人要杀他，所以赶紧掉头往回走。朋友正奇怪他怎么失约，仆人对主人说："蔡先生刚来了，到门口却回去了。"因为蔡邕的名声很大，所以主人急忙追上去问他原因，蔡邕详细地把情况告诉了主人，大家都非常吃惊。琴师解释说："我刚才弹琴时，看见一只螳螂伺机捕杀一只蝉，蝉差点就要飞走，螳螂随着蝉进退。我担心螳螂抓不到蝉，所以内心也跟着紧张。这难道就是杀意在琴声中体现的原因吗？"蔡邕笑着说："由此可以看出你是一个高明的琴师啊！"

蔡邕这个人的道德文章固然符合统治者的需要，但是他身上还有另外一面，那就是不羁，这和他身上的艺术气质分不开。《酒颠》记载了一些关于他的故事，说他虽然被称作道德君子，但是却恋酒，每饮无拘，常饮至一石，而且喝醉了就躺在大街上睡，被称为"醉龙"。这些故事加起来，他身上可爱的一面就活了起来。

中平六年（公元 189 年），汉灵帝刘宏死翘翘了。野蛮人董卓带着西凉兵进入了都城，从而开了军阀掌控国家政权的先例。原来的内阁倒台，蔡邕终于不用到处流浪了，他虽不情愿在董卓手下做官，但是面对带血的屠刀，他最终还是去了，担任了最高学府的校长和教育部长（祭酒）。董卓这个人虽然杀人很多，是地地道道的屠夫，但是对蔡邕却很敬重，且不论这种敬重的真假，总之使蔡先生有些飘飘然。他先后担任补侍御史、持书御史，后来还被任命为中央政府的长官之一尚书。史载：三日之间，周历三台。由其可见，董卓对蔡邕确实有些知遇之恩，无怪乎董卓死后，蔡邕会掉几滴眼泪。

初平元年，蔡邕被拜左中郎将。董卓强令汉献帝迁都到长安，由于蔡邕有追随之功，因此被封为高阳乡侯。封侯拜相，蔡邕可以说都做到了，这在汉武帝的时代恐怕是很难的。因为武帝时代，只有军功才能封侯，那些拼命半生的官员，尽管劳苦功高，但要是想封侯却不容易。所以说，蔡邕这个侯实在来得容易，虽然只是个乡侯。

董卓倒行逆施并未持续多久，就被司徒王允等一干人杀掉。这时候，蔡邕干了一件错事——同情董卓，结果被抓入狱中。很多人曾为他求情，希望让蔡邕用余生完成《汉史》，但王允坚持己见。不久蔡邕病死。当时的大学者郑玄曾感叹："汉世之事，谁与正之！"

素心才识焦尾琴，一闻音律知杀声。人人争说蔡中郎，史中犹传琴铮铮。作为一个时代的操琴圣手生命终结了，但他的风骨留了下来。鄙视也罢，敬仰也罢，真实的蔡中郎只有那张琴知道。

第五章

孔融：酒徒的幽默和生死

—— 座上客多风流士，樽中酒为琼浆液

> 岁月不居，时节如流。五十之年，忽焉已至。公为始满，融又过二。海内知识，零落殆尽，惟会稽盛孝章尚存。其人困于孙氏，妻孥湮没，单子独立，孤危愁苦。若使忧能伤人，此子不得复永年矣！
>
> —— 《论盛孝章书》

孔融推荐盛孝章，不仅出于朋友之意，更是出于爱才之心。他是一个善于识别千里马的伯乐，对知识分子充满了深切之情。盛孝章是汉末名士，曾经担任吴郡太守。孙策割据江东后对当地名士进行打压，盛孝章只得外出避祸。孙策死后，孙权继续了孙策的政策。孔融与孝章素来友善，知道他的处境已经非常危险，所以特别写信给曹操。曹操接信后，即任命盛孝章为都尉，可惜委任状还没有到，盛孝章已被孙权所杀。盛孝章和孔融均属过刚、过直的人物，也均有名士之风，甚至连生命结局也相同，由此也可看出孔融其人。这封信言辞不多，却情真意切，遂成千古绝唱。

我上小学的时候就知道孔融了，这缘于《孔融让梨》那篇课文。文章想说明孔融是个懂得谦让、性情恭顺的人，但从孔融一生来看，根本不是这么回事。他不但成年后性情孤傲，充满叛逆思想，小时候也一点儿都不恭顺，倒是机敏有余，鬼点子不少。让我们且看此公的人生。

孔融像

孔融生于东汉永兴元年（公元153年），字文举，山东曲阜人。说起他的祖宗，那可是大名鼎鼎，就是大圣人孔子，孔融是孔子的二十世孙。孔融小的时候就很聪明，十岁的时候随父亲到都城洛阳。当时的河南尹李膺是个大名士，一般人只要被他一夸赞马上就会成为名人，知名度噌噌往上蹿。《后汉书·李膺传》载："士有被其容接者，名为登龙门。"可见此人的影响力确实很大。不过，李膺这个人虽然名气大，却从不轻易接见外人，这就使人想见他倍加艰难。孔融虽然只是个孩子，却很想见见这位大名士。这一点和今天那些崇拜明星的少男少女有一拼，只是当时没有签名这个习惯，否则孔融会抱着砚台、毛笔请这位名士签个名。

某天，孔融到李膺府门上求见，守门的家奴看他是个小屁孩儿，就没搭理。孔融也不生气，而是一本正经地走上前去，摆足了谱，说："我和李君家是世交，请去通报。"家奴一看他的气度，不敢怠慢，赶紧把他放了进去，同时跑进去向主人通报。主人李膺一听也感到惊奇，就想看看是哪里来的小鬼，居然如此大胆。当他看到孔融后，就说："高明祖、父与仆有恩旧乎？"（你的祖辈、父辈和我们家有来往吗？）孔融从容不迫地说："当然。你的祖上老子和我的祖上孔子有师友关系，我们两家数代交好。"他以李姓之祖老子（李耳）和孔姓之祖孔子的交情回答了问题，对自己来访给出了无可辩驳的理由。李膺一听十岁小孩能够说出这么机敏的话，大为惊奇，满座的宾客也都个个称奇，称其为"异童"，李膺更是说孔融将来"必为伟器"。恰在此时，中大夫陈韪来了，看到嘉宾席上居然还有一个小孩，就有些不屑。有个客人把刚才的事告诉他，并称赞孔融的聪明。陈韪很随意地说："小时了了，大未必佳。"孔融并不急恼，只是淡淡地说："陈大夫小的时候，一定是很聪明了。"这句话把陈韪噎得满脸通红，也赢得了满堂喝彩。孔融的大名一下子传遍京城。孔融初次来京，不但见到了偶像还一举成名，实在令今天的粉丝们羡慕。

十三岁时，孔融的父亲去世了。他居家守丧，博览群书，和所有调皮的孩子一样，喜欢看杂书。由于其涉猎广泛，学问精深，在整个州都很出名。当时，东汉政府正处于汉桓帝、汉灵帝两个败家子帝王统治之际，外戚和宦官交替专权，形成了所谓的"党锢之祸"。一会儿是外戚一派掌权，拉拢一帮人砍太监；一会儿是太监一派掌权，拉拢一帮人砍外戚。总之，不论是哪一派掌权都没有好人，完全是狗咬狗，朝廷内外到处是狗毛。在这种情况下，言路遭到阻塞，正直的大臣想给皇帝进言也办不到。山阳人张俭是一个很有牺牲精神的人，他不顾危险，搜集了大宦官侯览和其家人的很多犯罪证据，向朝廷揭发。可惜不但揭发没成功，反而遭到侯览的诬陷，要抓他处死。他无奈，只好亡命江湖。当然，东汉时还没有水泊梁山，张俭要去投奔是不可能的。因此仗剑闯江湖也就成不了现实，唯一能做的就是找个地方躲起来。他逃到山东的时候，想到了自己的好朋友孔褒，此人是孔融的哥哥。赶到孔家时，孔褒恰好不在，只有十五岁的孔融在家。张俭一看是个小孩，因此对他不太信任。但孔融岂是普通的小孩，他摆出一副成人的姿态说："兄长虽然在外，难道我就不能为你做些什么吗？"张俭一听，知道也没别的办法，就悉听尊便。孔融把他藏在一个隐蔽的地方，准时给他送饭菜，风声过了以后张俭就安全地离开了。

过了一段时间，有个听到风声的人去向官府告密，说孔家收留了张俭。当地政府就派人把孔家两兄弟抓进了监狱，审判的法官对孔融和孔褒说：

"你们二人到底是谁放跑了张俭？张俭乃是朝廷要犯，包庇他的人是要杀头的。"孔融知道哥哥是张俭的好友，大宦官侯览是不会放过的，要想保全哥哥的性命，只有自己承担罪责，因此他对法官说："藏匿张俭的是我，你要治罪的话，就请治我的罪吧！"孔褒爱惜弟弟，便对法官说："张俭是来投奔我的，这和我弟弟没有关系，要杀就杀我吧！"法官一时难以作出判断，孔氏两兄弟也在堂上争执起来，都说是自己藏匿了张俭，要求治自己的罪。法官对两兄弟争死非常感动，但他只是个小吏，无权做出决定，因此就把两人交给了皇帝。皇帝定了孔褒的罪，并将他处死。孔融虽然未能救下哥哥，但其和兄长争死、爱护兄长的事却传了开来，一时间成为美谈。平原郡的陶丘洪、陈留的边让都很有名，孔融居然因此和二人齐名，成为当时的大名士。

此后，曾有人数次推荐孔融做官但都被他拒绝。中平初年，他受到推荐，担任了侍御史。这个官职负责接受官员们的奏报，弹劾违法官员，有时也受命办理案件、镇压农民起义等，俗称"绣衣直指"。孔融担任这个有点特务色彩的官不久，因和自己的上司合不来，就撂挑子回家喝酒去了。不过，名士就是名士，很快司空府就请他去担任僚属。东汉的司空虽然名称好听，但并不是什么显爵，孔融作为属官只能干一些吊死问生之类的事情。不过他干得很出色，不久就被调任中军候。作为京畿卫戍部队的官，这个职位虽然不高，却容易升迁。果然，不久他就升任虎贲中郎将。看到这个名字我不由得大吃一惊，因为在我的眼里"虎贲"乃是猛士，挂这个衔的应该是《三国演义》中许褚和典韦那样的悍将才对，怎么会是孔融这个书生。但事实就是如此，孔融担任的就是这个官，职能是掌管皇帝的禁卫部队。

献帝初平元年（公元 190 年），孔融和权臣董卓闹了别扭，董卓想借刀杀人，因此把孔融赶到黄巾军闹得最厉害的北海郡（今山东昌乐一带）去当官。孔融到了这里后，果然遭到黄巾军的数次进攻。不过他还算能维持局面，加上他在当地的政治声誉很好，因此当时的人都称他"孔北海"。不久，刘备就向汉献帝推荐孔融，让他担任方面大员——青州刺史。当时的青州是黄巾军闹得最厉害的地方，曹操后来起家用的"青州兵"就是收编的这里的黄巾军。孔融担任刺史不久，黄巾军在管亥的率领下包围了都昌城，眼看就要城破命丧，刘备带着援兵来了，这才救了他的命。

建安元年（公元 196 年），青州再次发生了围城事件，大军阀袁绍的儿子袁谭率兵企图夺取青州，孔融命令士兵坚守。两军相持了几个月，每天城头上都有士兵战死，孔融却坐在书房里读书作诗，和宾客谈笑风生，一点也没有惊慌的样子。结果，不久城池被攻破，孔融在亲兵的保护下拼命逃了出来，妻子和儿子都成了袁军的俘虏。

曹操把持了大权后，把汉献帝劫持到许昌，挟天子以令诸侯，任孔融为将作大臣，这个官职类似于今天的建设部部长，只可惜史料没有记载孔融在这方面的建树。孔融善于发现良才，他虽然自视很高，认为"当时豪俊皆不能及"，但实际上却心胸宽广，对人颇为宽容。如果有人当面指出他的缺点，他虽然当场不做肯定，但事后却会称赞这个人的才华。如果一个人有才，而自己未能发现，他就会感到遗憾。他喜欢和有才华的士人交往，只要是学有所长的人都会受到他的礼遇。史载，他在朝任职期间，"荐达贤士，多所奖进"。他在北海郡任职期间，就曾举荐过彭璆、王修、邴原等名士出任官职。他还向朝廷上书，请求把大学者郑玄的故乡高密改名为"郑公乡"。担任少府时，他还推荐了吴国名士盛孝章，写下了那篇千古留名的《论盛孝章书》。他在该文中说，"海内知识，零落殆尽"，表现出对知识分子寥落处境的担忧。他还向曹操推荐过祢衡，在《荐祢衡表》中称赞祢衡"淑质贞亮，英才卓荦……忠果正直，志怀霜雪"，给予了这个小自己二十岁的人极高的评价，其对知识和士人的尊重由此可见一斑。

孔融性情耿介，清廉刚正，他所结交的人大多也类同，例如祢衡。他们有一个共同之处，就是嵚崎磊落，疾恶如仇，恃才傲物，这就为遇害埋下了悲剧的种子。当年他把祢衡推荐给曹操的时候，祢衡评价曹操属下的官员时，曾说"许都没有人物"。当有人问祢衡："当今许中，谁最可者？"祢衡说："大儿孔文举，小儿杨德祖。"这里所说的孔文举就是指孔融，杨德祖则是指杨修，都是性情过刚、锋芒毕露的人。后来曹操借黄祖之手将祢衡杀掉，又杀了孔融和杨修，三人的命运惊人地相似，实在令人扼腕。

　　孔融嗜酒，且喜欢交友，担任太中大夫时，每天都宾客盈门。面对高朋满座，觥筹交错，他曾经慨叹："座上客常满，樽中酒不空，吾无忧矣。"他的嗜酒，可以说是从他的老祖宗孔子那里继承来的。子曰："唯酒无量，不及乱。"意思是说，我喝酒不限量，但是保持在不乱性的程度。由此看来真正的大男人没有不喜欢酒的，而且孔大圣人还是个知识分子。清人吴任臣所撰《十国春秋》载："文王饮酒千钟，孔子百觚。"不但孔圣人喜爱杯中之物，就连他崇拜的偶像周文王也是个标准的酒徒。当然，身为万世师表，就算撒酒疯，也是关起门来撒，否则，要是被弟子看见了，就只能指天发誓："天厌之！天厌之！"孔融很好地继承了老祖宗爱酒的传统，他不但爱喝酒，还引出了很多故事。

　　当时政府禁酒，孔融就加以反对。这个禁酒令的始作俑者不是别人，正是以白面奸臣形象出现在中国传统娱乐圈内的曹操。孔融不但以实际行动加以反对，还写了一篇著名的《难曹公表制酒禁书》，文曰："酒之为德久矣。古先哲王，类帝禋宗，和神定人，以济万国，非酒莫以也。故天垂酒星之耀，地列酒泉之郡，人着旨酒之德。尧不千钟，无以建太平。孔非百觚，无以堪上圣。樊哙解厄鸿门，非豕肩钟酒，无以奋其怒。赵之厮养，东迎其王，非引卮酒，无以激其气。高祖非醉斩白蛇，无以畅其灵。景帝非醉幸唐姬，无以开中兴。袁盎非醇醪之力，无以脱其命。定国非醑饮一斛，无以决其法。故郦生以高阳酒徒，着功于汉；屈原不餔糟啜醨，取困于楚。由是观之，酒何负于政哉……"

这篇为酒写的辩护词，可谓在世界酒鬼史上罕见的千古奇文。文章的大意是说，酒是个好东西（为德久矣），不但能够沟通人和神的关系，还有助于外交（以济万国），天上有"酒旗星"，地上有"酒泉郡"……上古帝王饮数千钟酒，所以开太平盛世；孔丘先生饮上百杯酒，所以成一代宗圣……哈哈。孔融真是标准的酒徒，短短一篇辩护词，把酒的好处直接联系到天地人神古今。最令人叫绝的是文章中的反诘。曹操禁酒的理由是饮酒会亡国，孔融说施行仁义也会亡国，为什么不断绝仁义（徐偃王行仁义而亡，今令不绝仁义）？施行谦让也会亡国，为什么不禁绝谦让（燕哙以让失社稷，今令不禁谦退）？提倡儒学也会亡国，为什么不毁绝文学（鲁因儒而损，今令不弃文学）？迷恋女人也会亡国，为什么不禁女人（夏、商亦以妇人失天下，今令不断婚姻）？曹大丞相无言以对。孔融此言，真是令人大笑。看来，能把喝酒撰写成文的人毕竟是有几分可爱的。

当然，饮酒也为孔融带来了不少灾祸。一个男人在家里喝酒撒酒疯，最多被老婆拧耳朵，再严重一点儿就是跪搓板、指天发誓、写保证书什么的。可是在曹操这样强势的军阀面前撒酒疯是要付出代价的，罢官倒也罢了，严重到会掉脑袋的。《三国志·魏书·崔毛徐何邢鲍司马传》附录中载，孔融被罢官后，"虽居家失势，而宾客日满其门，爱才乐酒，常叹曰，座上客常满，樽中酒不空，吾无忧矣"。真是脑袋可以掉，酒不能不喝呀。

一个男人如果超级喜欢喝酒，他可能只是个酒鬼。如果一个男人超级喜欢喝酒，而且还喜欢写诗和思考，那他就能成为诗人和思想家，不过这种思想通常是离经叛道的。孔融也不例外，他在《父母于子无恩论》中说："父之于子，当有何亲？论其本意，实为情欲发耳。子之于母，亦复奚为？譬如物寄瓶中，出则离矣。"天哪，这种话哪像是孔圣人二十世孙说出来的，简直就像是一个真正的酒疯子说的，这要是让孔爷爷听到了，还不气得从棺材里爬出来，指着鼻子大骂："忤逆之徒，无君无亲，天地人神共诛之！"这种思想和言论就算是放在今天，也是最激进、最招人诋毁的。在中国的历史上，孔融只怕是最早对封建的亲亲伦理关系提出挑战的人吧！这都是酒的功劳。

孔融这个人放荡不羁，桀骜不驯，语出惊人，且透着幽默，这若是在今天最多算是有点儿另类，但在当时却埋下了祸根。特别是其用语戏谑，说话刻薄，更招曹操记恨。其说话刻薄的一个典型例子是，官渡之战后，曹操击败了袁绍，俘虏了袁绍的儿媳甄宓，并赏给自己的儿子曹丕。孔融却说："武王伐纣，以妲己赐周公。"曹操不明白孔融说这话的用意，问他此话出自什么典故。孔融回答："以今度之，想当然耳。"曹操回去一想，才明白是在嘲笑他们父子，虽然无比恼怒，但又无可奈何，只能记恨在心。

建安十三年（公元 208 年），曹操终于找了个理由将孔融杀害了。孔融在《临终诗》中说，"谗邪害公正，浮云翳白日"，控诉了廉洁之士遭到残害，正直知识分子难以保全的黑暗现实。曹操杀孔融是有多种原因的，最重要的是政见不合。孔融忠于汉室，曾针对曹操"挟天子以令诸侯"的行为，提出了"奉天子以从诸侯"的观点，实际上是要曹操还政于汉献帝，这就犯了曹操的忌讳。他对孔融容忍多年，只因他声望较高，所以一直无法下手，此时正好找到罗织罪名的机会。杀孔融的罪名是谋反、毁谤朝廷、不守礼法、和奸人攀附、不孝。除了不守礼法一条还有点理由，其他的都是莫须有的罪名。但是，欲加之罪，何患无辞。杀人，对曹操这种屠夫来说，并不需要什么真凭实据。

孔融是东汉最重要的一位大学者。他继承了蔡邕以来的文章传统，擅长诗歌。魏文帝曹丕曾将他列为"建安七子"之首。在《典论·论文》中，曹丕说"扬、班俦也"，把他和大文学家扬雄、史学家班固相提并论。由于他的文章大多散佚，曹丕曾经花重金在全国悬赏收集孔融的文章，后来收集逸文二十五篇。但就是存量如此少的文章，在后世也屡次失传，现在能读到的就更加少了。

曹丕评价孔融的文章说："孔融体气高妙，有过人者；然不能持论，理不胜辞，至于杂以嘲戏。"应该说，曹丕的评价是比较中肯的。孔融文笔以犀利诙谐见长，例如《难曹公表制酒禁书》具有强烈的讽刺性，首先历数古代圣哲先王、文臣武将因酒建功立业的事，然后得出酒不害政的结论。他的文章很能反映其放纵、犀利的性格，真可谓文如其人。

座上客多风流士，樽中酒为琼浆液。笑从祢衡杨修去，空留北海名士节。那个喜欢酒，又说话刻薄的孔融离去了，让我们去《世说新语》中饱览他诙谐精彩的故事吧。

第六章
曹植：失意人生和精神恋爱
——才高八斗放浪形，一赋成就洛神名

　　其形也，翩若惊鸿，婉若游龙，荣曜秋菊，华茂春松。仿佛兮若轻云之蔽月，飘摇兮若流风之回雪。远而望之，皎若太阳升朝霞；迫而察之，灼若芙蕖出渌波。秾纤得衷，修短合度。肩若削成，腰如约素。延颈秀项，皓质呈露。芳泽无加，铅华弗御。云髻峨峨，修眉联娟。丹唇外朗，皓齿内鲜。明眸善睐，靥辅承权。瑰姿艳逸，仪静体闲。柔情绰态，媚于语言。奇服旷世，骨像应图。披罗衣之璀璨兮，珥瑶碧之华琚。戴金翠之首饰，缀明珠以耀躯。践远游之文履，曳雾绡之轻裾。微幽兰之芳蔼兮，步踟蹰于山隅。于是忽焉纵体，以遨以嬉。左倚采旄，右荫桂旗。攘皓腕于神浒兮，采湍濑之玄芝。

——《洛神赋》

　　描述美人，这段话堪为典范。说是美人，恐怕还嫌不够，应该是天人，因为曹植所描述的对象早已超越了凡俗之人，幻化成了女神。所有爱而不得的对象都是天人，不论是东方人，还是西方人，不论是古代人，还是现代人，这种爱而未得的情愫是完全相同的。诺贝尔文学奖的获得者叶芝在晚年的时候，对青年时的爱恋对象茅特·冈还念念不忘，写出了著名的《当你老了》一诗。那种神情，说是仰望天人也未尝不可。所谓天人，就是人天相

隔，没有再爱的机会了。假若曹植和甄宓之恋确有其事，那么他们的爱情倒真应了"人天相隔"之语。

小时候读古典小说，每当才子佳人出现，常会有这样一句话："貌比潘安，才比子建。"由此记住了子建这个人。所谓子建，就是建安大诗人曹植。而后看到大诗人谢灵运夸自己的才华时说："天下文采一石，建安诗人曹植独占八斗，我占一斗，余下一斗由古往今来的才士们共分。"这才知道"才高八斗"的典故说的是曹植，连谢灵运这么狂傲的人都推崇曹植，那他究竟是何等风流？

曹植，字子建，沛国谯县（今安徽省亳州市）人，生于公元192年，当时正是汉末天下大乱、群雄并起的时候。他的父亲是一代枭雄曹操，哥哥是魏文帝曹丕。曹植和所有天才少年一样，幼年聪慧，十岁的时候就已诵读各种典籍十万言，能即刻下笔成文。这让曹操乐得直冒泡泡，对这个儿子的前途充满了美好期望。随着曹操事业的上升，把持了汉政府的军政大权，曹氏家族的地位也日渐上升。最终，曹操被封为魏王，隐隐有取代汉献帝的架势。这时候，曹氏政权的架构实际上已经形成，曹操未来的继承人究竟选谁就成为下属们关注的焦点。曹操虽然儿子众多，但最有望继承其事业的却只有两个：曹丕和曹植。

古来王室兄弟为争夺权力斗得你死我活并不鲜见，曹氏兄弟也不例外。曹操一直钟爱曹植，好多次准备立他为自己的继承人，但最终因为几起事件而改变主意，也许这就是曹植一生失意的开端。有一次，曹操带兵出征，曹植为父亲写了一篇送别文章，曹丕见弟弟受到父亲的嘉许非常妒忌。这时，曹丕的谋士悄悄告诉他，只要表现出伤心即可，曹丕的眼泪马上掉下来了。曹操见儿子落泪，也不由得动了真情。曹丕在父亲心中的地位立刻上升。读史至此，我不由得拍案叫绝，政治家的眼泪来得就是快。有一位评论家曾说，当美国总统最必要的条件之一是会演戏，看来早在千余年前曹丕就已经懂得这个道理了。

曹丕和曹植为了获得父亲的欢心，在各自智囊团的帮助下频频争锋，各有胜负。这让曹丕的心头始终笼罩着一层阴影。建安二十四年（公元219年），关羽率领大军将曹植的叔叔曹仁围困起来。军情危急之际，曹操任命曹植为中郎将率援军出击。曹丕知道后，大为惊恐，害怕弟弟掌握了军权后逐渐培植起军中的势力，便以饯行为借口，邀请曹植喝酒。曹植虽然和哥哥争权，却缺乏哥哥的那种心机，他太看重兄弟之情，完全未留防范之心。一上酒席，他就和曹丕的智囊们谈诗论文，纵酒高歌，居然忘了军机大事。等到曹操的传令官来时，他已经酩酊大醉，不可能再率兵出征。曹操闻听后，大失所望，认为曹植难成大事。

曹氏父子不但长期从事军事活动，而且都是建安时期文坛上的主将。曹操更是邺下文人集团的领袖，酾酒临江、横槊赋诗颇能体现父子三人的豪迈。在三人中，尤其是曹植最具诗人气质，他不但继承了父亲的豪迈性情，而且具有当时文人身上嗜酒、散淡、不拘小节的特点。有一次，他准备出城，居然打开"司马门"驾着车出去了。司马门在封建时代是王权的象征，只有最高统治者才能驾车出此门，其他人只能走侧门。平时司马门都是紧闭的，曹植居然不顾禁令，擅自打开权力之门。这令曹操勃然大怒，他虽然未惩治儿子，却处死了曹植的车夫。此事发生后，曹植在曹操心中的地位一落千丈。

建安二十二年（公元217年），曹操立曹丕为世子。三年后曹操去世，曹丕继任汉政府的丞相，同时也继承了父亲魏王的爵位。面对哥哥青云直上，曹植倍加郁闷。他早年曾经著文说，"建永世之业，流金石之功"，胸中暗怀建功立业的大志，可是随着哥哥篡汉自立，这一切都成了泡影。称帝后的曹丕对弟弟颇为忌惮，他难忘争嗣之恨，因此处处打击弟弟。一个风和黃初三年，余朝京師，還濟洛川。古人有言，斯水之神，名曰宓妃。感宋玉對楚王神女之事，遂作斯賦。其詞曰：

余從京域，言歸東藩，背伊闕，越轘轅，經通谷，陵景山。日既西傾，車殆馬煩。爾乃稅駕乎蘅皋，秣駟乎芝田，容與乎陽林，流眄乎洛川。於是精移神駭，忽焉思散。俯則未察，仰以殊觀。睹一麗人，于巖之畔。乃援御者而告之曰：爾有覿於彼者乎？彼何人斯，若此之艷也！御者對曰：臣聞河洛之神，名曰宓妃。然則君王之所見，無乃是乎？其狀若何？臣願聞之。

余告之曰：其形也，翩若驚鴻，婉若游龍，榮曜秋菊，華茂春松。髣髴兮若輕雲之蔽月，飄颻兮若流風之迴雪。遠而望之，皎若太陽升朝霞；迫而察之，灼若芙蕖出淥波。穠纖得衷，修短合度。肩若削成，腰如約素。延頸秀項，皓質呈露。芳澤無加，鉛華弗御。雲髻峨峨，修眉聯娟。丹唇外朗，皓齒內鮮。明眸善睞，靨輔承權。瑰姿艷逸，儀靜體閑。柔情綽態，媚於語言。奇服曠世，骨像應圖。披羅衣之璀粲兮，珥瑤碧之華琚。戴金翠之首飾，綴明珠以耀軀。

踐遠遊之文履，曳霧綃之輕裾。微幽蘭之芳藹兮，步踟躕於山隅。於是忽焉縱體，以遨以嬉。左倚采旄，右蔭桂旗。攘皓腕於神滸兮，采湍瀨之玄芝。余情悅其淑美兮，心振蕩而不怡。無良媒以接歡兮，託微波而通辭。願誠素之先達兮，解玉佩以要之。嗟佳人之信修，羌習禮而明詩。抗瓊珶以和予兮，指潛淵而為期。執眷眷之款實兮，懼斯靈之我欺。感交甫之棄言兮，悵猶豫而狐疑。收和顏而靜志兮，申禮防以自持。

於是洛靈感焉，徙倚彷徨。神光離合，乍陰乍陽。竦輕軀以鶴立，若將飛而未翔。踐椒塗之郁烈，步蘅薄而流芳。超長吟以永慕兮，聲哀厲而彌長。爾乃眾靈雜遝，命儔嘯侶。或戲清流，或翔神渚。或采明珠，或拾翠羽。從南湘之二妃，攜漢濱之游女。嘆匏瓜之無匹兮，詠牽牛之獨處。揚輕袿之猗靡兮，翳脩袖以延佇。體迅飛鳧，飄忽若神。凌波微步，羅襪生塵。動無常則，若危若安。進止難期，若往若還。轉眄流精，光潤玉顏。含辭未吐，氣若幽蘭。華容婀娜，令我忘餐。

於是屏翳收風，川后靜波。馮夷鳴鼓，女媧清歌。騰文魚以警乘，鳴玉鸞以偕逝。六龍儼其齊首，載雲車之容裔。鯨鯢踊而夾轂，水禽翔而為衛。於是越北沚，過南岡。紆素領，迴清陽。動朱唇以徐言，陳交接之大綱。恨人神之道殊兮，怨盛年之莫當。抗羅袂以掩涕兮，淚流襟之浪浪。悼良會之永絕兮，哀一逝而異鄉。無微情以效愛兮，獻江南之明璫。雖潛處於太陰，長寄心於君王。忽不悟其所舍，悵神宵而蔽光。

於是背下陵高，足往神留。遺情想像，顧望懷愁。冀靈體之復形，御輕舟而上溯。浮長川而忘反，思綿綿而增慕。夜耿耿而不寐，沾繁霜而至曙。命僕夫而就駕，吾將歸乎東路。攬騑轡以抗策，悵盤桓而不能去。

大德四年四月廿五日為盛逸民書 子昂

《洛神赋》（元代 赵孟頫）

日丽的日子，曹植按惯例来拜见兄长。虽然身为皇帝之尊，可是看到风神俊朗的弟弟，曹丕心中再次涌起了一股妒意，他嘴边挂着淡淡的笑意，对弟弟说："世人都说你才华绝代，独步天下，今天你就以兄弟为题，在七步之内作一首诗出来。诗中不许出现兄弟二字。"面对咄咄逼人的兄长、身边杀气腾腾的甲士，曹植悲伤了起来。他知道若是自己作不出来，可能今日就要丧命。他藏起悲伤，用清朗的声音吟道："煮豆持作羹，漉菽以为汁。萁在釜下燃，豆在釜中泣。本是同根生，相煎何太急。"曹丕听到"本是同根生，相煎何太急"一句非常汗颜。这时候他的母亲卞太后也出来了，求他饶恕曹植，曹植这才免于一死。

尽管曹丕消除了杀弟之心，但是对弟弟并不放心，因此将他调到远离国都的地方。此后，对他仍然不放心，曾多次改封，封爵一降再降，一直调到临淄。在远离国都的封地，曹植终日沉醉于酒中，由于内心的彷徨和人生的失意，他常常醉酒狂歌，免不了撒酒疯骂人。有一次，他把曹丕派来的使者扣在封地，不让其回去。曹丕闻讯大怒，立即派甲士去山东捉拿曹植问罪。他的母亲卞太后听说后赶来求情，曹丕知道弟弟最多就是撒撒酒疯罢了，倒也无法将他杀掉，因此将他的临淄侯爵位再次降级，封到更加偏远的地方。

这次改封对曹植的打击更大，他已经由当年的翩翩美少年变成了一个形容枯槁的人。日夜纵酒，只是为了消弭短暂的清醒，因为短暂的清醒容易让他想起一个人，正是这个人在安慰着他吧。这个人名叫甄宓，是魏文帝曹丕的妃子，也就是曹植的嫂子，同时也是他的精神恋人。这还要从建安五年（公元200年）说起，那一年发生了一场大战——官渡之战，曹操率军打败袁绍。之后几年，曹军继续攻打袁绍的残余势力。曹军夺下邺城后，俘虏了一个名叫甄宓的女子。她是上蔡县令甄逸的女儿，嫁给袁绍的儿子袁熙为妻。文献载："太祖下邺，文帝先入袁尚府，有妇人被发垢面，垂涕立绍妻刘后，文帝问之，刘答'是熙妻'，顾揽发髻，以巾拭面，姿貌绝伦。既过，刘谓后'不忧死矣'！"这段话的意思是说，曹操攻破了邺城，曹丕率先闯进了袁府，看到一个女子头发遮着脸，脸上沾满了灰，站在袁绍的妻子刘氏后面掉眼泪。曹丕问刘氏她是谁，刘氏回答说："是我儿子袁熙的妻子。"曹丕走向前去，用手抚起她的头发，拿手绢为她擦干净脸庞，原来是一个绝色美女。曹丕离去后，袁绍的妻子刘氏说："我们不会死了。"从这段传奇般的描写中就可以看出，甄宓是多么美丽。即便作为一个蓬头垢面的战俘，她的容颜依旧像一颗闪亮的珍珠令人心动。也就是在这之后，曹植见到了甄宓，一颗心不由暗许。他曾经向父亲曹操请求娶甄宓为妻，但世事总是阴差阳错，曹操却将甄宓赐给了曹丕。他的心上人变成了他的嫂子。

尽管如此，甄宓的情影仍然深深地印入了曹植的心里。他把对甄宓的所有爱恋都写进了《洛神赋》，赋曰："其形也，翩若惊鸿，婉若游龙，荣曜秋菊，华茂春松。仿佛兮若轻云之蔽月，飘摇兮若流风之回雪。远而望之，皎若太阳升朝霞；迫而察之，灼若芙蕖出渌波。秾纤得衷，修短合度。肩若削成，腰如约素。延颈秀项，皓质呈露。芳泽无加，铅华弗御。云髻峨峨，修眉联娟。丹唇外朗，皓齿内鲜。明眸善睐，靥辅承权。瑰姿艳逸，仪静体闲。柔情绰态，媚于语言……践远游之文履，曳雾绡之轻裾。微幽兰之芳蔼兮，步踟蹰于山隅……"我不想翻译这段文字，因为任何翻译都是拙劣的。这是何等样的一个美人，若说她是神，那我也会信。普通人的笔写不出这样的文字，只有情人的笔才能写出这么美、这么眩目、这么动人心魂的篇章。我想，他真的是爱着她吧。可是囿于当时的道德规范，囿于他自己的社会地位，他只能在心中暗恋着她。

若世间真有这样的美人，那就太绝俗了，绝俗的人都不能为凡尘所容。事实也是，像甄氏这样貌美，却又多才（有诗为证）纯真的女子必然遭到凡尘的诋毁。曹丕做了皇帝后，曾经立甄氏为皇后，但是帝王的宫廷并不是一个女人的天下。和大多数帝王一样，曹丕的后宫中不乏女人，而且不乏醋意十足的女人。当时宫中就有两个争宠的女人，一个是阴贵人，一个是郭贵妃。她们处处和甄后为敌，并在曹丕的面前诋毁她。曹丕一方面由于公务繁忙，一方面由于受到蛊惑，逐渐对甄后冷淡。长期受冷落的甄后心中苦闷，因此作诗一首："蒲生我池中，其叶何离离。傍能行仁义，莫若妾自知。众口铄黄金，使君生别离。念君去我时，独愁常苦悲。想见君颜色，感结伤心脾。念君常苦悲，夜夜不能寐。莫以豪贤故，弃捐素所爱。莫以鱼肉贱，弃捐葱与薤。莫以麻枲贱，弃捐菅与蒯？出亦复何苦，入亦复何愁。边地多悲风，树木何修修！从君致独乐，延年寿千秋。"这就是著名的《塘上行》，这首诗不仅道出了她的哀怨之情，也把一颗细腻的女儿心展露无遗，她那耀眼的才华像一颗钻石闪闪发光。我常常想，她要是和大才子曹子建结为连理，那是怎样的绝配！

甄氏的《塘上行》就像陈阿娇请司马相如写的《长门赋》一样，未能挽回负心人的心，反而为自己惹来大祸。曹丕看到这首诗后，勃然大怒，将甄氏丢进邺城的旧宫，后来赐死，年仅四十余岁。读史至此，令人不由得一叹，自古红颜多薄命，信然。

甄氏之死对曹植打击极大，几乎让他失去了活在人间的信念。可是，他仍然有期待，他希望有一天自己能够躲开监视，毫无顾忌地自由呼吸。黄初七年（公元 226 年），哥哥曹丕病死了，他的侄儿曹叡登上了皇位，是为魏明帝。曹植本以为自己可以自由了，可是他的侄儿对他也不信任，为了限制和监视他，多次将他的爵位改封，玩的游戏和其父如出一辙。他最后一次被改封到陈郡，被封为"陈王"，他的身边仅有几百个老弱不堪的兵丁，伴随着他生活在暗夜般的王府中。公元 232 年，年仅四十一岁的曹植在抑郁和孤寂中离开了世界，他终于可以去见他的情人了吧。

好吧，让我们来看看这场绝世的精神之恋吧，看它是怎样的荡气回肠，看这才子佳人间的悲剧是如何的动人心魂。曹植无法和甄氏成为真正的恋人，就把这种感情写进文章，他在《洛神赋》中极尽笔法，描绘出了一个艳冠天下的美人。不！应该是美神。他和甄氏之间有巨大的鸿沟，就像是人神殊途，他的爱是真正的无望的爱。

关于甄宓的美貌，除了《洛神赋》中的描写，还可以参考另一则史料。《魏书·刘桢传》载："太子尝请诸文学，酒酣坐欢，命夫人甄氏出拜。坐中众人咸伏，而桢独平视。太祖闻之，乃收桢，减死输作。"这段话的意思是：曹丕请邺下文人集团的高士们宴饮，酒喝到高兴处，叫自己的夫人甄氏和他们见面。同座的人一见太子妃出来，都赶紧跪在地叩拜，只有大文学家刘桢忘记了叩拜，平视甄氏。曹操知道后大怒，准备杀了刘桢，后来只是免官，罚做苦役。由此可见甄氏之美，刘桢被她吸引，居然忘记了尊卑之礼，落得牢狱之灾。不过，刘桢有可能是故意的。当别的伪君子都为甄氏的美貌所慑，偷瞄了一眼后，赶紧趴在了地上，只有才高气傲的刘桢敢于大胆平视这个美人，而且认真地欣赏她的美。

刘桢为了看美女而差点掉脑袋实在不足取，但是他的勇气倒也可嘉。无怪乎后世蒲松龄根据这则史料编了个故事，说洛阳有个名叫刘仲堪的穷书生，精通各种典籍，终日不出门在家里读书。一天正在读书，忽然闻到满室生香，不一会儿就听到女子身上挂的环佩在叮当作响，他非常惊讶，看到一个美女朝他走来。他吓得跪倒在地上，问道："是哪里来的神仙姐姐，不曾拜识你，请恕罪。"女子说："我只去了瑶池一会儿，想不到你已经在人间轮回了这么多次，当年的聪明也全部消失了。"刘仲堪茫然不知所措，不知道仙人在说什么。说完，这女子就和刘仲堪相对而坐，谈论古今，但这个笨书生始终不知所以然。不一会儿，很多侍女来伺候他们，当夜，他俩就在一起欢合，而侍女也都消失了。天亮后，那些侍女又来了，仙女就像不认识他一样走了，很有点一夜情的意味。刘仲堪苦苦问她的来历，仙女才告诉他，说："我就是甄后，你是三国名士刘桢。当年你因我而丢官受苦，我心中实在不忍。我今天来，就是为了报你当年的情痴。"蒲松龄此话说得实在绝了，所谓报情痴也只有蒲松龄这样的情痴才能说得出来，曹子建这样的情痴何人报哉？蒲松龄的故事编得很精彩。接下来，穷书生问："魏文帝在哪？"仙子说："曹操还算个英雄，曹丕只不过是他没出息的儿子罢了。我当年在人间玩耍了些日子就回去了。如今曹操在地狱受苦，倒是子建给天帝修订典籍，我们能常见面。"之后，这个仙子就离开了。过了些日子又来了个女子，说是甄后的侍女，来做刘仲堪的妻子。结果有一天家里的黄狗跑了进来，看见这个女子就咬。女子吓坏了，赶紧往里面跑。狗咬下来她的一小段衣服，狠命地嚼，嚼得稀烂。刘仲堪就怀疑妻子是妖怪，妻子说自己不是妖怪，而是当年曹操铜雀台上的侍女，刚才的那条狗就是曹阿瞒。读到此处，我哈哈大笑，蒲老先生的想象力实在太丰富了。但愿甄氏和子建真能在天庭常常相会吧。

翩若惊鸿，婉若游龙。飘忽若神，凌波微步。气若幽兰，华容婀娜。这是怎样的美人？陆游曾说，始信美人终成土，这是多么残酷，又是多么无奈的事情啊。精神之恋是美丽的，也是极端痛苦的。徐志摩曾说，得之，我幸；不得，我命。是的，这就是命，这是无情的命运。

后世对曹植和甄氏的精神之恋曾多有怀疑，尤其是一些专作考据的大学者。他们拿出了充分的证据，例如宋代的刘克庄、明代的王世贞都曾提出了有力的证据。首先，是当时的道德规范不允许，其次是年龄相差悬殊，不太可能。按照历史记载，甄氏比曹植大十几岁，袁绍当年被打败时曹植才十四岁，十几岁的少年不可能向自己的父亲要求娶二十多岁的甄氏。因此刘克庄认为《洛神赋》和甄氏没有关系，后人之说纯粹是牵强附会。笔者虽然重视历史的真实性，却不大喜欢考据学家，因为这帮人常常会做些焚琴煮鹤的事情，很浪漫、很美好的事情到了他们手里，就能给你搞得趣味全无。刘克庄等人的所谓考据看起来很有道理，其实站不住脚。曹植要求娶甄氏，并不是没有可能，因为古人早婚，十四岁并不算早。曹植和甄氏的精神之恋违背当时的伦理道德之说也站不住脚，因为汉代、唐代的道德观念和宋以后的道德观念截然不同，中国对女性的束缚是从宋代开始的。在汉代，虽然鼓励女子守节，但也不反对女子再嫁。汉光武帝的姐姐守寡，皇帝亲自在大臣中选帅哥，给自己找姐夫。唐代李世民发动玄武门之变，杀死哥哥和弟弟，就把嫂子和弟媳都纳为妃。唐朝的公主们更是一嫁再嫁，公开寻找情人。从宋朝开始程朱理学兴起，对女性的束缚加重，就算是公主死了老公也得背上牌坊，普通女性就更不用说了。明清两代更是有很多守寡的公主，对平民的要求就更加严苛了。刘克庄是宋代人，因此就拿宋代的道德观来审视汉魏，实在荒谬。另外，对此事进行质疑的多是清代人，清代是对女性残害最酷烈的一个王朝，文人中伪君子也不在少数，质疑此事实在很正常。

尽管笔者知道甄氏比曹植大十几岁，但仍然相信他们的恋情。因为年龄并不构成隔阂，爱是人类具有的最神秘，也最特殊的一种本能。也许，甄氏就是曹植的初恋吧。

才高八斗放浪形，一赋成就洛神名。千古而下多情痴，又上铜雀泪涕零。今天的人们提起曹植，首先想到的是《洛神赋》和《铜雀台赋》，他用绝世才华让人们记住了这个不幸的女子——甄氏。这大概也算是一个情痴唯一的表达方式了，就算甄氏不能成仙，也应该无憾了。

第七章

阮籍：魏晋名士中可爱第一

——大醉月余不复醒，一池杜康且离魂

今吾乃飘摇于天地之外，与造化为友，朝食汤谷，夕饮西海，将变化迁易，与道周始。此之于万物，岂不厚哉！故不通于自然者，不足以言道；暗于昭昭者不足与达明，子之谓也。

——《大人先生传》

阮籍喜欢老庄，因此在词句间渗透玄学之风。其行文颇有庄子《逍遥游》的风度，所谓"飘摇于天地之外，与造化为友，朝食汤谷，夕饮西海"，完全是背负青云、遨游九天的鹏鸟精神。然而，他所处的时代不允许他朝"九天"飞去，因此他就把自己泡在酒缸里。据说酒能防腐，于是乎阮籍就把酒精当成了自己的精神防腐剂。把《大人先生传》当作其人生写照，也未尝不可。

魏晋名士多是神仙一流的人物，但我还是动了斗胆品评的念头。在那个繁星闪耀的天空中，有七颗星最引人注目，那就是"竹林七贤"，他们好像天宇里的北斗令人仰视，且令人久久不忍离去。七贤中我最欣赏阮籍，在我看来他实在是同代人中最有趣的人，我将他评为可爱第一。

阮籍，字嗣宗，陈留尉氏（今河南开封尉氏县）人。他的父亲是大名

《高逸图》中的阮籍（唐代 孙位）

鼎鼎的"建安七子"中的阮瑀，这正应了"老子英雄儿好汉"这句话。阮瑀曾经担任汉朝丞相曹操的属官，是邺下文人集团中的翘楚。从某种意义上来说，阮籍继承了家庭的文化传统，他和父亲一样，喜欢音乐，好文学。一个家庭有可能孕育出一个文化族群，这在中外文化史上均有所体现。例如，东汉末年的三曹（曹操、曹丕、曹植），魏晋的阮氏叔侄（阮瑀、阮籍、阮咸），宋代三苏（苏洵、苏轼、苏辙），英国勃朗特姐妹（艾米莉、夏洛特、安妮）等等，不一而足。总之，阮籍生活在一个拥有浓厚文化氛围的家庭。但我却常常怀疑他父亲是否真正影响过他，因为他的父亲英年早逝，他自幼和母亲相依为命。另外，在性格上他和父亲完全不同，父亲身上是邺下文人干练、务实、恭顺的刀笔吏气质，而他则是犀利、浪漫、狂放的诗人气质，也许他仅仅遗传了父亲身上的艺术因子，其他内在的东西则来自久远时代的老子和庄子。

《晋书·阮籍传》记载他"容貌瑰杰，志气宏放"，《世说新语》说他"风姿特秀"，从这些形容来看，即便是按今天的标准，他也是一个帅哥。他生活的魏晋堪称乱世，汉武帝以来儒家大一统的影响已经减退，知识分子人格上不再那么压抑，多多少少获得了一些心灵的自由。史书说，阮籍傲然独得，任性不羁，喜怒不形于色；或者终日闭门在家读书，几个月都不迈出门槛半步；或者登山涉水，几天都不回来。这些都还是看得见的东西，看不见的东西是他"博览群籍，尤好老庄"。这句话的信息量非常大。首先是"博览群籍"，也就是广泛读书。读书（不包括读死书）能赋予人一种特殊的力量——智慧，它能使人穷通古今，明了世事，内聚生命的精气，外备任事的胆魄。其次是"尤好老庄"。老子和庄子的思想，能使人洞彻人世，看穿所有的诡诈和浮华，在中国古代铁板一样的儒家道统上打开了一扇窗子，多多少少塑造了一些可爱的人物，这一点在阮籍身上体现得非常明显。清楚了这些，再让我们来看关于阮籍的那些动人的传说吧，它远比小说家们苦思冥想出来的故事精彩得多。

阮籍是当时的大名士，因此很多身居高位的人都请他出任官职，以抬高自己的声望。他最初在魏国太尉蒋济身边担任尚书郎，后来曹爽辅政，又召他担任参军。这一时期正是曹魏集团与司马氏集团斗争最激烈的时期。阮籍看明白了权贵之间争权夺利、互相倾轧的局面，自己厕身于任何一个集团，都可能人头落地，因此干脆找了个借口早早脱身。果然，不久以后，司马氏在争斗中占了上风，曹爽被杀，很多追随曹爽的名士都做了刀下鬼。独揽大权的司马懿任命阮籍为从事中郎，阮籍见躲不过，只好勉强上任。这个职位表面上是个官，实际上就是个秘书，并无实权。当时的统治者之所以拉阮籍这样的人来当秘书，目的无外乎抬高自己的身份罢了。在之后相继辅政的司马师、司马昭幕府中，阮籍一直担任尚书郎、参军、从事中郎之类的"花瓶"官职。既然不需要为统治者出谋划策，他也就乐得逍遥自在，照样读书、喝酒、赋诗。实际上，这是一种假象，他的内心有着无法倾诉的压抑，他厌恶官场，可又摆脱不掉，只能勉强任职。

在司马昭身边任职久了，终无脱身机会。作为一个浪漫气质浓厚的人，阮籍的苦闷自不必说，他宁可生活在一种癫狂和酒醉的状态中，也不愿意混迹于官场。这时候，他听说步兵校尉营中的厨子善于酿酒，兵营中还藏有三百桶好酒，大为惊喜。他这个人虽然不愿意攀附司马氏，但是有好酒喝还是愿意"折节"的，当即要求做步兵校尉这个官。我翻阅各种史籍查询这个官职的职司，发现这个官职是从汉武帝时开始设置的，职掌上林苑门屯兵，也就是中央的卫戍部队，在魏晋时期属于领军将军，领兵不多，但是军衔很高。阮籍不愧是名士，他这个要求居然被同意了。不过他去了，镇压老百姓的事情是不干的，替军阀卖命的事情也是不干的，主要就是喝酒，喝光了酒一抹嘴闪人。他为饮酒而做步兵校尉，被后人称作"阮步兵"，"步兵"二字由此成为那些善于饮酒、为酒而痴者的头衔。

酒醉伤身，但是对阮籍来说却有一个好处，那就是以此作为"挡箭牌"，免去了杀身之祸。由于他的名气很大，"文帝初欲为武帝求婚于籍"，也就是说连权臣司马昭也想和他联姻，准备聘娶他的女儿作为儿媳，而拟娶媳者就是后来大名鼎鼎的晋武帝司马炎。他不想侍奉权贵，但是又不想拿自己的脖子试司马氏的快刀，所以就干脆不停地喝酒，每天都烂醉如泥，结果大醉六十多天，搞得来提亲的人想和他谈聘礼的事也谈不成，天天看他的白眼，此事就不了了之了。以陷害嵇康而为人不齿的钟会拿时事来"请教"他，企图抓住他话中的把柄，但是由于他总是酒醉，言语不清，说话颠三倒四，最终也没有得逞。

像这样的故事还有很多。说他在步兵校尉营喝酒喝腻了，就请求出任东平相。到地方赴任的时候，只骑着一头驴，到了官衙，把围墙也扒了，把前后的厅堂屏障影壁也都推倒，令府内一览无遗，处理政务透明化。看来阮先生不仅仅会喝酒，处理事务也确实有两把刷子。司马炎一高兴，就任命阮籍为大将军从事中郎（大将军的属官，属于将军府的参谋一类的官职）。有一次，司法机关说有一个人杀了自己的母亲，阮籍说："哎呀，杀了老爹也就罢了，怎么能杀母亲呢。"周围的同事都认为他胡言乱语。坐在上座的司马炎也说："杀父是人间最大的罪恶，怎么能说也就罢了？"阮籍却慢慢地说：

"禽兽只知道母亲而不知道父亲，杀父亲是禽兽；杀母亲，却是连禽兽都不如了。"众人对他的话都深感有理，叹服。

《晋书·阮籍传》载："籍嫂尝归宁，籍相见与别。或讥之，籍曰，'礼岂为我设邪！'邻家少妇有美色，当垆沽酒。籍尝诣饮，醉，便卧其侧。籍既不自嫌，其夫察之，亦不疑也。兵家女有才色，未嫁而死。籍不识其父兄，径往哭之，尽哀而还。其外坦荡而内淳至，皆此类也。"

上文前两句翻译出来就是：阮籍嫂子回娘家，他一直送到村口。别人以此嘲笑他，他理直气壮地说，"礼法难道是为我设置的么！"在此，我称阮籍为"真人"。送一下自己的嫂子怎么了，人之常情也，只有那些心理阴暗、想法龌龊的假道学先生才会搬出所谓的礼法来非议。

阮籍家附近有个酒馆，这老兄常去喝酒，恰好这酒馆的女主人是个大美女，虽然不是卓文君一流的人物，但也算是"沽酒西施"。作为老主顾，阮籍不但喝酒还看美女，这可是所有酒鬼的梦想。有一次喝醉了，就倒在美女的身旁睡着了。美女的丈夫知道阮籍此人是货真价实的君子，所以丝毫不介意。估计平时阮籍在喝酒的时候没少和酒馆的男主人谈古论今，所以彼此知心，酒馆的男主人也对自己的美貌妻子深信不疑，可惜历史没有记载这"伟男子"的大名。

有一个兵家美女还没出嫁就死了，阮籍不认识她家里的任何人，直接跑到墓前去吊唁，而且大哭一场。我想我是最能明白这种做法的，之所以如此，是因为人皆有惜美之心、爱美之心。我若是看到一朵花被践踏，一棵秀美的树被砍伐也会伤心，何况是一个美女。幸亏当年写传记的作者也是高人，能够理解阮籍这类神仙一流的人物，所以才有"其外坦荡而内淳至，皆此类也"的评价；要是被今天媒体上这帮大人先生们逮住，不挖掘出他十条八条八卦新闻才怪，搞不好再来个"艳照门"事件，阮籍先生的千古酒名可就毁了。

阮籍常驾着鹿车在荒野里乱走，走到没有路的地方就下车大哭，然后返回，真是率真性情。我常常感到无路可走的时候，就有大哭一场的冲动，当然，不是走到马路上迷了路的时候，而是怎么也想不通一个人生问题的时候，所谓精神上的出路没了，由此可见我也是阮籍一流的人物。当然想是这么想，哭是不能哭的，否则别人会把我当成精神病，所以我在精神上是阮籍，在现实中我还是我。

魏晋名士常常以一些怪诞的行为来表示自己对礼法的蔑视，阮籍也不例外。他曾赤身裸体地箕踞室内，别人责备他行为不端，他却说，我以天地为室，以屋宇为裤，你跑到我的裤裆里来干什么？搞得责备他的人汗颜不已。在他看来，那些死守封建传统的伪君子，大多数和他衣裤里的虱子没有区别。

中国的文化传统极讲一个"孝"字，作为亲子之间的爱，这本是极根本的东西。但是在中国古代，"孝"的含义已经脱离了亲缘的本质，而变成了统治体系中的一环。它不仅虚伪，而且变成了一种程式化的东西。例如，汉代曾经把"孝"作为一个人当官的前提条件，这就把道德层面的东西和制度层面的东西等同了起来，简直荒唐透顶。史载，一个儒生母亲去世后，恪守儒家传统，远离娱乐、酒食、女色，守孝三年，后来被地方官推举为孝廉。不过后来人们发现，他在守孝期间偷偷生下了一群小孩。由此可见，儒家的所谓"孝"实在是迂腐到了极点。真正的孝在于人的内心，而不是形式，它不是一种表演，而是发自内心的爱和悲痛。阮籍虽然性格狂傲、放荡不羁，但对待母亲却极为恭顺。母亲去世时，他正在下棋，他的对手要求停下来，让他去忙丧事，他却坚持一定要下完棋。这在当时无疑是一种惊世骇俗的行为，使得观者极为震惊。下完棋后，他从别人手中接过酒壶连饮两斗，这更是大逆不道，因为在当时的礼法中，母丧期间，不但要悲声，而且要禁绝娱乐活动，戒除酒肉，可阮籍不但继续下棋，还大口饮酒。就在众人流露出惊讶不解的神情时，他突然大哭起来，且边哭边吐血，这不是一般的伤心，而是真正的悲痛。按照中医学的观点，一个人伤心到极点，会出现泣血现象。

阮籍母丧期间，同为名士的嵇喜来吊唁。按照当时的礼法，客人吊唁时，主人必须回礼，但阮籍却翻着白眼，眼睛望着屋顶，根本不看来吊唁的人，这让嵇喜很没面子，只好面红耳赤地离去。嵇喜走了，他的弟弟嵇康来了。嵇康夹着古琴，抱着美酒，来到了灵堂前，阮籍当即露出了青眼，这就是"青睐"这个典故的由来。阮籍以青白眼视人，对他赏识的人就示以青眼，而对那些满嘴名教道统的伪君子统统给予白眼。只有像嵇康这样的人才能够真正懂他，以琴声吊唁，以美酒祭奠，这对阮籍九泉之下的母亲来说，是最大的安慰了，因为她有一个人格完整的儿子。

在这里必须说的是，在吊唁的人中，还有一个叫裴楷的人。他祭拜时，阮籍也披头散发、表情麻木、白眼示人。对此，裴楷显得很坦然，倒是旁边有人愤愤不平，一人对裴楷说："按照礼法，吊唁时主人必须有所反应，可是你吊唁时，阮籍一点儿反应都没有，你为什么还祭拜？"裴楷的回答颇有些令人彼此尊重个性的意味，他说："阮籍这个人已经超越了礼法，所以可不讲礼法；而我还在礼法之内，因此必须遵从礼法。"余秋雨先生认为，裴楷是礼法中具有魏晋风度的人，总之这也是一个蛮可爱的人物。

母亲下葬时，阮籍吃肉喝酒，然后才和母亲告别，儒家的伪君子们是不会理解这种行为的。一个人伤心到了极点，苦闷到了极点，在精神上丧失了最后的一丝亲情温暖时，常会有一些反常的举动，例如狂饮，或做出一些独特的举动。这些方式别人很难理解，只有悲伤者自己明白。阮籍的这一告别举动，有多少人能明白呢？他内心隐藏着剧烈的伤痛，就像一炉炭火在烘烤，这使得他在告别时又吐血数升，以致昏倒，几乎丧命。那些假装悲戚、在形式上搞排场的人，对此能不汗颜？今日依旧有很多人大办丧礼，搞形式上的那一套，可以说古今如出一辙。

据《世说新语》记载，阮籍安葬了母亲之后，参加了司马昭的一个筵席，席间不免吃肉喝酒，大儒何曾当即站出来指责阮籍，他对司马昭说："君侯一直提倡以孝治国，但是处于服丧期间的阮籍却在这里吃肉喝酒，大大背离了孝道，应该严加惩处。"这就是道德杀人，在中国古代用"道德"来杀人、残害人的事比比皆是。可是，当时那个时代已不是汉文帝、汉武帝时期的汉朝，那个时代的思想已经完全不同。司马昭这个人虽然不是什么善茬，但至少是个真小人，面对何曾这个伪君子的挑唆，他只轻描淡写地说了一句："你难道没看到阮籍悲伤过度吗？他身体虚弱吃喝些东西也无可厚非，你既然无法为他解忧，还放臭屁干什么？"听到此话，何曾也只能悻悻然了。

阮籍登广武山，眺望楚汉战争的古战场，感叹说："时无英雄，遂使竖子成名！"在此更可以看出我和阮籍的相同之处，我二十岁的时候才看到长江，印证自己梦里萦绕了千百回的三国故事，尤其是遥想风流倜傥的周公瑾，曾口占一绝："少年儿时慕周郎，未能横戈古战场。时空若退数千年，安知吾非风流将。"只不过他是酒鬼，我不是。

也许是长期饮酒伤身，也许是他想找他的老朋友去了，公元 263 年，五十四岁的阮籍去世了。大醉月余不复醒，一池杜康且离魂。亘古可爱数第一，至今犹思阮步兵。随着他的身影远去，更多的人在仰望他。

第八章

嵇康：我琴声里的隔世知音

——孤松之姿附白云，广陵一曲成绝响

乃斫孙枝，准量所任。至人摅思，制为雅琴。乃使离子督墨，匠石奋斤。夔襄荐法，般倕骋神。镂会裒厕，朗密调均。华绘雕琢，布藻垂文。错以犀象，藉以翠绿。弦以园客之丝，徽以钟山之玉。爰有龙凤之象，古人之形。伯牙挥手，钟期听声。华容灼烁，发采扬明。何其丽也！伶伦比律，田连操张。进御君子，新声憀亮。何其伟也！

——《琴赋》

嵇康痴迷于音乐，故而作《琴赋》，作《声无哀乐论》，尤其是他的《广陵散》，成为中国文化史上的绝响。他在这段文字中，极写制琴的工艺、琴的华贵，又以俞伯牙、钟子期的典故来比喻弹奏者和聆听者的契合。不知"竹林七贤"中谁是他的知音？或者当时并无他的知音。那么我来做知音吧，尽管我们隔着这么遥远的时空，但他的影子却在我的眼前。

我是一个热衷于音乐，尤其爱好古典音乐的人，因为音乐是真正来自心灵的声音。在这个寂寞的夜晚，我摊开书卷，往电脑里放进一张 CD，倾听一曲千余年前的音乐，弹琴的人叫嵇康。激扬的琴声袭向我的心头，我的灵魂已经出窍，缥缈于空中。我不知道是我穿越时空走进了他的竹林，还是

嵇康《养生论》（宋代 赵构）

他通过琴音坐到了我的对面，但是我知道，这一刻他是我的隔世知音。

我走进竹林里，远远地静静地看着他。他那孤松般挺拔的身姿临风而立，卓尔不群。一阵清风吹来，衣带飘飘，他微微一笑，抱起片玉古琴，朝修竹清雅处走去。到了水边，将琴放在青石台上，净过手，盘腿静坐，片刻之后，仰头看着清风吹过的天空，一只白色的鸟儿飞过，似乎那就是他自由的灵魂。我知道他要弹琴了，他要弹那一首失传千年的曲子——《广陵散》。从他弹琴之前的准备工作，我就能感受到古代名士的生活品质，尤其是精神层次上的讲究更是达到了极致。

关于弹琴的讲究，《红楼梦》里的林黛玉有过精准的论述。她说，琴是圣物，古人制作它是为了修身养性，陶冶情智，抑制内心的浮躁，享受终极的平静。弹琴的时候，必须选择安静明亮的屋子，最好是在高楼之上；如果是在林中，就要选择山岗或者峰巅；如果是在水边，就要在天地清和，最好是风清月朗的时候，焚香静坐，心不外想，气血平和，才能与神合灵，与道合妙。此刻，我的心如此平静，好像一只盛装圣物的白玉盘，我感受到了那种与神合灵的默契，一种灵台明镜般的超然。

古人说，知音难寻。孟浩然就有"欲取鸣琴弹，恨无知音赏"的句子，这是一种来自心灵的刺痛，一种从灵魂深处萌生的孤独。为了排遣孤独，居于林泉之下的音乐家们对着清风明月，对着苍松怪石，对着野猿老鹤，对着万壑千山，弹出了一曲曲来自心灵的声音。但是，此刻嵇康不必再寂寞，因为我在倾听。他仔细地整理着衣冠，将他的鹤氅抚平，将他的高冠戴直，用香熏过手，方才坐在第五徽的位置上，从容地抬起双手，轻轻地抚过琴弦，舒卷自若，琴声顿时弥漫了整个空间。我的身心突然之间陷落，陷落在一场剑拔弩张、金戈铁马的战争中，我仿佛看到聂政刺韩王的那一刹那，他那决绝的眼神。我恍然明白，这就是《广陵散》。

我从一个人开始聆听一首曲子，又从一首乐曲走近一个人，走近这个我仰慕的一千七百余年前的人。我知道，他叫嵇康，字叔夜。生他的地方是谯国铚县，在我这个时代叫安徽濉溪，我不知道这是一个怎样神奇的地方，但这已经足够了。因为，我知道很多关于他的故事，他本姓奚，先世为了避乱迁到了嵇山脚下，干脆就以山名为姓，易奚为嵇。他很小的时候，父亲就去世了，母亲独自将他和哥哥嵇喜两个人抚养大。由于他从小没有严父的约束，在自由自在的环境里长大，也就没有沾染那些被驯化的陈腐气。他长得很俊逸，用玉树临风来形容丝毫不为过。如果是在今天，走在大街上会引来无数女人的目光，她们会为他的帅气而驻足。他究竟有多帅，可惜我不是丹青妙手，不能绘制下来，让我拿着历史这面镜子映照他吧。《晋书·嵇康传》载："美词气，有风仪，而土木形骸，不自藻饰，人以为龙章凤姿，天质自然。"翻译成现代文，就是说他很有风采，风度翩翩，却放浪形骸，不把自己的帅当回事，从不修饰自己（晋代男性也涂脂抹粉，注重修饰），他的这种举动不但未被人们轻视，反而说他有龙章凤姿，可谓真名士自风流呵！《世说新语·容止》中说他："身长七尺八寸，风姿特秀。见者叹曰，'萧萧肃肃，爽朗清举。'或曰，'肃肃如松下风，高而徐引。'山公曰，'嵇叔夜之为人也，岩岩若孤松之独立；其醉也，傀俄若玉山之将崩。'"看来《世说新语》的作者刘义庆也是他的粉丝。

嵇康不但精通音乐，而且擅长诗文，尤其对玄学有较深的研究。一说到玄学上，我就知道他和我拥有同一偶像——庄子。是的，是庄子，这个中国历史上最具幽默感和自由意识的人。正是他在中国数千年来沉闷的、方方正正的儒家思想之外，又开了一扇窗子，而嵇康则是第一个尽情呼吸从那窗子吹进来的清新空气的人。他把庄子的思想诗意化了，传奇化了。他的身上天生就有一种风流和飘逸，让我为之沉醉。他的音乐不仅仅是一种自娱自乐，还是一种创造，创造是人类最伟大的行为，何况还是创造音乐——心灵的作品。他曾写过中国音乐史上最著名的论文《声无哀乐论》，他在文中提出了几个最著名的观点，如音乐的本体与本质的关系、音乐鉴赏中的声与情的关系、音乐的功能问题，等等。他认为"声无哀乐"，就是说音乐是客观存在的声响，之所以有悲哀的音乐，是因为人的精神被触动而产生了情绪，两者之间只有推动变化的关系，不存在因果关系。他认为人情感上的哀乐是因为人心中先有哀乐，音乐只是起着诱导的作用。他反对自汉代以来把音乐和政治挂钩的观点，他认为音乐具有艺术性，甚至能够像占卜一样预测某些变化，但是并不是政治的反映。他这篇文字最大的成就，是开辟了一条和"礼乐刑政"并举的官方音乐不同的路，他戳穿了"治政音乐"的把戏，他认为音乐就是纯粹的艺术，这一思想对中国古典音乐的发展影响很大。

一个男子风采动人，必然能够招来一大群女子的青睐，要是他还能弹一手好琴，这比那些会弹吉他的男孩还要吸引女孩。我不知道曾经有多少双漂亮的眸子在嵇康背后凝视着他，有多少女子暗恋着他。天才都能获得女子的芳心，尤其是艺术的天才，这一点你只要读一读法国雕塑大师罗丹的浪漫史就知道了，天才的克罗岱尔曾经为他发狂，为他发疯。可惜中国的史书从不记载女子的活动，更不要说记载女子的爱情了。这一点我很为嵇康可惜，他的文采很好，轻灵卓然，尤其是诗歌更是带着一种玄学的超然。他的文字多辛辣讽刺内容，饱含激情与气势，见解独到，笔锋犀利得像刀剑一样。这样的文笔，本可以写情诗的，可以写那些最温柔的文字，因为最犀利的笔触最能打动美人的心。可是没有，那个时代哪里能够找到像现代一样多的充满个性与自由思想的女性呢，能够和他的灵魂对等的女子是罕有的，卓文君和红拂女一类的人物寥若晨星。

儒家思想在嵇康所处的时代已显出颓势，嵇康更是提出了"非汤武而薄周孔""越名教而任自然"的人生主张。他"性烈而才俊"，常和好友阮籍等七人在竹林里谈玄论道、弹琴饮酒、纵情哭笑，人称"竹林七贤"。在七贤

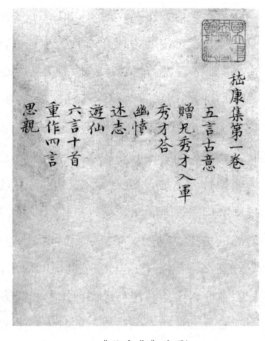

《嵇康集》书影

中，精神上和他最接近的是阮籍。阮籍比他大十三岁，善于撮口长啸，因此两人常常在一起论道，或者"合奏"。想想吧，在一个风清月朗的夜晚，一个白衣飘飘的男子素手挥五弦，另一个鹤氅轻裘的身影仰天长啸，这是金庸的武侠小说《笑傲江湖》里才有的情景，大概刘正风和曲洋就是以他们为原型的吧。这是一群蔑视礼法的人，他们宁可隐居林泉之中，也不肯在乌烟瘴气的官场中厕身。在这一点上，嵇康表现出了坚决不肯合作的态度。

司马氏掌权后，对嵇康极力拉拢，但他就是不肯就范，也许这就是他以后被害的根源吧。他隐居郊野，那是一个叫作"山阳"的地方，我上大学的时候曾经专门去凭吊，可惜那已经成为一片菜地了，留存的一些所谓"遗迹"大多数有名无实。倒是太行山麓瑰丽的景色，可以使人追思他在这一带采药、弹琴的情景。弹琴是从缥缈中寻找精神归宿，但嵇康不仅仅把自己的才情寄予音乐，他还把这种才情熔铸进钢铁，他曾经和好友向秀在一起打

铁。诗人去打铁这在今天来说也是匪夷所思的，但他确实就这么做了，也许这是他排遣苦闷的一种方式吧。这是一个多么黑暗的时代啊，诗人为了隐藏内心的忧伤，只好一锤一锤地把自己内心的苦痛打进钢铁里。幸好他还有这样一位朋友——向秀，能够默默地一锤一锤地陪他打铁。炉火炽烈，火星四溅，两个男人抡着锤子砸在砧子上，这是怎样的无奈，又是怎样的诗意化。就在他们把内心的忧伤与苦痛快铸成一把剑的时候，一个人来了。这个人叫钟会，他是司马氏统治集团的忠实党徒。他的使命是来拉拢嵇康，可是嵇康和向秀视若无睹，只管打铁。尴尬的钟会徘徊了一阵转身走了，颇有幽默感的嵇康不忘问一句："何所闻而来？何所见而去？"一向有辩才的钟会只好支支吾吾地答了一句："闻所闻而来，见所见而去。"从此，钟会对嵇康记恨在心，屡次在司马氏面前发表一些构陷嵇康的言辞。

公元 262 年，陷害嵇康的时机终于来了，这是一个极端无耻的阴谋。嵇康的好友吕安被人诬陷"不孝"，诬陷者正是其兄吕巽。吕巽奸污了弟媳徐氏，被吕安发觉，吕巽就恶人先告状，说吕安不孝。在标榜虚伪孝道的封建时代，这就是大罪，足以置人于死地。了解朋友为人的嵇康当即拍案而起，为朋友辩护，这就让陷害他的人抓到了把柄，终以同党之罪将他下狱。在小人的挑唆和诋毁下，嵇康被定为死刑。

历史会永远记住这一天，这是个悲壮的日子。统治者司马昭下令处死嵇康，三千多太学生一起到刑场为他求情，并愿意拜他为师。这时候司马昭犹豫了，究竟是杀还是不杀？钟会此时开口了，他说："嵇康，卧龙也，不可起。公无忧天下，顾以康为虑耳。昔齐戮华士，鲁诛少正卯，诚以害时乱教，故圣贤去之。康、安等言论放荡，非毁典谟，帝王者所不容。宜除之，以淳风俗。"杀人总能找到借口，而且往往冠冕堂皇，在他们眼里，嵇康是"名教罪人"，是非死不可的。这是一种一以贯之的思维，姜太公杀隐士华士，孔子杀少正卯，都是不允许不同的声音存在。凡是违背自己意愿的，和自己思维不相符的，只有死，这是彻头彻尾的"顺我者昌，逆我者亡"的思维。大多数封建统治者从来不看重一个人的思想价值和艺术才华，他们只看重走狗和奴才，或者说他们连走狗和奴才也不看重，只是利用而已。法国大思想家伏尔泰曾经说："我坚决不同意你的观点，但是我以我的生命来维护你说话的权利。"中国的封建时代恰恰相反，不但不给你发表不同观点的权利，甚至不给你说话的权利。

风吹来，嵇康平静地坐在刑场上，他并不为自己的死哀伤，死只是完成生命轮回的一种方式。他平静地接过自己心爱的片玉古琴，喧嚣的，充满哭声、喊声的，为救他而努力的太学生们安静了下来，兵卒们也安静了下来，整个刑场都安静了下来。这个时候，嵇康忧伤起来，他忧伤的不是自己的生命将要终结，他忧伤的是自己要弹的这首乐曲将成为绝响。玪玪的琴声铺天盖地而来，这一天我也是太学生中的一分子，我亲耳听到了他的琴声。他坐在高高的台上，没有忧伤，没有哀戚，脸上的表情像晴空一样明朗而平静，那天籁般的曲调就这样渗透进了我的心里。他修长的手指抚动着银色的琴弦，那琴声怫郁慷慨、雷霆万钧，如同无数刀剑和戈矛的撞击，我明白了，他为什么要弹奏《广陵散》，这是他生命的最后吟唱，就像濒临羽化的天鹅，作最后的挽歌，一种对自我的肯定。这一曲，生命将成为永恒；这一曲，生命的狂放与不羁在黑暗的文化深处生长成一棵参天大树，长成中国文化中的那种士人的傲骨和底色。在他离去的最后一刻，我看到了他眼里的寂寞。

今夜，我无眠。我在《琴赋》里寻找他，我在《风入松》里缅怀他，我在"嵇氏四弄"里祭奠他。他去了，尽管"海内之士，莫不痛之"，但他还是离去了。他的死只是终结了短暂的生命，却成就了灵魂的永恒。今夜，我就在聆听他的灵魂之声。长夜如水，岁月如光。万千思绪今非昔，神寄玄鸟意苍茫。孤松之姿附白云，广陵一曲成绝响。一千多年之后，你的声音还有我在聆听，不会再寂寞了吧。

第九章

刘伶：酒徒和他的朋友们

——常驾鹿车载美酒，竹林共消万古愁

> 天生刘伶，以酒为名。一饮一斛，五斗解酲。妇人之言，慎不可听。
>
> ——《世说新语·任诞》

这是一篇喝酒宣言，对所有的酒鬼来说，无异于《独立宣言》。他不但高声宣布自己之生乃是上天所为，而且宣布自己存在的理由就是酒，酒喝到五斗才算数。这篇宣言中最重要的一条就是：老婆的话是万万不能听的。酒鬼们，为他喝彩吧。

刘伶在七贤中，风度不及嵇康，谈玄不及阮籍，注书不及向秀，音律不及阮咸，为官不及山涛和王戎，但纵酒之名却超出诸人。他在历史上的名声恐怕是沾了酒的光，以酒为名之说确实不虚。

竹林七贤是魏晋时期最具代表性的一个玄学小团体，其中多数人以纵酒为乐。在这些人中有一个因酒致病的人，他就是刘伶。尽管酒伤害了他的身体，却丰富了他的精神，他和六位朋友通宵达旦地饮酒，留下了很多美谈。

刘伶，字伯伦，生卒年月不详，西晋沛国（今安徽濉溪县西北）人，是竹林七贤中被记载较少的人，其作品大多失传。晋武帝时，他被任命为建威参军。泰始初年（公元265年），朝廷向官员们征集治理国家的方略，刘伶在上书中提出"无为而治"，结果惹得晋武帝大怒，指斥他提出的策略不合时宜，以"无能"之名将他罢免。和他同时建言的人大都因建言合时宜而任高官，只有他去职。他彻底看透了官场的虚伪，因此和阮籍等人结交，学老庄之学，纵酒放诞，对"礼法"非常蔑视。

我在品题魏晋人物时，曾将阮籍评为可爱第一，将

《高逸图》中的刘伶（唐代 孙位）

嵇康评为潇洒第一，这里刘伶可评为趣味第一。刘伶是阮籍的铁哥们儿，对喝酒有一种病态的痴迷，按照《红楼梦》里说贾氏兄弟的话，他俩可称为"难兄难弟"。他是酒徒中的酒徒，醉鬼中的醉鬼。在写文章为自己喝酒辩护的功夫上，和喜欢喝酒的孔融有得一拼。此公也和阮籍一样，喜欢驾着鹿车在荒野里游游荡荡，但他不是为了找没人的地方去哭的，而是为了在车上喝酒。从这点上来看，刘伶就乐观得多。你想象一下，驾着鹿车，带着三四个随从，欣赏着郊外的风景，喝两口美酒，这是多么惬意的事啊！傻瓜才哭。他还做出比这更乐观的事呢，那就是喝酒的同时，让随从扛着铁锹。干吗？原来刘伶说："死便埋我。"既有对生死的超然，又幽默得可爱。

一般情况下，喝了酒就会发酒疯，刘伶也不例外。明人冯梦龙的《古今笑》记载：刘伶喝醉了酒就把衣服脱光，别人进来给他提意见，说他破坏名教，有损礼法。他比阮籍更干脆地说："我以天地为栋宇，屋室为裤衣。诸君何为入我裤中？"这等于说房屋是我的裤子，你们没事儿钻到我裤裆里来

干什么，令人忍俊不禁。话说回来，所谓的名教君子和嵇康、阮籍、刘伶比起来，有多少人其实是人衣裤中的跳蚤和虱子呢？

《世说新语》记载了一则关于刘伶的小故事：刘伶喝酒喝出病来了，非常口渴，向太太要酒喝，他太太非常生气，倒掉酒，把喝酒的瓶瓶罐罐也都全部砸了。喝酒都喝出病了，还要喝酒，这和我喜欢的台湾武侠小说家古龙先生简直不分伯仲，难怪太太要生气。

根据历史的记载来看，刘伶的长相有点儿对不起观众（身长六尺，容貌甚陋），他的太太却是知书达理、颇有文化修养的奇女子。她哭着对他说，亲爱的老公啊，你喝酒喝得实在太过分了，这不是养生之道，必须立刻戒酒。看来，刘伶的太太实在是心疼老公。如果是今天，刘伶这样的蛤蟆王子一定很难找到老婆的，更不要说还是个酒鬼，更找不到老婆了，即便找到了，不是河东狮，也可能是母夜叉。面对太太情真意切的劝说，刘伶说："你说得很对，我马上戒酒，为了表示我戒酒的诚意，我要向鬼神发誓祷告，你去准备向鬼神祷告的酒和肉吧。"看到这里，我就知道这位贤惠的夫人又上当了，发誓写保证书这是古今男人的通用伎俩，怎么能够相信。如此看来，刘伶是发誓写保证书戒酒的鼻祖。接下来的内容是：太太准备好了酒肉，放在神案上，让刘伶发誓，刘伶跪在地上发誓说，"天生刘伶，以酒为名。一饮一斛，五斗解酲。妇人之言，慎不可听。"然后，他饮酒吃肉，喝得大醉。估计，再贤惠的夫人也会气得跳起来。

《晋书》记载：刘伶有一次喝醉了，和一个粗鲁人发生了口角，那人伸胳臂捋袖子就准备揍他，刘伶说，"我这小鸡样的身体不足以承受你尊贵的拳头。"那个人为刘伶的谐语而发笑，就走开了。与阮籍的率真相比，刘伶确实有趣，所以刘伶乃"趣人"也。这一点，今天的大姑娘们都喜欢，因为女孩子多数喜欢听笑话。另外，刘伶还有两样招今天女孩子喜欢的东西，那就是有车有房。史载，其有些屋舍，还老驾着鹿车到处旅游，即便什么也不干，也有酒喝。刘伶崇尚老庄，以诗文著称，可惜流传下来的很少，今天能看到的较有名的就是《酒德颂》。

他在《酒德颂》中说："以天地为一朝，万期为须臾，日月为扃牖，八荒为庭衢。行无辙迹，居无室庐，幕天席地，纵意所如。"简直可以和《庄子·列御寇》中的"吾以天地为棺椁，以日月为连璧，星辰为珠玑，万物为赍送。吾葬具岂不备邪？"这句相媲美。他在《酒德颂》中称颂酒德，营造了一个到处飘荡着酒香的世界。该文大意说：有大人先生者，把宇宙当作自己的家，以开辟天地为一天，以数万年为一瞬间。把日月当作门和窗子，把天地六合作为厅堂和过道。行动和思维没有固定的轨迹，居住没有固定的屋舍。以苍天为帷幕，以大地为坐席，神游八极，随遇而安。不论走到哪里，总是随身带着酒器。除了知道酒中的世界，不知道世界上还有其他。那些标榜名教、倡导道统的仕宦缙绅听到他的声名和言论，纷纷议论起来。他们挽起袖子，瞪着眼睛，拿所谓的礼法来非难他。但先生却抱着酒瓮，端着酒槽，嘴叼着酒杯，喝着浊酒；或吹起自己的胡须，伸开双腿毫无拘束地躺在地上，枕在酒糟上，没有任何思虑，心中充满欢乐。他在欢乐中沉醉，一直睡到自然醒。进入静寂状态时，即使雷声大作也充耳不闻，泰山崩于前也熟视无睹，感觉不到季节交替带来的寒暑变化，也感觉不到名利和情欲带来的冲动。俯观这个混浊不堪的世界，纷纷扰扰，好像河上漂流的浮萍一般，贵胄和缙绅之士也好像蜾蠃与螟蛉般的小虫子一样渺小。

《酒德颂》所反映的思想，实际上是庄子"齐祸福，一死生"的观点。他通过"大人先生"这一形象，表达了自己的精神追求。他追慕庄子那样的逍遥境界，讽刺世俗礼教中的贵公子和官僚缙绅，文章气度开阔，具有强烈的戏谑色彩。这一点，他和阮籍稍有不同，阮籍虽然厌恶官场，但无法摆脱司马氏的牵绊，只能和司马氏保持时断时续的关系，满腔的愤慨无处发泄，因而作恣意张扬、笔锋犀利的《大人先生传》。但刘伶不同，他一开始就失意于官场，并无人强行要他做官，因此文章写得更加旷达一些，激愤的色彩也弱一些，只表达了对礼法的蔑视，以及不拘礼法的狂态。

说他是超级酒鬼，你不得不信。大概，其饮酒的名声在当时太坏，后世的伪君子和以道统自居的人都对他不屑，连他的生卒年月都未加记载。文献上找不到他的死因，推测可能是"嗜酒寿终"。在汉末魏晋这种乱世，能寿终正寝也算幸运。比起何晏、孔融、祢衡这些被杀甚至被灭族的人来说，可谓不幸中的大幸。

在七贤之中，刘伶和阮籍最亲近，和嵇康略为疏远，和另外四人交往再次。阮刘关系密切固然和嗜酒有关，但最重要的原因还是思想境界较为接近，不论是行为作风上还是思维上，都有可比之处。两人都曾经裸身露体在屋子里饮酒，遭到时人的指责。关于裸身之说，鲁迅先生认为这和当时的名士喝酒时服药有关。当时有一种叫作"五石散"的东西，因其性燥热，服食之后需要发散药力。很多名士因为服食了这种东西，无法穿丝绸的衣服，也不能穿新衣服，只能穿破衣烂衫。不过，文献中缺乏阮籍服食"五石散"的记载，也未见刘伶有这方面的嗜好，因此不能妄加推测。嵇康清高孤绝，蔑视名教，虽然和刘伶的交情比不上阮籍，但是在思想上仍然有共同之处，所以相与友善。

刘伶和另外四人的交往较少。山涛虽然也追慕庄子的思想，但无法摆脱仕进思想，因此很被嵇康看不起，嵇康甚至还写了一篇《与山巨源绝交书》。但山涛是七贤中最为忠厚的，他尽管在政治上和嵇、阮、刘的境界不可同日而语，但在玄学思想上仍然是一脉。因此，嵇康在遇害前将自己的儿子托付给他，这说明两人的私谊是非常好的。他和刘伶也不会特别疏远。向秀和山涛一样，后来也曾在司马氏的朝内做官，他是研究《庄子》的大学者，曾经注《庄子》，得到嵇康极高的评价。其《思旧赋》《难嵇叔夜养生论》都有很高的价值，可以看作是竹林团体中诞生的高妙文章。

七贤中年龄较小的是阮咸和王戎。阮咸是阮籍的侄子，和刘伶一样嗜酒，尤其崇拜叔叔阮籍的纵酒作风，有一次居然和猪一起喝酒，博得了个很不雅的外号"酒豕"。关于此人的事迹，将在别的篇章单独书写。王戎在七贤中年龄最小、官职最高、名利心也最重，其为人不但虚伪，而且非常吝啬，从其一生的经历来看，完全和竹林七贤背道而驰。那么，他是如何和刘伶这些酒鬼凑在一起的呢？据国学大师陈寅恪先生考证，王戎并不是"竹林七贤"中的人物，甚至连"竹林七贤"这一名称也不是当时就确定的，而是两晋之后至南北朝刘宋王朝时才形成的，目的是标榜名士风度。文献中找不到王戎和嵇康、阮籍等人交往的记载。从年龄上来说，他比山涛小二十九岁，比阮籍小二十四岁，比嵇康也要小十一岁。如果按照文献上"与嵇康居二十年，未尝见其喜愠之色"这句话来推测，他和嵇康交往达二十年，嵇康遇害时三十九岁，王戎当年二十九岁。这就是说，他在九岁时就认识了二十岁的嵇康，在古代孩童和成人交往，尤其是和一个充满玄学思想的人交往，这在情理上是比较勉强的。因此，陈寅恪先生怀疑，王戎是被晋宋时期的人强行加进去的。我不做考证，此事姑且存疑。

　　且不论七贤之间的思想差距吧，单说他们能够坐在竹林里谈玄论道、弹琴唱歌、饮酒赋诗，那就已经令人羡慕死了。看古人作的《竹林七贤图》，那种神仙般的翩然风度，我心中着实充满了飘逸的思绪。文王千盅不足夸，孔圣百觚饮在喉。常驾鹿车载美酒，竹林共消万古愁。不论是作为酒鬼的刘伶，还是隐者的刘伶，有了这般朋友，一生何憾。

第十章
阮咸：爱喝酒的家族和精神异常的推测
——万物齐一与豕饮，狂醉之中显精神

> 勖所造声高，高则悲。夫亡国知音哀以思，其民困。今声不合雅，惧非德政中和之音，必是古今尺有长短所致。然今钟磬是魏时杜夔所造，不与勖律相应，音声舒雅，而久不知夔所造。时人为之，不足改易。
>
> ——《律议》

阮咸好喝酒，堪比其叔阮籍。他擅长音律，直追嵇康。其遗存的作品几乎没有，偶有只言片语也仅存于一些可信度不高的史籍中。幸好其音乐天赋极高，尤其是他根据西域乐器创制的"阮"更是流传后世。他对音乐的悟性堪比三国时期的周郎（丝弦误，周郎顾），能够从乐声判断弹奏得是否准确。当时的中书监荀勖也是音乐圣手，常常和人谈论音律、调试乐器。荀勖主持调试钟磬，阮咸认为声高。荀勖由此忌恨阮咸，在晋武帝面前告了他一状，使他遭到贬谪。后来有个农夫在田地里耕作，发现了一把周朝的玉尺，荀勖用这把玉尺衡量自己校正过的钟磬，发现比古之庙堂乐器短了一尺，这才意识到阮咸说得对，不由得大称"妙"。这篇《律议》就是阮咸评论荀勖校乐器的文字，由此可见阮咸纵酒时虽然一片混沌，但是在音乐上却绝不含糊。

汉末天下大乱，三国、两晋、南北朝持续时间很长，中国长期陷入分裂

状态，军阀混战，百姓生活痛苦不堪。知识分子们在这种情况下，挣扎在各个统治集团之中，常常难以避免被害的命运。很多人为了避祸，就寄情山水，纵情酒色，形成了饮酒成风的现象，不但一般的知识分子饮酒，就连那些世家大族的子弟也常常喝得烂醉，并以此为荣。对阮氏家族成员来说，饮酒是家常便饭，但阮咸却是一个绝对的异类。

要说阮咸，还得从阮氏家族说起。阮家居于陈留尉氏，家族中在汉末最出名的一个人是阮瑀。这个人名列"建安七子"之中，受教于大学者蔡邕，为人很有才华，诗歌很有特色，曾经在曹操的门下担任幕僚，和另一名文学家陈琳齐名。阮瑀是当时的大名士，琴弹得很好，但是没有好酒的记载。他生了两个儿子，阮熙和阮籍。阮熙官至武都太守，阮籍官至步兵校尉，都是善饮的主儿。他们不但继承了父亲的文学才华和艺术天分，而且超越了父亲，尤其是阮籍更是成为"竹林七贤"中的核心人物。阮熙虽然不是名士，但是他的儿子阮咸却名列七贤之中。阮氏一家有

《竹林七贤图》（清代 吴昌硕）

叔侄两人成为"竹林"名士，其家学渊源之深厚，不可小觑。

阮籍的饮酒和作为前面已经谈过，在此主要说阮咸。阮咸，字仲容，是

"竹林七贤"中年纪较轻的,仅年长于王戎。他少年时就很聪慧,常常跟随叔父阮籍参加名士们的社交活动。受叔父以及名士们的影响,他也养成了一副名士派头,因其过于放诞不羁,蔑视礼法,常遭到世人的讥讽。在思想境界上,阮咸无法和阮籍、嵇康等长辈相比,但他也不刻意去模仿这些大名士,而是率性而为。他年轻时,喜欢姑母家的一个鲜卑女奴,和这个女奴产生了恋情,偷尝禁果。后来,他的母亲去世了,姑母带着女奴来吊唁,答应把女奴留下来,但离开时却把女奴带走了。当时身穿孝服的阮咸正在接待吊唁的宾客,听说这个消息后,二话不说向客人借了一头驴就去追。

过了一会儿,阮咸和那个鲜卑女子一起骑着驴回来了,而且连丧服都没脱,来吊唁的宾客无不瞠目结舌。按照封建时代的礼法,母丧期间不但要哀容,还要禁欲,亲近女色是大逆不道的行为。何况男女授受不亲,阮咸居然在母丧期间和一个女子共骑一头驴。这顿时成了那些伪君子攻击他的口实,但他不以为意,还说"人种不可失"。其蔑视礼法,言行之放诞由此可以管窥。

阮咸极力仿效叔叔阮籍纵酒的作风,据说这老兄饮酒终日不醒,就连骑在马上也喝得歪歪倒到,左摇右晃,好像坐着船在风浪中漂荡一样。尤其不堪的是,有一次他在院子里和族人群聚,开始用酒杯喝,后来觉得不过瘾,就改用瓮喝,但他仍然觉得不过瘾,就改用大盆喝。结果喝醉了,进来一群猪凑热闹,不知这位老兄是真的喝醉了,还是装糊涂,居然和猪一起喝,还不断地弹琵琶唱歌,结果得了一个最下品的雅号:酒豕。"豕饮"的典故由此而来。真是画虎不成反类犬。不过也不能说他一无是处,在当时,很多知识分子仰慕庄子的思想,尤其信奉《齐物论》,既然可以和万物为一体,那么猪也是万物之一,既然能够"齐万物",那么"和猪齐"也就无可厚非了。

当时的很多名士虽然仰慕老庄,但实际上有不少人只是为了博取美名。按照习惯,七月七日那一天人们要把家里华贵的衣物拿出来晾晒。名士们虽然自诩清高,但都不能免俗,竞相炫耀自己的华服高冠,只有阮咸在院子里的枯树上挂了一条破旧的裤子。别人问他："为何不拿华丽的衣服出来，却要挂条破裤子呢？"阮咸说："我也不能免俗，可是也不能像大家一样俗，挂个破裤子聊作慰藉。"其话中的诙谐令人忍俊不禁。

阮咸继承了阮家人爱好音乐的传统。他不但精通音律，而且在音乐上具有天才般的禀赋。他很善于弹奏琵琶，曾将龟兹传入的琵琶进行改造，以更适于演奏。据说，唐代曾经从阮咸墓中挖掘出一件铜琵琶，结构为直柄木制，圆形共鸣箱，四弦十二柱，竖抱用手弹奏。当时的人用木头仿制了一件，弹出来的音色非常优美，因此以阮咸的名字命名。至今这一民族乐器依然在使用，有"大阮""小阮"两种。

阮咸不喜欢和外人结交，只喜欢和自己的族人一起饮酒弹唱取乐，颇有些孝悌精神。他虽然不会像叔叔那样做"青白眼"，但也不爱搭理人，唯一让他看重的是侄子阮修，两人常常在一起喝得酩酊大醉。他和侄子阮修的关系，就像是阮籍和他的翻版一样。这个阮修也是位大名士，完全继承了阮氏家族的风范，不但名士的谱摆得非常足，而且喝酒的名气丝毫不输。他把喝酒的门风发扬光大，以至于耽误了娶老婆。《世说新语》载：大名士阮修家里很穷，四十岁了还没有讨到老婆，以至于大将军王敦都为他着急，专门发动捐款为他找老婆。可是他虽讨不起老婆，喝酒的钱却并不缺。他步行出游时，杖头上始终挂着数百酒钱，看到一个酒店，就取下钱沽酒狂饮，后世称之为"杖头钱"。看来阮氏门风就是如此呵！

阮咸少年时很有抱负，这一点被同为"竹林七贤"的山涛看在眼里。山涛虽然是大名士，却很会做官，一直担任司马氏政权人事部的大官。晋武帝司马炎让他推荐人才，他就推荐阮咸担任吏部郎，还称赞阮咸"清真寡欲，万物不能移也"。可是，晋武帝司马炎并不看重阮咸的玄学才华，而更看重一个人的实干能力。像阮咸这样的大名士司马炎早有耳闻，再说阮咸的地位和声名都无法和其叔阮籍相比，因此司马炎坚决拒绝了。拒绝的理由是，阮咸崇尚空谈，嗜酒如命。这就决定了阮咸终生与仕途无缘，既然与仕途无缘，他干脆沉迷于酒中。

阮咸有两个儿子，阮孚和阮瞻。阮孚官至广州刺史，阮瞻官至太子舍人，都未能彻底摆脱官场。其中阮孚就是阮咸和鲜卑女奴的结晶。龙生龙，凤生凤，老鼠的儿子生来会打洞，阮咸把自己的名士风采也遗传给了儿子。阮孚和父亲一样，一旦贪杯就忘记一切。有一次，他居然拿皇帝御赐的金貂大衣换酒喝，结果管风纪的部门给皇帝打了小报告，皇帝还算宽容，念他是名士就饶恕了他。他喝酒也不是毫无贡献，这一次就给中国博大的词库中贡献了一个典故：金貂换酒。

和祖上一样，阮孚这一代同宗中出了三个名士，除了哥哥阮瞻不纵酒外，还有一个很会喝酒的阮放，此人官至交州刺史，与阮孚同宗，他哥俩和卞壶、羊曼、胡毋辅之、蔡谟、郗鉴、刘绥等六人被称为"江左名士"，人称"兖州八伯"。这是一个在中国饮酒史上名气很大的组织，且成员都是响当当的人物。所谓"八伯"，是按照每个人的品行起的外号，就好像梁山泊好汉都有外号一样。阮放为人意气宏大，胸襟开阔，因此被称为"宏伯"；阮孚为人放诞不羁，诙谐幽默，被称为"诞伯"；卞壶最善于抓住要害处理纷乱之事，被称为"裁伯"；羊曼颓废，好纵酒，被称为"踏伯"（踏通遏）；胡毋辅之性情旷达，不拘小节，被称为"达伯"；蔡谟性情廓达，心怀开朗，被称为"朗伯"；郗鉴为人方正，不媚于权贵，被称为"方伯"；刘绥最善于成全别人，济人危难，被称为"委伯"。这八人在晋室南渡后，都成了东晋政权的重要官员，如羊曼曾官至尚书吏部郎，郗鉴官至太尉，连大书法家王羲之都是他家的女婿。由此可见，这些人在思想上已经和嵇康、阮籍不同，他们的名士风采只是一种自我标榜。实际上这种变化从阮咸就已开始了，可以说到阮咸这个时期，尤其是东晋在江左建立政权这一时期，汉末魏晋以来的名士风采已经有些堕落了。

很多人寄情于诗酒山水，既有神州陆沉、北方无法收复的苦闷，也有社会风气的影响。大多数知识分子在南渡后，精神上陷入一种癫狂的，近似于精神病的状态。不但阮氏家族如此，号称东晋两大家族的王家和谢家也是如此。以阮孚为例，晋室未南渡前，他曾经和羊曼、阮放、胡毋辅之、谢鲲、毕卓、桓彝、光逸（即小团体"八达"，和"八伯"人员略有差异）聚会饮酒。他们饮酒时做了很多出格的事，有些事在今天来看依然骇人听闻。明人蒋一葵所撰《尧山堂外纪》记载了其中的故事：孟祖避难渡江投胡毋，值辅之、鲲等散发裸袒闭室酣饮已累日，孟祖将排户入，守者不听，便于户外脱衣露头于狗窦中窥之而大叫。辅之惊曰，"他人决不能尔，必我孟祖。"遽呼入，与饮。

这段话是说，光逸（字孟祖）在晋室南渡以后，逃到南方去投奔胡毋辅之，恰好谢鲲和胡毋辅之等一群狐朋狗友在喝酒，而且关门闭户已经喝了很多天了。这帮人酒酣之际，集体发酒疯，统统脱光了衣服。光孟祖敲了半天门，守门人没听见。他进不了门，闻到酒香，顿时酒瘾大作，居然脱光了衣服，从一个狗洞里把头伸进去喊道："兄弟，拿酒来，我要喝酒！"胡毋辅之听见，说了一句："一定不是别人，必定是我们伟大的光孟祖来了。"于是开门放他进来一起牛饮。

《晋书·胡毋辅之传》记载了此人的一个细节："辅之正酣饮，谦之（辅之的儿子）门规而厉声曰，'彦国（辅之的号），年老不得为尔！将令我尻背东壁。'辅之欢笑，呼入与共饮。"喝酒到这份上了，说什么好呢。像胡毋辅之、谢鲲之流的酒鬼都有某种怪癖。《南史·谢几卿传》记载，有一次，大诗人谢灵运的曾孙、南朝文学家谢几卿打扮得非常帅气地去参加宴会，宴席散了他还没有喝痛快，居然破口大骂："王八蛋宴会，连酒都不让人喝够。"没喝够的谢几卿回家途中看见路边有个酒店，他停下车，拉起车夫一起去酒店喝酒，酒端上来了，他就对着车夫和拉车的马一起喝。这就是"与驺对饮"这个典故的由来。某次，此公在衙门上夜班，不知道是天气热还是无聊，反正脱光衣服就开始喝酒。不但喝酒，还和几个臭味相投的家伙呼号。若是在今天一定会有人报警，告他扰民。喝了酒，呼号两声，跳跳迪斯科也没啥，最不该的是最后发起酒疯，突然内急，因为穿的是无裆套裤，所以直接就在大堂上解决，没想到尿液溅到了令史大人身上，闹得不欢而散。此公又贡献了一个典故：裸袒酣饮。此公的行为让我想起了国学大师黄侃的故事。黄侃年轻的时候在日本留学，住在一个木板楼上，有一天夜里突然内急，于是就地解决。恰好当夜楼下住的是国学大师章太炎，章当时正在看书，突然看到一条瀑布飞流直下三千尺，透着腥臊，于是大怒，破口大骂。黄侃也不示弱，两人对骂，全是泼妇骂街的词语。不过黄侃后来发现，和自己对骂的是国学大师章太炎，马上折节拜师，后成为章氏最得意的弟子。谢几卿可就没有这么好的运气，令史大人不但没收他做弟子，还参了他一本，使其被罢了官。不过，他似乎只要有酒喝，别的也无所谓，从此以后不但毫不收敛，而且变本加厉。

从阮咸的种种举动来看，他有些精神异常。这一时期，中国的儒家文化整体上坍塌了，人们丧失了终极信仰，尤其是作为知识分子的精英们，更是陷入了找不到北的局面。这一时期是中国社会最黑暗的时期，却是中国思想最自由的时期。人们可以依照自己的愿望，做自己想做的事，而不用担心被扣上名教罪人的大帽子。这些人若是放在明清，则有掉脑袋的危险，李贽就是因为"非名教"而被捕入狱自杀的。正是因为汉末魏晋以来天下大乱，摧毁了整个正统的思想体系，所以才让裸奔、裸饮、同性恋、服药酒……这些被统治者所禁止的事，呈现在中国文化史上。对阮咸本人，可以看作是这群人的一个代表。

"万物齐一"与"豕饮"，狂醉之中显精神。四代酒中埋骸骨，管他臭闻与美名。阮氏家族从"建安七子"之一的阮瑀开始，再到"竹林七贤"的阮籍、阮咸，最后到"兖州八伯"的阮孚、阮放，四代人中出了六七位文化大师，这在中国文化史上是比较罕见的，也是这个家族的荣耀。

第十一章

陶渊明：一个人的乌托邦

—— 采菊东隅隐逸宗，悠然南岭逍遥仙

> 结庐在人境，而无车马喧。
>
> 问君何能尔？心远地自偏。
>
> 采菊东篱下，悠然见南山。
>
> 山气日夕佳，飞鸟相与还。
>
> 此中有真意，欲辨已忘言。
>
> ——《饮酒·其五》

陶氏的性情最适合生活在乌托邦里，或者说他的内心世界就存在一个乌托邦，即便是处在世俗之中，亦能感受到超尘脱俗的乐趣。虽然无法绝对地摆脱现实中的纷纷扰扰，但是只要心灵不沾染俗念，仍然如同在荒僻的地方一样。苏东坡在品评陶诗时说："因采菊而见山，境与意会，此句最有妙处。"采菊本身就是一种诗意的行为，似乎是不经意间就看到了南山，这种逍遥境界实在和神仙无异。太阳落山之时，倦鸟回巢，他也有一个属于自己的，可坦然而居的家。这种美妙的感觉，实在不是语言所能形容的。

每个人的内心都有一个乌托邦，这是构建自我世界的终极梦想。东晋时期的陶渊明是第一个把这种梦想形之于文的人，他不但虚构了一个人人平等、没有战乱的乌托邦世界，而且把自己的人生也演绎成乌托邦式的，那就是隐逸。他的归隐体现了一种完美的生活方式，一种自由的人性舒展，因此备受后世推崇。

陶渊明，字元亮，晚年更名潜（一说名潜，字渊明），自号五柳先生，浔阳柴桑（今江西九江）人。虽然，他的一生处于隐居状态，过得像个普通的农民，但是他的祖上却并非小门小户的百姓，而是世家大族。其曾祖父陶侃是东晋的开国元勋，由于军功显著，累官至大司马，主管八州军事，是东晋最重要的两个州——荆州和江州的刺史，封长沙郡公。他的祖父陶茂、父亲陶逸虽然没有了曾祖的显赫，但都曾担任太守之职。到了陶渊明这一代，繁华落尽，开始走下坡路。陶渊明九岁时父亲去世，这标志着这个家族的衰落。陶渊明和母亲、妹妹三人衣食无依，被接到了外祖父孟嘉的家中。孟嘉是当时的大名士，为人放浪形骸，不拘于常礼。史载："行不苟合，年无夸矜，未尝有喜愠之容。好酣酒，逾多不乱；至于忘怀得意，旁若无人。"从这段文字中可以看出，孟嘉此人很好酒，但是喝得再多仍言行不乱，可谓酒中豪杰。陶渊明继承了外祖父这种喝酒的本事，而且在性情上也很类似。校订陶渊明文集的逯钦立曾说，陶渊明"存心处世，颇多追仿其外祖辈者"。从陶渊明一生的作为来看，信然。

在外祖父孟嘉的家中，陶渊明度过了无忧无虑的青少年时期。外祖父的家中藏书很多，不但有儒家的"六经"，道家的《老子》《庄子》等书籍，还有一些讲述神仙的"异书"和方志，这些书中包含了大量的远古神话，历史、地理知识。晋代的知识分子大多数独尊老庄，而陶渊明则同时受儒家和道家的影响，这就决定了他拥有出世和入世两种思想。青年时代的他胸藏"大济苍生"之志，希望像自己的祖辈那样建功立业，曾写下了"猛志逸四海，骞翮思远翥"这样大气磅礴的诗句。最初，他担任江州祭酒，但是东晋门阀制度森严，他出身庶族很受轻视，因此他不久就辞官了。回家后，州里很快又举荐他担任主簿，此时的他心境忧郁，拒绝任职。

东晋安帝隆安四年（公元400年），陶渊明为生活所迫，投在了野心家桓玄的门下任职。当时桓玄已经掌握了东晋政权的大部分军政权力，控制了长江上中游地区。陶渊明发现桓玄有篡权的野心后，对自己误上贼船非常后悔，他曾在诗中说："久游恋所生，如何淹在兹？"在桓玄门下任职一年之后，他的母亲去世，他赶紧以此为借口辞职回家了。元兴元年（公元402年）正月，桓玄的野心终于暴露出来，发兵与东晋朝廷对抗，攻入首都建康（今南京），夺取了全部军政大权。次年，桓玄篡位，把安帝幽禁起来，改国号为楚。对于桓玄的篡位，陶渊明充满了鄙视，并且盼望他倒台。元兴三年（公元404年），建军武将军刘裕联合刘毅、何无忌等地方官，在京口（今江苏镇江）誓师，起兵讨伐叛乱篡位的桓玄。结果桓军战败向西逃跑，把幽禁的安帝也

《陶渊明》（明代 王仲玉）

带往江陵。正在家中的陶渊明听说桓玄兵败，异常喜悦，当即投入刘裕军中，被任命为镇军参军。刘裕率兵向东进发时，陶渊明乔装打扮，一路快马

《陶渊明故事图·采菊》（明代 陈洪绶）

加鞭，冒着极大的危险进入建康，探听到桓玄挟持安帝到江陵的全部情况，然后返回报告给刘裕，实现了他打击篡位者的愿望。他曾经很自豪地记录了此事，他在《荣木》中写道："四十无闻，斯不足畏。脂我名车，策我名骥。千里虽遥，孰敢不至！"喜悦之情溢于言表。

　　攻入建康的刘裕颇有些政治家的风采，他事事以身作则，惩治了腐败官员，整顿了政府的办公秩序，一时间使东晋王朝出现了新气象。刘裕的人格魅力、政治才干、军功战绩都可圈可点，这让性情高傲的陶渊明很有好感，加上刘裕的行事作风类似于陶侃，陶渊明一度对其产生钦佩之情。但是刘裕站稳脚跟后，立即开始剪除异己，除掉了讨伐桓玄有功的刁逵，并杀害其全家，接着又处死了无罪的王愉父子。陶渊明很快清醒过来了，刘裕才是真正的一代枭雄，他比桓玄更有野心，也更高明。但陶渊明并未死心，他期望刘裕能够改变东晋的黑暗状况，可是不久刘裕就凭私情任命王谧为录尚书事，并让他担任扬州刺史这一重要职务。王谧是桓玄的心腹，且罪大恶极，陶渊明认为此人该杀，但刘裕却将其重用，如此看来刘裕并不看重正义和道德，他的目的仅仅在于个人利益的实现，为了个人利益，即便是魔鬼他也会重用。陶渊明失望至极，不久就离开了刘裕的幕府。

义熙元年（公元 405 年）陶渊明投到建威将军、江州刺史刘敬宣门下，担任参军。不久，刘敬宣迫于各种压力上表辞职，陶渊明替代主公赴建康上表后，也辞职了。他的叔叔陶逵举荐他担任彭泽县令，他到任后下令公田全部种秫谷，因为这种作物可以酿酒，他说："让我一直醉酒好了。"不过，他的妻子明白持家要有粮的道理，就劝他让老百姓种粳米，认为这样有利于老百姓的生活。于是他下令一项田五十亩种秫，五十亩种粳米。在任上，他用很少的时间处理公务，大多数时间躺在县衙里喝酒，仅仅待了八十一天就撒丫子走人了。原来上级派来了一个督邮，属下告诉陶渊明要整理好帽子、穿好衣服去迎接。陶渊明一听小小督邮还要自己去低头哈腰，顿时大怒，说："我岂能为五斗米向乡里小儿折腰！"说完就挂印辞官了。这就是"不为五斗米折腰"的典故。这让我想起《三国演义》开头张飞"鞭打督邮"的故事，估计当时的陶大县令也很恼火，但他毕竟不是张飞，没有那么暴力。也许后世罗贯中写《三国演义》是受了这个启发，把陶渊明的挂印辞官搬到了刘大耳的身上。

陶渊明这次辞官后，回到了上京（今江西庐山市境内）。这里风景优美，背靠庐山，面朝湖水，远望一片沃土斜川中流，水鸥翻飞，湖中帆影点点，鲤鱼常常跃出水面，不但是读书的好地方，更是隐居的好地方。陶渊明曾说这里"平畴交远风，良苗亦怀新"。在西畈，他像一个真正的农民，过着"躬耕自资"的生活。他有一个非常贤惠的夫人翟氏，其为人淡定安闲，不追慕富贵。他们"夫耕于前，妻锄于后"，颇有些董永和七仙女的情调。正所谓"树上的鸟儿成双对，绿水青山带笑颜""你耕田来我织布，我挑水来你浇园"。有了翟氏这样的红颜知己，不知道后世有多少孤独隐士羡慕煞。翟氏是位非常勤劳、善于持家的女性，她种地很有一套，家里年年丰收，因此陶渊明天天有酒喝。他虽不能像董永那样要风有风、要雨有雨，但是生活却很滋润。毕竟人家董永的老婆是神仙，这是没有可比性的。

陶渊明和翟氏共同劳动，生活倒也不窘迫。他们的家"方宅十余亩，草屋八九间，榆柳荫后檐，桃李罗堂前"，确实类似乌托邦。陶渊明喜欢菊花，就在堂前屋后种满菊花。他最著名的诗句"采菊东篱下，悠然见南山"，就写在这个时期。他很喜欢喝酒，也喜欢交朋友。西畈的风景如同一幅山水画，他常常和朋友们一起在西畈附近的一个小港游玩，那里平沙细石，水底的游鱼历历在目。有时候他们兴致高涨，会跨过"斜川"，登上附

《归去来兮辞图卷·问征夫以前路》（明代 马轼）

近一个像磨盘般的小山峰，那是著名的东皋。站在东皋上，可以看到湖中的浪涛。湖中有一个突兀的小山峰，即"落星石"。陶渊明曾指点"落星石"，说它"独秀中皋，傍无依接"。每当夕阳西下，头上插满菊花、抱着酒壶的陶渊明坐在东皋上，望着南阜一代的山，迎风长啸，随行的朋友则弹琴吹笛，与之相和。

"结庐在人境，而无车马喧。问君何能尔？心远地自偏。采菊东篱下，悠然见南山。山气日夕佳，飞鸟相与还。此中有真意，欲辨已忘言。"这样空灵、颇具田园风的诗歌，也只有在这种生活中才能写得出来，无怪乎后世奉他为"百世田园之主，千古隐逸之宗"。有了翟氏这样宜家宜室的贤惠妻子，陶渊明有大量的时间写诗喝酒，也就不足为怪了。

他常常和三五个朋友在二里外庐山南麓虎爪崖下喝酒，崖下有一条名为醒泉的大溪，溪中横卧着一块巨大的黑色石头。这块石头表面平滑，大约一丈来高、三丈来长、两丈来宽，就好像一个天然的大酒桌。他常和一帮朋友在石头上纵酒歌唱，而且每饮必醉，每醉必写诗，因此他的诗中大多飘着一股酒味儿。醉酒后，他就对客人说："我醉欲眠卿可去。"后世的"酒仙"李白对他这句话非常推崇，曾经原封不动地照搬到自己的诗中。诗曰："二人对酌山花开，一杯一杯复一杯。我醉欲眠卿且去，明朝有意抱琴来。"陶渊明的酒风很好，喝完了既不呕吐，也不发酒疯，直接躺在石头上睡觉。天长日久，他睡觉的地方竟然凹了下去，留下了一个浅浅的枕痕。这样，这块石头就被命名为"醉石"。

义熙四年（公元408年），陶渊明的家中发生了一场大火，他从上京迁至栗里（今庐山市栗里陶村），生活开始贫困。如果收成好，还能够"欢会酌春酒，摘我园中蔬"；如果收成不好，则"夏日抱长饥，寒夜列被眠"。尽管如此，他仍然能够安贫乐道，经常写文章自娱自乐。

义熙十四年（公元418年），陶渊明家里已经很穷了。刘宋政府征召他

《渊明醉归图》（明代 张鹏）

《陶渊明故事图》局部（明代 陈洪绶）

为著作郎，但是他身体不好，没去。江州刺史王弘很想结交他，但是苦于无缘。他知道陶渊明要去庐山，就叫庞通之带着酒肉在路边的亭子里等。由于陶渊明的脚有问题，他又让自己门生的两个儿子抬着滑竿为之代步。走到半路，陶渊明闻到酒香，顺着酒味来到亭子里，一看是老熟人庞通之，非常高兴。两个人就开始饮酒，这时候王弘假装是意外相逢，走了进来，看到陶渊明大马金刀地坐在滑竿上不起身，他也不怪罪。他看到陶渊明穿的鞋子很破，马上叫人拿来一双新鞋子，陶渊明也不客气，坦然自若地伸出双脚穿上了。宾主欢饮，几个人聊得很投机，也喝得很尽兴。王弘想让陶渊明再多坐一会儿，因为第二天就没有机会再见面了。陶渊明很欣赏王弘的盛情，就留下来一直喝，喝到大醉而归。重阳节的时候，家里的酒都喝光了，陶渊明从家里出来在菊花丛中坐着发了很长时间的呆，没酒喝的感觉实在很不好。恰在此时，王弘送酒来了，他当即开坛畅饮，喝醉了才回去。

　　义熙末年的一天，一个老农清晨来叩门，带酒与他同饮，喝得欢畅时，

《陶渊明故事图》局部（明代 陈洪绶）

老农劝他"褴褛屋檐下，未足为高栖。一世皆尚同，愿君汩其泥"，很有些屈原的《渔父》里渔父劝屈原与世界同流合污的意味。和屈原一样，陶渊明拒绝了这种劝告，仍保持自己的清白。他在《饮酒》中对此事作了记载，他说："深感父老言，禀气寡所谐。纤辔诚可学，违己讵非迷？且共欢此饮，吾驾不可回。"表达了坚决不和统治者合作的态度。

陶渊明晚年生活困顿不堪，常常靠朋友们的接济度日，当然也可能发生上门借债的事。景平元年（公元423年），他的好朋友颜延之担任始安郡太守，路过柴桑时常来陶家喝酒，临走时，留下两万钱，陶渊明全部送到酒家，陆陆续续换了酒喝。其嗜酒如命，堪比刘伶。不过，他接受周济是有原则性的，他只接受老朋友和一些文人雅士的周济，若是统治阶层的人送来钱，他会坚决拒绝。宋文帝元嘉元年（公元424年），江州刺史檀道济亲自到他家拜访。这时候的陶渊明正在生病，已经好几天没吃饭了，连床都下不来。檀道济说："贤者在世，天下无道则隐，有道则至。今子生文明之世，奈何自苦如此？"他的意思是，这是个贤明的时代，陶渊明应该出来做官。事实并非如此，宋文帝实在算不上什么贤明的君主，否则后来就不会自毁长城，杀了檀道济这员虎将。陶渊明早就看出了宋文帝外强中干的本质，因此对檀道济的话根本不听，最后无奈只好说："潜也何敢望贤，志不及也。"对檀道济赠送的礼物，他也坚决拒绝了。

他辞官隐居的时间长达二十二年，一直坚持不肯出来做官。他喜欢田园生活，很重要的一个原因是夫人翟氏的全力支持，这一点必须承认。正是因为有了这样贤惠的夫人，他才能过诗酒相伴、放歌田园的生活。元嘉四年（公元427年）九月中旬，处于弥留之际的陶渊明给自己写了三首挽诗，在第三首中他说："死去何所道，托体同山阿。"对死亡表现出超然的平静。不久，就走完了自己的人生路。他的墓志铭是自己生前就写好的，家人把他安葬在了陶家墓地中，他的墓至今保存完好。

陶渊明一生有三大爱好：诗、酒、菊花。他爱写诗，就像爱喝酒一样，目前传世的诗歌有一百二十五首，除了《杂诗》《读山海经》等诗歌占有一定比例外，"饮酒"组诗多达二十首，他是中国文学史上第一个大量写酒的诗人。他很像阮籍，在有的诗歌中暗暗对统治者进行嘲讽。例如，在《述酒》一诗中，就记述了一次篡位事件。东晋元熙二年（公元420年），掌握大权的刘裕废晋恭帝为零陵王，次年将其杀掉，然后自立为帝，建刘宋王朝。这首诗用一种非常曲折隐晦的笔法记录了这次篡位事件，对东晋王朝的覆灭给予了无限的惋惜之情。除了这首诗之外，他的其他饮酒诗大多数都清新自然，影响了后世的很多人。王绩、孟浩然、李白、杜甫、白居易、王安石、欧阳修、苏东坡、辛弃疾对他推崇备至，很多田园诗人都将他尊为鼻祖，从而使他在文学史上的地位独成高峰。他一直遗憾自己的功业无法和祖辈，尤其是陶侃那样的人相比，他哪里会知道，他在历史上的声名早已超过了其祖，如今稍微读点书的人都知道"采菊东篱下，悠然见南山"这句诗，而他的曾祖陶侃却成了一个生疏的历史人物。

陶氏的诗文重抒情和言志。语言质朴无华，但读来余韵不绝，很耐读，就好像一杯清茶，越品越有味道。他的诗句中蕴含着炽热的感情和浓郁的生活气息，并且多有精品，例如《归园田居》五首，几乎都是精品。他早年曾经是一个"猛志固常在"的人，例如《读山海经》系列诗中《咏荆轲》一诗："燕丹善养士，志在报强嬴。招集百夫良，岁暮得荆卿。君子死知己，提剑出燕京。素骥鸣广陌，慷慨送我行。雄发指危冠，猛气冲长缨。饮饯易水上，四座列群英。渐离击悲筑，宋意唱高声。萧萧哀风逝，淡淡寒波生。商音更流涕，羽奏壮士惊。心知去不归，且有后世名。登车何时顾，飞盖入秦庭。凌厉越万里，逶迤过千城。图穷事自至，豪主正怔营。惜哉剑术疏，奇功遂不成。其人虽已没，千载有余情。"全诗写得豪气干云，激情澎湃，根本难以想象其后半生会成为一个不慕名利的隐士。也许，这和他少年时代所接受的老庄哲学思想有关吧，加上他拥有前代文人不曾有过的躬耕于田亩的实际生活，接近普通百姓，因此能够写出《桃花源记》那样的文字，和他"性本爱丘山"的个性结合在一起，自然会活出一个乌托邦式的人生来，而他自己就生活在这个乌托邦里。他的诗歌，尤其是占据了大部分的田园诗，正是其乌托邦理想的体现。

陶渊明爱酒的故事很多，除了史载的内容外，民间传说更是不胜枚举。有一个"藏酒"的故事，说九江境内有个农夫发现了一块石头，据说是陶渊明藏酒的地方。他就把石头凿穿，发现一方石盒，石盒内放置着一个铜酒壶，壶旁刻着十五个字：语山花，切莫开，待予酒熟，烦更抱琴来。打开酒壶后发现里面装满了酒，人们怀疑这酒年代太久不能喝，因此全部倾倒在地上，结果酒香满地，浓郁醇香，好多天都不散。

善持家的翟氏给陶渊明种了很多酿酒的谷物，陶渊明就酿造了很多酒。他有一个毛病，没事的时候喜欢把酒坛子全部搬出来，几百坛酒都放在场地上，好像展览一般，到了晚上再一一搬进去，如此不厌其烦地搬进搬出。人们不理解他为什么这样做，后世的人也曾有很多猜测。也许对嗜酒的人来说，这也是一种乐趣吧。也许只有真正的酒鬼才明白他的心理。

另外还有一个"葛巾滤酒"的故事，说他自己亲手种高粱，收割后就拿来酿酒。有一次，他喝酒的时候发现酒未滤干净，就取下头上戴的葛巾滤酒，用完后又戴在头上，继续喝酒。这就是"漉酒巾"的典故。他喝酒喝到开心的时候就弹琴，可惜不懂音律，因此手边备有一张素琴。所谓素琴就是没有琴弦的琴。但这并不要紧，他把手放在琴身上达到聊以寄兴的目的就够了。陶渊明先生的这一举动是很不被人理解的，不通之辈还以为先生是作秀，实际上是先生忠于酒、忠于琴的体现。饮酒之时，满口醇香，所有的感觉都在唇齿之间，音律之美唯在心中，故而弹无弦琴。只有无弦琴才能不乱酒兴，又不坏琴韵。所谓音乐在心间，此无声之音韵也。这种心情，恐怕世间只有三个人明白，一个是陶先生本人，一个是酒仙李白，第三个就是笔者。现在，陶李均已登仙，所以世间唯有我一人也。

陶渊明爱菊花，这也使得菊花成为"隐逸之花"。说实话，菊花的名头这么大，拥有这么深的文化含义，多亏了陶先生。秋风渐起，菊花也就变成金色了。菊花本就在万木凋零之后绽放，和那些适应严酷的自然环境的野花野草一样，是一种坚强的有野趣的花，经过陶先生的一番描绘和后世文人骚客的咏唱，从此名扬天下。咏菊第一人，陶渊明当之无愧。

采菊东隅隐逸宗，悠然南岭逍遥仙。远望南阜无怨忧，身随意逐清凉山。有了诗歌、酒、菊花，陶先生可以很悠闲地来，或者去，出入我们的世界。

第十二章

王绩：像阮籍一样醉且清醒着

——宦海寂寞无挂碍，良酒三升使人留

唐武德中，诏征以前朝官待诏门下省。绩弟静谓绩曰："待诏可乐否？"曰："待诏俸薄，况萧瑟，但良酝三升，差可恋耳。"（待诏）江国公闻之曰："三升良酝，未足以绊王先生。"特判日给一斗。时人呼为"斗酒学士"。

——《唐才子传》

唐朝武德年间，征召前朝（隋朝）的官员任职，王绩担任了门下省的待诏（类似于秘书的职务）。王绩的弟弟王静知道哥哥一贯不喜欢做官，但这次却当官很久还未辞职，因此问他："当秘书快乐吗？"王绩说："薪水又低，又没啥意思，但是每天三升的好酒，还可以让人留恋。"上司陈叔达听到他们的谈话后，说："三升美酒实在不足以令王先生在此俯就。"就给他把三升加到一斗，因而当时的人称呼他为"斗酒学士"。

名士大多是诗人，同时兼酒鬼。古人常常说诗酒酬唱，往往把诗和酒连在一起，这是因为诗和酒是抵御寂寞和无聊的两大武器。对于吾辈来说，诗用于解闷，酒用来行乐。在这里，我之所以不说诗言志、诗抒怀这些经典的陈词滥调，是因为对于一个真正的诗人来说，写诗的唯一目的就是解闷儿。这个说法虽然不那么冠冕堂皇，却反映了诗人的真实内心。你何曾见过开心

的人写诗，好诗都是在抑郁难以释怀的时候写出来的。通俗地说，我郁闷，所以我写诗，当然也可能喝酒。王绩就是这么个主儿。

对王绩这个人，可能很多人比较陌生，但是有一类人应该很熟悉他，那就是酒鬼。如果一个酒鬼不知道"五斗先生"王绩的来历，这就好像法国人不知道戴高乐，美国人不知道罗斯福，中国人不知道毛泽东一样。王绩是隋唐交替时代的人，公元585年生于绛州龙门（今山西河津市）。隋开皇二十年（公元600年），十五岁的王绩游历了京都长安，还成为一代枭雄杨素的座上宾。他虽年龄小，但是才思敏捷，风姿卓然，满座公卿都禁不住为他喝彩，称他为"神童仙子"。他的五言诗写得非常好，中国古代文学史称他为五言律诗的奠基人。此公博学，善弹琴，还会占卜，生来聪慧，个人素质高，又处于乱世，具备了成为名士的条件。

隐士最多的时代必定是最黑暗的时代，乱世是产生隐士的温床。王绩这个人虽然名曰"绩"，但按照封建时代的标准他一生没做出任何成绩。倒是他的字"无功"颇能说明问题，古人提出"立言、立德、立功"，王绩的一生确实是无功的。他一生中的大多数时间只做了一件事：归隐。他曾三次出来做官，但都不适合他的个性，他一生以魏晋时期的大名士阮籍为偶像，期望天天泡在酒缸里，于是最终选择了归隐山林，过喝小酒、写小诗的日子。

隋炀帝大业初年（公元605年），政府发布招考"公务员"的通告，因为王绩才华卓著，被免试录用，授秘书正字。但他生来散漫惯了，受不了官场上的迎来送往、作揖打拱那一套，就提出不在朝廷做官，要求到江苏省西南部的六合县去做芝麻官——县丞。所谓县丞实际上是一个不入流的职务，是县令的副手，典文书及仓狱。不过，不入流没关系，只要有酒喝就行。王绩在任职期间什么也不干，唯一的事情就是喝酒。结果有人在上司那里说他擅自喝酒，玩忽职守。他一看自己待不下去了，就打好铺盖卷走人。实际上，他根本不在乎当官，曾长叹："网罗在天，吾且安之。"隋末大乱，他和隐士仲长子光常在一起饮酒赋诗，养养鸟，种种花，尤其在养鸟上很有研究，由此看来他还是个动物学家。

根据我的考证，庄子并不是一个酒鬼，但奇怪的是几乎所有爱喝酒的人都把庄子奉为偶像，大概庄子的思想就像一杯酒吧。王绩出门游历，仿效老子骑青牛。这倒也洒脱，只要看到几处人家、两处炊烟、酒旗飘飘，他就一头扎进酒馆大醉几天。更为快乐的事情是，有人请他喝酒，他会马上跳上牛背，赶去喝酒。当然并非是什么人的酒都去喝的，老友杜之松请他去讲礼法，暗示顺带可以喝点小酒。他说，礼法就是糟粕，我不去，去了会憋死，直接拒绝了。他对封建礼法非常蔑视，他曾说："礼乐囚姬旦，诗书缚孔丘。"中国人一直认为周公旦制定礼乐制度，孔子修订了诗书，是很大的功绩，但王绩却认为礼乐就像个囚笼一样捆住了姬旦，诗书像绳索一样绑住了孔子，使这两位圣贤变得面目可憎。由此可以看出，他对所谓的礼法纲常是持批判态度的，这一点和他的偶像阮籍如出一辙。

作为酒鬼，王绩对超级酒鬼阮籍绝对崇拜得五体投地。他听说太乐署有个叫焦革的人酿造的酒非常醇美，就向上司打报告，要去做太乐丞，结果到了那里每天都泡在酒缸里。后来，焦革夫妇二人都去世了，但是王绩已学会了他们的酿酒技术。从此之后，他不但自力更生，美酒天天喝，而且还写成《酒经》《酒谱》两本书，由技术层次上升到理论高度。但是上天很不公平，这两本书居然失传了。这令后代的酒鬼们哭天抢地，估计天上的神仙也认为这两本书泄露天机，所以干脆收回去了。

王绩家附近有块巨石，他在石头上建造了一个祠堂，里面供奉的是酿酒的祖师爷杜康，另外还把焦革也供奉在里面。王焦二人堪称知音。王绩不仅本人是酒鬼，就连他的诗文也都带着浓郁的酒气，他最著名的作品《醉乡记》《五斗先生传》《酒赋》《独酌》《醉后》都和酒有关。唐朝大名士李淳风赞他是"酒家南董"。南董指的是春秋时期两位不畏强暴、敢于拼命写真实历史的人，即南史和董狐。

贞观元年（公元627年），王绩因为生病结束了宦海生涯，回到东皋村隐居，自号"东皋子"。他在隐居期间种植黍稻，春秋时节自行酿酒，还养了一群大雁和鸭子。他虽然很有学问，却讨厌儒家的书籍，满床放的都是《周易》《庄子》《老子》等书，正所谓"寂寂寥寥杨子居，岁岁年年一床书"。他酿酒，是出于真正的喜欢，《唐才子传》载："好饮酒，能尽五斗。"他曾专门为自己写了一篇《五斗先生传》："有五斗先生者，以酒德游于人间。有以酒请者，无贵贱皆往，往必醉，醉则不择地斯寝矣，醒则复起饮也。常一饮五斗，因以为号焉。先生绝思虑，寡言语，不知天下之有仁义厚薄也。忽焉而去，倏然而来，其动也天，其静也地，故万物不能萦心焉。尝言曰，'天下大抵可见矣。生何足养？而嵇康著论。途何为穷？而阮籍恸哭。故昏昏默默，圣人之所居也。'遂行其志，不知所如。"

这篇文字短而精妙，实在精彩，因此我全文照录。其中有三句话必须解释一下。"生何足养？而嵇康著论。途何为穷？而阮籍恸哭。故昏昏默默，圣人之所居也。"这涉及三个人，嵇康、阮籍和老子。第一句话说人生的养护之道在哪里，且看嵇康撰写的《养生论》。第二句，道路为什么会穷尽呢？因此阮籍恸哭。第三句，所以那种混沌的状态，是圣人的行事风格。其中"昏昏默默"一句直接取自《老子》，古来对这句说法不一、解释众多。从这篇传记来看，王绩的处世态度实则是魏晋隐士之余绪。

王绩为人很有个性，有些风格和《世说新语》中的人一般无二。北渚有一个隐士叫于光，是个哑巴，自己耕作，不依赖任何人，单身生活了三十年。王绩听说后，很喜欢这个人的真诚，干脆把家搬过去和他一起居住。两个人在一起从来不交谈，只是默默相对，一杯接一杯地喝酒，从早上一直喝到晚上。虽然不说话，但是两人都很痛快，彼此从对方的眼神里就能感受到那种心灵的交流，这种感受是俗世的人所无法理解的。俗世的人要么妄自尊大，要么心胸褊狭，面对一个有语言障碍的人时，即便是不名一文的乞丐也会产生优越感，这种自大心理是人类本身难以克服的。俗世的人更容易从衣冠的光鲜与否，车驾的豪华与否，门第的高低与否，职业的贵贱与否，收入的多少与否来看待人。只有像王绩这样的人，才能心平气静，像面对自己一样面对一个有语言障碍的人，因为他心中根本没有语言这个概念。他所喜欢的是"昏昏默默"的状态，这是一种无视贵贱、无视差距、不需要语言的状态。

王绩一生抑郁不得志，但他却是一个成功的诗人。他的诗独具风采，有别于陶渊明，直追魏晋人物，但在语言上又超越了魏晋。他并无田园的闲适感，反而有一种孤愤。他在《过酒家》一诗中说"眼看人尽醉，何忍独为醒"，体现了一种走进黑暗的萧条心境，但这说的实际上是清醒的话。一个真要混沌的人，是不会说出这种话的，这是一种故意的激愤之辞。作为初唐的诗人，他的诗中有一种开阔的胸臆，诗风朴素、自然，接近真实的生活状态，摆脱了六朝以来那种颓靡的诗风影响。在这一点上，他远远走在了同时代诗人的前面。他最出名的诗歌是《野望》："东皋薄暮望，徙倚欲何依。树树皆秋色，山山唯落晖。牧人驱犊返，猎马带禽归。相顾无相识，长歌怀采薇。"这首诗虽然写的是秋天闲适的情调，但是却透着一股悲凉和郁闷。让我们一起来看看这幅画卷吧：秋天的东皋村隐隐约约地显露在暮色里，一个宽袖博带的人走在窄窄的路上显得寂寞而凄冷，给人无处可归的感觉。漫山遍野的树木都挂着秋意，远山浸没在夕阳的余晖中，倦鸟也都归巢了。放牧牛羊的人驱赶着畜群，小牛犊子欢快地奔来跑去，打猎的人骑着马、架着鹰，马鞍上和胸前挂着猎到的禽鸟和野兔。我面对所有归家的人，却无一个相识，只好大声唱着别人听不懂的歌，想起了西周初在首阳山采薇的伯夷和叔齐兄弟。

这首诗极写暮色中山村的景象。打猎的人回来了，放牧牛羊的人回来了，就连飞鸟、畜群、夕阳都有归宿，但是诗人没有归宿，他不认识任何人，或者说他和俗世的人类是没有亲缘关系的，他只能追望古人。也许，所有的诗人和哲人都在现实中找不到归宿，他们永远只能追慕精神故乡，这是一种仅存于想象中的地方。他和陶渊明很相似，但也有很大的不同。相似的是，他的梦想中也有一个桃花源式的地方，不同的是田园生活并不能给他安慰。他在诗中说"相顾无相识，长歌怀采薇"，流露出与现实格格不入的一面。也许他受庄子的影响太深，加上阮籍这个终生偶像的榜样作用，他始终显得"遗世而孤立"，给人一种仙姿卓越、不同凡俗的感觉。

和陶渊明一样，他也描写过一个类似于桃花源的地方，那个地方叫"醉乡"。他说自己曾经游历过一个地方，一到那里就浑身发软，变得浑身酥麻，就好像喝醉了酒一样。那里天地失去了方位，没有东南西北；日月也失去了光辉，眼睛里有很多星星（或者是灯光）。他问别人这是什么地方，别人告诉他这里是醉乡。在这里可以舒畅欢快地干你想干的事，品尝你想品尝的美味，游山玩水，随处漫步，随你的便，既没有人约束你，也没有人干涉你。

原来这里就是醉乡吗？王绩感叹起来，他说古人曾经记载过醉乡，并说刘伶、阮籍都曾经到过醉乡。魏晋时期，中原纷乱，神州陆沉。天下很多名士不愿意看到这种局面，纷纷进入了醉乡。但是，王绩认为，醉乡并不能给人真正的快乐，也不能消除忧愁。凡是能够进入醉乡的人，都不是有忧愁的人。在《醉乡记》中，王绩突然笔锋猛转进行批判。他没有构想出桃花源式的美妙和祥和，而是说能消除的忧愁不是真的忧愁，能给予的快乐不是真的快乐。由此可见，他的醉酒不是真醉，完全是为了掩盖清醒，也就是说他一直清醒着。所谓的"昏昏默默"他也是做不到的，他和阮籍一样，生活在一种痛苦的、清醒的状态中。

王绩和陶渊明一样，活着的时候就为自己写好了墓志铭。他在墓志铭中说："有唐逸人，太原王绩。若顽若愚，似矫似激。院止三径，堂唯四壁。不知节制，焉有亲戚？以生为附赘悬疣，以死为决疣溃痈。无思无虑，何去何从？垄头刻石，马鬣裁封。哀哀孝子，空对长松。"

他认为人活着就好像是长着的脓包，死时就如同脓包被刺破，没有什么可思虑的，没有什么可悲哀的，死后何去何从，是无所谓的，体现出对生死的超然精神。他是个真正的无神论者，这从他和无神论者吕才的交往中可以看出来。应该说，他受吕才的影响很大，反对迷信活动，对祈求降福等行为持排斥态度。他虽然崇尚老庄，但并不崇尚神仙，这和东汉以来名士们的学仙作风完全不同。他清醒地意识到神仙并不存在，他曾在《赠学仙者》一诗中说"仙人何处在，道士未还家"，"相逢宁可醉，定不学丹砂"，对唐代流行的学仙之风，持明显的反对态度。

贞观十八年（公元 644 年），痛苦且清醒的王绩在家中去世，弥留之际遗嘱薄葬，体现了唯物精神和节俭态度。半身酒醉半清醒，未追阮籍愧负头。宦海寂寞无挂碍，良酒三升使人留。这个痛苦了一辈子的人，终于可以去追随他的精神偶像阮籍了。

第十三章
陆羽：旷野里独行的采茶人
——栖霞古寺求禅意，独行野中茶一炉

闻人善，若在己，见有过者，规切至忤人。朋友燕处，意有所行辄去，人疑其多嗔。与人期，雨雪虎狼不避也。上元初，更隐苕溪，自称桑苎翁，阖门著书。或独行野中，诵诗击木，裴回不得意，或恸哭而归，故时谓今接舆也。

——《新唐书》

陆羽这个人非常有个性，从这段文字即可看出。他听到别人的善事，就好像是自己的善事；见到有人犯了错误，就直面规劝，甚至不惜惹怒对方；和朋友们一起欢聚，忽然有所想法就离开，因此人们都怀疑他容易生气；他很守信用，与人约会不论是遇到暴雨大雪，还是虎狼当道也不会失约。上元年初期（唐肃宗时期），他隐居在苕溪，自称桑苎翁，终日闭门著书立说。有时独自在野外行走，一边吟诗一边敲击树木，每每感到不得意就失声大哭而返，当时的人都把他看作楚狂接舆一样的人物。

中国茶文化，甚至世界茶文化的发展都不能忽视一个人——陆羽。他是一个身世飘零的人，因为貌丑，幼年就被父母抛弃，被僧人收养，这注定他的一生都将和佛门产生联系。在对这个人进行探究时，我常常想起

《陆羽烹茶图》（元代 赵原）

一千一百年后的另一个风流诗僧苏曼殊，他们有着太多相似的身世，太多相似的命运。

陆羽出生在公元 733 年的唐朝，三岁时被抛弃在了湖北天门的西湖边。他不知道自己的父母在哪，更不知道自己姓甚名谁。恰好龙盖寺的大和尚智积禅师在此参悟，将他收留并带入寺院。长大后，陆羽依照《易经》为自己占卜，恰好是"渐卦"，卦辞曰：鸿渐于陆，其羽可用为仪。因此定姓为陆，取名为羽，字鸿渐。陆羽也常常以自己的名字为傲，因为卦辞的意思是：鸿雁飞落在高山上，羽毛可以作仪饰。冥冥之中，命运似乎在暗示，陆羽虽然出身低贱，但他实则是天之骄子。他的肉身来自父母，但他的精魂却来自天地之灵气。

在龙盖寺的青灯黄卷、晨钟暮鼓中，幼年的陆羽脱去了稚气，慢慢地成长为一个少年。僧人们教他识文断句、诵读佛经、扫地煮茶，学习一个佛门弟子所要掌握的所有课程。但他毕竟还是一个孩子，还不能理解高深精妙的佛法，梵声也未能泯灭他的那颗童心。他不愿意就此遁入空门，而是倾向于世俗的生活。九岁的时候，智积禅师要他抄写佛经，已经有自主思想的他却说："释氏弟子，生无兄弟，死无后嗣。儒家说不孝有三，无后为大。出家人能称有孝吗？"这种言论是和佛门戒除欲望、四大皆空的主张相背离的，因此惹得智积禅师大怒。这也就罢了，陆羽居然声称"羽将授孔圣之文"，这就明确地宣布自己喜欢世俗生活。智积禅师为了破除他内心的魔障，使他幡然悔悟，决定对他进行严厉的惩处。不但让他打扫寺院，清洗厕所，修整倒塌的寺墙，背负瓦片修造朽坏的屋宇，还让他放牧一百二十头牛。可是他并未回头，恰恰相反，他对世俗生活的向往更加炽烈。他不喜欢读佛经，却喜欢读儒家的文章。可惜他没有老师教，也没有学习的环境，因此只能拿着竹竿在牛背上画来画去，练习写字。偶然得到张衡的《南都赋》，却因为识字不多无法阅读。也许是为了气气师傅，他虽然不识字，却展开书卷，念念有词。这事被智积禅师知道后，果然大为恼火，害怕他阅读了佛门以外的典籍，那颗倾向于世俗的心再也收不回来，因此干脆将他关入寺院，让他干些修剪花木、清理杂草的事。为了防止他逃跑，还派年长的僧人看管。

由于唐朝的不少帝王都崇尚佛教，因此唐朝的寺院在社会上拥有极大的影响力。寺院不仅养有一大批僧人，僧人之间拥有严格的等级次序，而且寺院还拥有大量的田产、数不清的牲畜。处于最低等级的僧人，常常遭到处罚，被派去干最繁重的活。陆羽少年时期在寺院的这段凄苦经历正是最低等级的僧人的生活写照。尽管如此，宗教在他的心灵里仍旧留下了深刻的印象。他的童年和清末的诗僧苏曼殊很类似，只是他是逃出了寺院，而苏曼殊是踏入了寺院。我总觉得他们之间有种特别的联系。或许，过了一千多年，在另一个人的身上，陆羽的精魂得到了重现吧！

苏曼殊是广东人，出生于日本。他的家族世代经商，在日本拥有极为雄

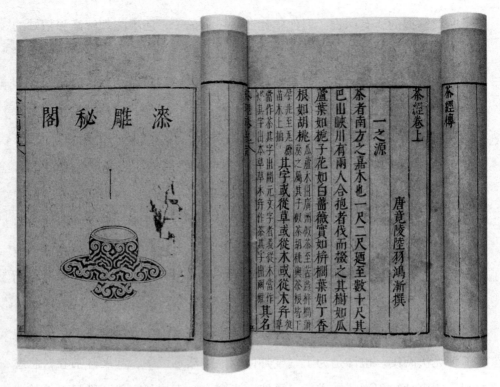

《茶经》书影

厚的资财。他父亲苏杰生和日本女子若子结合生下了他，但是他一出世，母亲就离开了他。他被父亲带回广东，在那个大家族里，人们冷眼相看这个出生在异国的孩子。他不但得不到教育，而且动辄遭到辱骂和痛斥，常常被关进柴房，流着泪的他常常透过柴房的破洞望着天空的月亮。这和被关在冷寂的寺院里的陆羽多么相似啊！十二岁那年，苏曼殊遭到一顿毒打，被扔进柴房，奄奄一息的他眼看就要毙命，可是却奇迹般地活了过来。醒过来的他对一切都已心灰意冷，冷漠的人情让他窥破了红尘，他义无反顾地踏入了广东长寿寺的大门，请赞初和尚为自己剃度，从此出家。

和苏曼殊不同，自幼就在寺庙中的陆羽越来越觉得日月难度，他趁看管自己的大和尚不注意，终于逃出了龙盖寺。非常巧合，这一年他也是十二岁。逃出寺庙后，为了生计，他先到一个戏班子学习演戏，由于他长相丑陋并且口吃，常常逗得人们捧腹大笑。他的机智更是被人们推崇，也许正是此时的这些经历吧，他后来曾经编订了三卷幽默集《谑谈》。

陆羽随着戏班子到处流浪，开始了他的演艺生涯。我常常痛恨中国古代"万般皆下品，唯有读书高"的观念，这种观念把仕途以外的行业都变成了"贱业"，使得大多数知识分子都沦为官迷，而从事其他行业的人则直不起腰来。这就注定中国不可能出现吉卜赛流浪者式的自由演艺人员，也就不会出现热情似火的吉卜赛女郎。很可惜，跟随戏班东奔西走的陆羽没有碰上那个热爱小丑的女子。这若是在波希米亚平原就有可能，但这是中国。

天宝五年（公元746年），陆羽和往常一样扮演小丑，在观看表演的人群中，有一个名叫李齐物的人，他对陆羽出众的表演非常欣赏。正是这个人改变了陆羽的命运，因为他是竟陵太守。通过交谈，他发现陆羽才华横溢、抱负不凡，当即赠给陆羽诗书，勉励陆羽读书以改变命运。为陆羽做了这些后，李齐物还不放心，干脆写了一封推荐信，叫陆羽去火门山拜访隐居在那里的大学者邹夫子，追随邹夫子学习。这样，陆羽的演艺生涯到此结束了。

随着时光的流逝，六年过去了。陆羽再也不是当年随着戏班子到处流浪的小丑了，他成了名动远近的大学者。早年在寺院里学习煮茶的经历再次浮现在他的眼前，他对茶产生了非常浓厚的兴趣。在他的意识中，煮茶不再是一种普通生活方式，而上升到了艺术的层次。在火门山学习期间，他阅读了很多典籍，他已经能够明白佛门的那些深奥的经典，更重要的是中国文化中本来就具有的玄学思想渗透到了他的骨子里。

天宝十一年（公元752年），礼部侍郎崔国辅被贬到竟陵任闲职，陆羽当即拜别邹夫子，去拜见崔氏。两人志趣相投，常常驾车同游，品茶论道，纵谈古今。他蔑视权贵，视荣华富贵如粪土，曾在诗中说："不羡黄金罍，

《斗茶图》（宋代 刘松年）

不羡白玉杯；不羡朝入省，不羡暮入台；千羡万羡西江水，曾向竟陵城下来。"在和崔国辅交往期间，不但他的学问得到增进，他的茶学理论也逐渐形成。他对各种茶叶进行考察，使茶学向一种文化迈进。天宝十五年（公元756年），陆羽为了充实茶学理论，决定探访天下山川，对各地所产之茶进行系统的研究。临行前，崔国辅赠给他名马、书函，并设酒宴为之饯行。从此之后，他开始了半生的游历生活。沿途，他遇到茶山，就驻马采茶；遇到甘泉，就落鞍汲水。红日西斜、繁星满天的时候，他依然一个人在旷野里行走，或支起茶炉，摆好茶具，慢慢地冲好一杯香茗，在清风明月中细细品味。

《煮茶图》（元代 王蒙）

而一千多年后那个叫苏曼殊的孩子，进入寺庙后受了具足戒，甚至嗣受禅宗曹洞宗衣钵。但他毕竟是个孩子，对佛教的戒律还没有提升到宗教的高

《煮茶图》（明代 丁云鹏）

度，后来因为偷吃鸽肉，被逐出佛门，之后颠沛流离。受当时革命思潮的影响，和很多革命志士一样，十五岁的苏曼殊赴日本留学。在日本期间，他多情的心第一次触碰到柔软的东西，他爱上了一个名叫菊子的日本女郎。但是他们的爱情遭到苏氏家族的强烈反对，苏曼殊的叔叔甚至辱骂了菊子的父母。菊子的父母在盛怒之下将菊子痛打一顿，结果性情刚烈的菊子当夜就蹈海自尽。本就内心凄苦的苏曼殊遭此打击，痛不欲生，他本就对人世间的一切视若虚幻，如今所爱之人已经离世，他重新燃起的世俗情感再次毁灭。回到广州后，他进入蒲涧寺再次出家为僧，从此开始了他凄苦而灿烂的苦修生活。

和苏曼殊一样，世俗的生活并没有带给陆羽美好的期望，他看到的是天宝时期安史之乱，藩镇割据，帝国衰落之后百姓的凄苦，加上他自己容貌丑陋，早年身世不明，因此内心非常苦痛。他把所有的精力都投入到了对茶学的研究上。乾元元年（公元 758 年），他到了江苏升州（今南京），索性入了栖霞寺。和苏曼殊一样，他再次进入了寺庙，只是他并未落发，可是他的心境、他的态度和僧人并无区别。这让我想起了《水浒传》中的鲁智深，早年仗义行侠，酒肉穿肠，杀人无算，根本难以和戒淫、戒杀、戒盗、戒赌、戒酒的僧人联系在一起，可是一朝突然顿悟，闻潮音而圆觉，成为真正的佛门弟子。所有具有慧根的人都会踏上这一步，当繁华落尽，人间的所有喧闹和寂寥都已看遍，最终必然彻悟。

寄居栖霞寺时的陆羽，早已经名满天下。他不但精于茶学，而且在诗词上的天分也很高，另外在佛学、史学、音韵、书法、剧作、地理学、金石鉴定等方面都有极高的造诣。大历八年（公元773年）春天，卢幼平奉朝廷旨意祭会稽山，发现了一块上古的石头，曾专门请陆羽前去鉴定，可见他在当时的声望之高。他还常和高僧名士来往，或参禅论道，或诗歌酬唱。他每到一地都受到人们的热烈欢迎，权德舆曾在文章中专门记载了他移居时受到的礼遇，说他从信州（今江西上饶）移居洪州（今南昌）时，"凡所至之邦，必千骑郊劳，五浆先馈"。达官贵人还常常邀请他品茶鉴水。

《烹茶图》（明代 陈洪绶）

《煮茶图》（清代 李方膺）

关于陆羽品茶鉴水的传说有很多，其中最著名的一个是鉴水的故事。唐代宗时期，湖州刺史李季卿在扬州遇到了陆羽。他一向仰慕陆羽的学识，因此邀请他鉴水，他对陆羽说："听闻陆君善于品茶，闻名海内，扬子江的南零水天下闻名，如今二妙相遇，千载难逢。"陆羽当即和他一起品茶鉴水，李季卿命令士兵携带取水的桶，划船去江心取南零水。在士兵取水之时，陆羽也把茶具一一摆好。不一会儿，士兵提着水来了，陆羽拿起木勺舀水尝了一口，说："这水确实是扬子江的水，但不是南零水，倒像是临岸之水。"李季卿命士兵再次取水，陆羽尝过之后说："这才是南零水。"取水士兵大为惊惧，赶紧跪倒认罪说："我取南零水回来，到岸边时由于船身晃荡，把水晃出了一半，我害怕不够用，便用岸边之水加满，不想处士之鉴如此神明。"李季卿和其他客人对陆羽鉴水如神的功夫大为叹服，纷纷请教全国各地水的优劣，并让人把陆羽的言谈记录下来。

和陆羽这个博学多才的人一样，苏曼殊也具有广博的知识，他不但精通日文、英文、梵文等多种文字，而且在诗歌、书法、绘画、小说等诸多领域均有较高成就，和同时期的诸多大师均有往来。这两个人就好像不同时代的同一颗星星，都有着凄苦的童年，都有着坎坷的经历，却又都有惊人的才华。

上元元年（公元760年），陆羽离开栖霞寺，到了浙江吴兴的苕溪隐居，在这里专心写作《茶经》。他常常身穿短衣，脚踏芒鞋，一个人独行于荒野之中，有时候深入农家，有时候赴深山寻找甘泉，评茶品水、诵经吟诗，过着魏晋名士啸傲山林的生活。在山里的时候，他或用手中的竹杖敲击林木，听那绵长的声音在空寂的群峰间回荡；或在清溪里洗手濯足，看云影慢慢飘过。他曾写诗说："月色寒潮入剡溪，青猿叫断绿林西。昔人已逐东流去，空见年年江草齐。"体现了一种旷达散淡的胸襟。他这时的生活不但和魏晋时的阮籍很相像，就连行为也很相似。他常常在野外徘徊，直到天黑才尽兴而归，归来时每每长声哭号，声音好像猿啸鹰唳，令闻者惊心。时人把他比作楚狂接舆。

大约在隐居苕溪期间，陆羽完成了《茶经》，这是世界上第一部茶学专著。此后的时代，他先被誉为"茶仙"，后被尊为"茶圣"。在《茶经》中，他对茶的实物鉴定、器皿的选择、水的鉴识、各地饮茶风俗等都进行了论述。他创造出了完整的茶学、茶艺、茶道思想，可以说《茶经》的问世，是茶文化脱离世俗生活，上升到文化层次的一个划时代的标志。他不仅仅使茶学变得更优雅、更精致，而且赋予了茶学人的精气神，把人的精神气质和自然的造物融为一体，使茶文化具有了独特的魅力。这和他那种超凡脱俗，与天地精神独往来的气质是分不开的。

陆羽的一生始终和佛门有着千丝万缕的关系。中国的茶文化最初就和佛教有关，最早的茶叶加工技术都出于僧人之手。陆羽在《茶经》中也多处表达了对佛教的仰慕，记述了僧人与茶之间的逸事。一念零落飘江湖，半生寂寥大觉悟。栖霞古寺求禅意，独行野中茶一炉。陆羽这个在寺院里长大的孩子最终成就了形而上的觉行圆满。

第十四章
林逋：爱梅花如爱女人
——湖上青山俗情浅，梅妻鹤子孤月轮

众芳摇落独暄妍，占尽风情向小园。

疏影横斜水清浅，暗香浮动月黄昏。

霜禽欲下先偷眼，粉蝶如知合断魂。

幸有微吟可相狎，不须檀板共金樽。

——《山园小梅》

这是林逋最负盛名的一首诗，尤其"疏影横斜水清浅，暗香浮动月黄昏"，更是千古绝句。也许正是因为他对梅花之爱，才有了"梅妻鹤子"的传说。他笔下的梅花冰清玉洁，卓尔于凡俗，正所谓缟素襟怀，冷香风骨。这种情致该如何形容，人都说他爱梅花如爱妻。是的，爱物如此，恐怕也只能和爱女人相比了。古往今来爱梅花之人多矣哉，从唐太宗李世民"送寒余雪尽，迎岁早梅新"的诗句说开去，上至帝王将相，下至贩夫走卒，凡能识文断句者，莫不有咏梅章句。诗人中很多人都有咏梅之作，如张说、王维、刘长卿、孟浩然、李白、韦应物、刘禹锡、孟郊、张籍、元稹、李商隐、韦庄、杜牧、皮日休、白居易、王昌龄、杜甫、李益……这个名单还可以一直列下去。著名的如孟浩然踏雪寻梅不辞辛劳，郑谷临江观梅沉醉如痴，都可以算得上爱梅爱得深的了，但是和林逋相比，却都差了一大截。

这些古人治好了我的精神内耗

《林和靖诗意图》（明代 董其昌）

"疏影横斜水清浅，暗香浮动月黄昏。"稍微有点儿文学常识的人，大概都听过这两句诗。他这两句诗写梅花，不仅写出了梅花的姿态，更是渲染了梅花开放时的绚烂和惊艳，可谓写绝矣。一个人能把梅花写到这种程度，必然是至爱。事实亦如此，他爱梅花如爱女人。

林逋，字君复，生于北宋乾德五年（公元 967 年）。他出生时，正是赵匡胤建立宋王朝不久，赶上了一个优待文人的时代。宋真宗曾赐予他"和靖先生"之号，他去世后便以"和靖"作为谥号，因此后世称他"和靖先生"。他祖上本是福建人，到他父亲这一代迁徙到浙江大里黄贤村（今浙江奉化裘村镇黄贤村）。他少年时代喜欢读书，但并不追慕功名利禄，而是喜欢古人中的高洁之士。他读书并不专注于儒家经典，而是诸子百家均有涉猎，史籍说他"通经史百家"。他性情孤傲，清高自许，天性恬淡，甘于贫穷，对名利场持拒斥态度。成年后，曾经长期在江淮一带漫游。古人有游学的传统，他也把游历当作增长见识的方式。杏花春雨江南，骏马秋风冀北。驾一叶扁舟，或骑一匹骏马，春天还在卖杏花的江南小巷里漫步，秋天已经扬鞭在塞北的大草原上了。这种仗剑载酒、天涯漂泊的生活常常出现在我的梦里，大概古人就是以这种方式来了解外面世界的吧。林逋就这样漂泊了多年，到四十岁的时候终于倦了，就在杭州西湖结庐孤山，隐居了下来，从此开始了另一种生活。

隐居在孤山的林逋常驾着小舟游西湖。他非常喜欢西湖的景色，不但和西湖上的舟子渔夫是朋友，还游遍了西湖边的寺刹，与很多高僧、诗人有来往。他虽然离城市很近，但他二十年间从未踏入城市一步，而是躬耕于田亩，不过他并不是一个下地干活的农民。他有一种高雅的生活情调，就是酷爱梅花，并在屋前种了三百六十余株梅花。他把梅树结的梅子卖了，每一棵树的梅子卖的钱包成一包，放在瓦罐里，每天取一包作为日用消费，无论多少，每天只花一包钱，等到罐子空了，刚好一年过去了。他在孤山一带种梅，使那里成了著名的梅花世界。他还养了一对仙鹤，为鹤起名"鸣皋"，典出《诗经·小雅·鹤鸣》。原诗说："鹤鸣于九皋，声闻于野。鱼潜在渊，或在于渚。乐彼之园，爰有树檀，其下维萚。它山之石，可以为错。鹤鸣于九皋，声闻于天。鱼在于渚，或潜在渊。乐彼之园，爰有树檀，其下维榖。它山之石，可以攻玉。"从《鹤鸣》的意境来看，和靖先生还真有点儿小资的情调。鹤在我国是一种吉祥鸟，同时也是一种灵鸟。汉代刘安《淮南子》载，"鹤寿千岁，以极其游"，给予了鹤很高的评价。林和靖养鹤，也颇能看出其志向。据说，他这两只鹤近乎通灵。每当梅花盛开的时节，也是他最开心的时候。这时候，满树红白相间，绚烂如同烈火，灼灼其华。林和靖邀三五好友，青梅煮酒，逸兴飞扬，弹琴赋诗，鹤也随着琴声翩翩起舞。

他和这两只仙鹤异常亲密，如同父子。每当他在林间散步的时候，鹤也跟在他的后面，步态潇洒而悠闲；每当来客人时，鹤也侍立一旁，显得彬彬

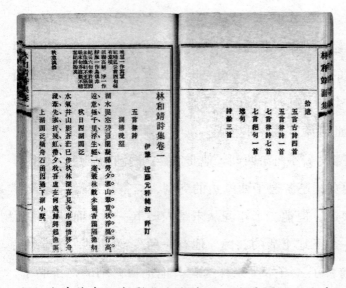

林和靖诗作在日本影响十分广泛，这是明治三十年（1897 年）日本青木嵩山堂付印的《林和靖诗集》。

有礼；每当他和高僧谈玄论道，鹤也似认真聆听，温文尔雅，谦和恭顺；每当他和文朋诗友高声唱和，鹤则淡然旁观，安之若素。我常常想，鹤也许真能听得懂人类的谈话，但它却也能安然自处，从中悟道。这一点若是加以浪漫化，就变成了佛座前听佛说法而悟道的池鱼和鹰隼了。

"辛苦灌园欲何知，种得梅林尽是诗。小梅斜插银杭月，正是逋郎得句时。"林和靖对梅花、仙鹤爱之深，写下了很多千古名句，他一生不曾娶妻，以梅花为妻，以仙鹤为子，被称作"梅妻鹤子"。暗香和月入佳句，压尽古今无诗才。一句"疏影横斜水清浅，暗香浮动月黄昏"，让多少咏梅之句黯然失色。在他的内心，梅花应该是他的红颜知己吧。他一生未曾娶妻，作为一个风流倜傥的大才子，这是不可理解的。他甚至还有一首描写爱情的《长相思》："吴山青，越山青。两岸青山相送迎，谁知离别情？君泪盈，妾泪盈。罗带同心结未成，江头潮已平。"从这么绮丽的诗作来看，他不可能是一个不喜欢佳人的人。从诗作推测，他应该曾经有过恋情。全诗借用江南胜景，以色彩鲜明的笔调描写了钱塘江两岸秀美的景物，接着笔锋一转，由景物转入内心，描写男女离别之情，意态缠绵，泪水盈袖。其中"结未成"一句，似乎在暗示什么。古人定情，常常把丝绸打成一个心形的结，谓之"同

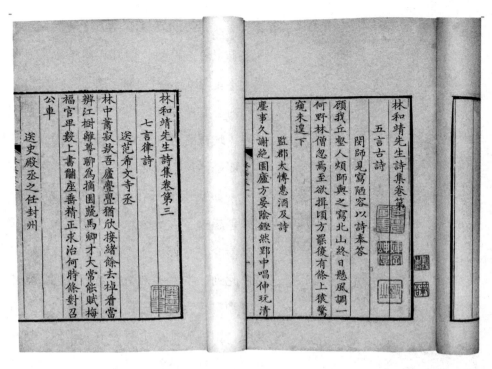

《林和靖先生诗集》（清康熙四十七年吴调元刻本）

心结"。从"结未成"来推测，这是分手之句，借女子之口诉说了和情郎分手的意绪。虽说时代改变，但这和今天那些痴男怨女分手时的情绪没什么差别。究竟是什么力量或缘由使他们未能结成连理？不得而知，也不能妄加推测。

也许，这首《长相思》就是内心的永诀。据说，今人曾考证出林和靖不但有妻子，还有后裔，但正史均无记载。我不做考据，因为是否有后代并不重要，也许我们需要的仅仅是一个美丽的传说。不过我一直认为，男人应该爱女人，不爱女人的男人不可爱。因为有正常的欲望才有正常的性情。不爱女人的男人大多是内心褊狭之辈，要么是伪君子，要么是胆小鬼。女性大多有柔美的内心，她能改变男人身上一些刚烈的东西，使男人不至于发展成残忍的动物。那些孤守一生的男子大致可分为两类，一类是受过创伤，终生只

《梅花》（清代 任伯年）

爱一个人，因此发誓不再娶。这类人对爱情之忠贞令人仰慕，但其人生的凄苦是外人所不能知的。另一种人是遭受过打击，或者内心有些褊狭的思想，对女人持仇恨心理、歧视心理和畏惧心理，他们固守一生，那是活该。当然还有一种人，那是宗教徒，如我佛如来和其他一些宗教大师。他们是超越了人类欲念和性情的人，其情操和信念非常人可比，因没有可比性，故不在此列。实际上佛祖也是有爱的，他不仅曾经有娇妻、爱子，还有自己的父母和王国。正因为他是个有爱的人，他把这种爱推及众生，达到了自觉、觉他、觉行圆满的境界，所以才能成佛。佛本多情，信然。正因为多情，所以才能普度众生。但林和靖不同，他虽然接近高僧，可并未皈依，他的心中是有一个女子的，她曾爱梅花，因此他一生爱梅。

陆游有"无意苦争春，一任群芳妒。零落成泥碾作尘，只有香如故"的名句，但是他把梅花写得太凄苦，他虽抒发的是报国无门的苦闷心情，但是单从咏梅的意象来看，实在太过孤绝，太过凄冷，不像和靖先生的句子，有散淡之风，有幽远之境。也许唯有清代的陆子章还有些林和靖的意味。陆子章是个藏书家，隐居的地方千树梅花掩映，溪流明澈，山谷清幽。他因此自号"梅谷"，后世也有人称他为"梅谷先生"。每当梅花盛开，他就穿着宽松舒适的衣服，脚踏一双便鞋，直接躺在梅树下，任满树梅花飘飘而下，花瓣落满全身，他在梅香中酣然而眠。人若能穿越时空，陆子章老先生也配得上称为林和靖的知己。

我没有去过西湖，不知道和靖先生的梅花是否依旧。想那梅花盛开的时节，烟霞迷离，枝干横斜，老干苍古，新枝如剑，冰花如玉，俏立枝间，枝干千万，气象盈天，数不清花瓣，却一脉心香，玉骨冰魄，肌肤胜雪。清风乍起的时候，一树梅花摇曳，暗香浮动。恍惚间，似乎有女子的环佩之声隐隐传来，正所谓无语也销魂。恍若瑶池神妃，疑似紫府仙子。这大概就是和靖先生所爱的梅花吧，的确似一个世间无双、天界才有的美人。他一生不曾娶妻，就是在梅花的陪伴下度过的。我常拿他和《射雕英雄传》里的黄药师做对比，他们有很多相似的地方，都天性孤高，蔑视世俗，都远离尘俗人世。黄药师独居海外桃花岛，除了满岛桃花，就是潮起潮落的碧海。林和靖则独对西湖，除了孤山之外，就是万树梅花。两人都是单身男子，两人都天资聪颖、才华绝代。黄药师精通音律，曾自创《碧海潮生曲》，还精通律算、老庄、书法、剑道。林和靖同样精通音律，常弹奏《梅花三弄》，工于书法、绘画、驭鹤之道。但是黄药师还有个冰雪聪明、古怪精灵的女儿相伴。小黄蓉刁钻野蛮、调皮可爱，教她读书识字，纵使在孤岛黄药师也并不寂寞。可是和靖先生就没有，他只有仙鹤，也许这对他来说已经足够了。

在梅林里独坐，如面对红颜知己，和靖先生应该常弹那曲《梅花三弄》的吧。此时的他澄心涤虑，左手映月光，右手掬花影，轻快的音乐慢慢荡漾开来，犹如梅花之冰魄玉骨突然间绚烂开放；旋律婉转，琴音转入高音区，梅花面对霜刀雪剑，傲然挺立；在悠扬的琴音里，花轻落，风低语，丝丝缕缕的琴声弥散在每一片花瓣间，萦绕在梅林里。斗转星移，物是人非只

《梅花》（清代 任伯年）

在刹那间，但这琴声是永恒的，我相信我站在和靖先生的梅林里还能听到他的琴声，还能听到他与天地日月精神独往来的细语。在梅林里，永远停驻着他的魂魄。

其实，和靖先生大可不必如此，宋王朝是中国历史上对文人最优待的一个时代，他也不是没有做官的机会。他在西湖隐居期间，已经是名满朝野的大名士，当时杭州的官员都很敬重他，杭州的郡守薛映均也是个诗人，还专程登门拜访他，并和他结为诗友。朝中的高官，如范仲淹、梅尧臣也都是他的好朋友，常有诗文酬唱。大中祥符五年 (公元 1012 年)，就连宋真宗都钦慕他，专门赐给他粮食和丝绸，以改变他自耕自食的生活。朝廷甚至专门给杭州地方官府发文件，让他们给和靖先生一些生活帮助。对此，和靖先生十分感谢，但除此之外，他并没有更多的表示。他也从不以自己和官府有往来为荣，他依旧按照以前的方式生活，和西湖里的渔夫舟子为朋，和高僧道士为友，放舟西湖，寻访僧道。若是看到天上仙鹤鸣叫，他就调转船头回家，因为他知道有好友来访了。他何以从仙鹤的鸣叫声中知道友人来访呢？原来，他养的两只仙鹤很有灵性，每次打开鹤笼，两只鹤就直入云霄，飞翔够了自动回到笼中。每次和靖先生出门放舟西湖，若是有客人来，家里的童子就开门迎客，请客人小坐，同时放飞仙鹤。久而久之仙鹤形成习惯，于高空鸣叫，呼唤主人回家。不过，他这种神仙般的生活还是受到了尘俗的影响。很多当官的朋友都劝他出来做官，皇帝甚至希望他出山做太子的老师，但都被他拒绝了。

他曾作诗："湖上青山对结庐，坟前修竹亦萧疏。茂陵他日求遗稿，犹喜曾无封禅书。"这首诗叙述了自己的心怀，说自己在湖上的青山边结庐而居，由于无妻无子，因此在屋子旁边先为自己修建好了坟墓，坟前和屋前的竹子都长得非常有韵致。在这种快乐的生活中，是不想出去做官的。他日我死了之后，如果有人来我的墓前拜访，像在汉武帝的茂陵前去求前朝的文章一样，在我的文章里找不到歌功颂德的文章。最后两句中，"茂陵"和"封禅书"都是典故。"封禅书"是说汉代的大文学家司马相如曾经罢职隐居，但是却在家写文章建议汉武帝去泰山封禅。

林和靖虽然在当时很出名，但他对声名并无兴趣。他不但不想出名，甚至不愿留名，没有儒家"立言"的野心。但是像他这样的人，不留名也难。他的诗写得很好，却从不保留，随作随丢弃，有人问他为何不编辑成集流传后世，他说："我方晦迹林壑，且不欲以诗名一时，况后世乎？"意思是：我隐身于林泉，不愿意在当世因诗出名，何况是后世了。他的诗很多，但是大多因未著录而失传，有人偷偷把他吟出的诗记下来，得到三百余首，这才得以传世。他的诗多描写大自然，尤其是西湖的景色，呈现出中国山水画的意境，清冷幽静，闲淡浑远。他对自己的这一点也很肯定，曾在《深居杂兴六首》小序中说，其诗"状林麓之幽胜，摅几格之闲旷"。他擅长用小巧细碎的笔法描摹湖山景物，风格清淡，意趣萧散高远。当时的文学大家范仲淹、梅尧臣、欧阳修、苏轼都对他清淡的诗格给予了较高评价。他在书画上也堪称圣手，虽然未能像黄庭坚、苏东坡那样影响后世，但绝不输于苏黄。

第十四章　林逋：爱梅花如爱女人

但因他性格恬淡，书画作品大多不曾保留，所以传世较少。

公元 1028 年，林和靖去世了，被葬在自己生前修造的墓中。宋仁宗赵祯赐他谥号"和靖先生"。他死后，那对仙鹤终日哀鸣不止，最后双双死于墓前，也许鹤确实是一种有灵性的动物吧。《扬州府志》里也曾记载过一个和鹤有关的故事，说卢守常在陈州担任知州，养了两只鹤，视若至宝。一天，一只鹤受伤死去，另外一只鹤哀鸣不已，几乎死掉。卢守常非常难过，尽力喂它，才勉强将它喂活。一天早上，鹤绕着他不断鸣叫，卢守常说："你想离开这儿吗？天很高，山泽很大，那里才是你的世界，你想去就去吧，我不会羁绊你。"鹤似乎听明白了他的话，振翅飞入云霄，在空中盘旋了一阵又落了回来。卢守常向它挥别，它才又飞向天空，不一会儿又飞了回来，留恋地用翅膀蹭着卢守常的衣服，如此反复了四次才飞走。

三年之后，卢守常任满解职，在黄浦溪闲居，常常手拿书卷，在林间吟咏。晚秋的一天，秋风飒飒，卢守常拄着拐杖在林间散步，忽然听到一阵清亮的鹤鸣声，他抬头观看，发现头顶有一只巨鹤在盘旋。他仰望着天空说："你是我陈州的伴侣吗？如果是就飞下来吧。"他刚说完，那只鹤就落在了他的面前，用长喙啄着他的衣服，在他面前翩翩起舞。他泪流不已，说："我年老无子，形影相吊，你如果能留在这里，我像孤山的林和靖一样，和你共度残年。"鹤跳跃着投入他的怀中，如同昔年一样蹭着他的衣服，亲切如同爱子。卢守常遂把它带回了家中。卢守常死后，鹤悲鸣不已，绝食而死，卢氏族人专门在丁堰为鹤建了墓。

湖上青山俗情浅，梅妻鹤子月一轮。二十年来不入市，唯求名灭离凡尘。梅花犹存君不见，几处孤山几处人。林和靖若是泉下有知，恐怕要邀请卢守常喝一杯了，而他们的鹤也应该在堂前翩翩起舞吧。

第十五章

石曼卿：一代酒豪的人生快事

——高歌长吟插花饮，醉倒不去君家眠

　　每与客痛饮，露发跣足，着械而坐，谓之"囚饮"。饮于木杪，谓之"巢饮"。以稿束之，引首出饮，复就束，谓之"鳖饮"。夜置酒空中，谓之"徒饮"。匿于四旁，一时人出饮，饮已复匿，谓之"鬼饮"……仁宗惜其才，尝对辅臣言，欲其戒酒延年。曼卿闻之，不敢饮，遂成疾而卒。

——《续墨客挥犀》

　　石曼卿每次和客人们喝酒的时候披头散发，赤裸双脚，还在双手上戴上枷锁，称之为"囚饮"；有时候爬到树上去饮酒，称之为"巢饮"；有时候用麻绳把稻草捆在自己身上，直到捆得自己像粽子一般，只伸出脑袋喝酒，称之为"鳖饮"；有时候晚上也不点灯，自己摸黑喝酒，而且要求一起喝酒的客人也这么做，称之为"鬼饮"。宋仁宗爱惜他的才华，曾经对宰相说，希望石曼卿能够戒酒。石曼卿听说后，当即戒酒了，可惜不久却因此生病，去世了。

　　名士之中善于饮酒的人很多，简直可以车载斗量，但是像石曼卿那么大酒量，那么善于变换花样的人却比较罕见。他不像一般的名士缺乏政治天分，而是很有作为，可惜却英年早逝。

石曼卿，名延年，以字行于世，北宋宋城人（今河南商丘），生于北宋淳化五年（公元994年），是著名的文学家。他的祖上本是幽州人，由于石敬瑭把幽云十六州出卖给了契丹，为了躲避契丹人的杀戮，很多人举家南迁，石曼卿的先祖也随这支迁徙大军到南方，在宋城落了户。他青年时虽然很有才名，但是考进士考了很多次却都没考上，这让他非常郁闷。当时宋朝的皇帝是宋真宗，为人比较厚道。他非常同情那些总毕不了业的老"复读生"，专门发布了一道上谕，说凡是考了三次还没考上"储备官员大学"的学生，可以暂时到礼乐机关担任跑腿的职务。石曼卿嫌这么窝窝囊囊地混进官场羞耻，坚决不肯去。他的故人张知白劝他先试几天，他就答应了，后来被任命为太常寺太祝。为了了解石曼卿的早期官场生涯，我曾对"太常寺"这个机构进行了了解。太常寺最早设于秦朝，初名奉常寺。汉代改名为太常寺，是掌管国家礼乐的最高行政机关，属于封建时代的清水衙门。该部门主要负责皇陵的祭祀，皇室宗庙的看管，掌管朝廷的礼乐仪制及衣冠制度。主管官员被称为太常卿，副职称为少卿，下面又有丞、博士、主簿、协律郎、奉礼郎等官员。太祝是这个机构中级别最低的官员，总共有六名，属正九品，主要的职责是掌出纳神主，祭祀则跪读祝文。想想吧，一代大才子每天就干着清洗牌位、跪下念祝词的活儿，那种苦闷是可想而知的。

石曼卿喜欢饮酒，并且酒量惊人。他和大侠刘潜是好朋友，两个人常常吹嘘自己的酒量大。有一次，他们听说京城新开了一家王氏酒楼，因此相约去喝酒。两人到了酒楼后，要了几碟简单的下酒菜，就让酒家拿最好的酒出来。酒楼掌柜的一看两人气度不凡，不敢怠慢，赶紧叫酒保为每人上了两角花雕，没想到两人根本不使用酒杯，直接拿起量酒的酒角子把酒喝了。石曼卿望着掌柜的说："酒是好酒，只可惜太少了。"掌柜的一看，知道不能把二人当凡俗之人看待，立刻叫酒保搬来了一坛花雕。石曼卿用手摸着坛子上的泥封，笑着对酒家说："这就对了。"

《扶醉图》（元代 钱选）

　　他说完了这句话，就不再多说一句，小心翼翼地启开泥封，然后和刘潜喝了起来。这两人喝酒，既不行酒令，也不搞分曹射覆那一套，而是不停地喝。正如李太白诗中所言，一杯一杯复一杯，两人从早上开始，一直喝到傍晚，一坛花雕喝完，又接着喝了几坛竹叶青。看着天黑了，石曼卿这才站起来付了酒钱，面不改色地对刘潜拱拱手，说："今日喝酒甚欢，改日再叙。"次日，整个京城都传说王氏酒家去了两位酒仙，喝了一天的酒。不久，当地人都知道了，所谓的酒仙就是石曼卿和刘潜。从以上喝酒的方式来看，石曼卿无愧于一代酒豪。

　　他在太常寺当太祝的时间并不长，就被调到山东金乡县担任知县，成了有实权的地方官。虽然官不大，但总比在皇家祠堂里念祝词好。此后，他先后在乾宁军、永静军（军是宋代的行政机构）担任通判，历任光禄寺丞、大理寺丞，从这些职务来看，他一直担任副手，从来没有干过独当一面的工作。对他这个有志青年来说，这实在有点儿委屈。但是，终于他干了一件惊天动地的大事。当时宋仁宗年少，执政的是章献太后。仁宗成年了，但章献太后仍然不肯放权，大臣也没人敢说这件事，只有石曼卿大胆上书，要求还政于天子。惹得太后大怒，但她又不好明说，就找了个理由把石曼卿贬谪到海州去当通判。不过，宋代的帝后对文人都比较优待，像王安石那样变法失败也没有被诛杀，而明代的张居正就没有那么幸运了，生前被奉为帝师，死后却被抄家。另外，宋代是中国历史上最特殊的一个时代，文人拥有绝对高的社会地位，甚至达到了制衡皇权的地步。所以，石曼卿并没有掉脑袋的危险。

石曼卿在海州担任通判时，有一天刘潜来访。有朋自远方来，不亦乐乎。面对老友他十分高兴，当即邀请刘潜上船，原来他的船上藏有佳酿和四时果品，这让刘潜大喜。两人坐定后，立刻开始豪饮，一直喝到半夜，眼看船上的酒都要喝光了。石曼卿发现船上有一斗醋，就把醋倒进剩下的酒中，两人接着喝起来，一直把混合了醋的那坛酒也喝光，二人才罢休。这时候天已大亮了，原来两人喝了整整一夜。古人说，酒中识英雄，月下看美人，石曼卿真可谓酒中豪雄。

石曼卿为宋仁宗冒险争权，虽然被贬，但好处却在后来显了出来。仁宗执政后很有些酬报知己的心思，很快将他提升为秘阁校理。这个职位虽然不显赫，却在皇帝的秘书机构任职，由此可见，皇帝是把他当自己人看的。恐怕这也是正直的石曼卿未曾想到的吧。当时，契丹人和党项人都建了自己的政权，在华夏大地上形成了辽、宋、夏共存的局面。不但契丹人建立的辽国威胁宋朝，西夏更是常常惊扰宋朝。石曼卿对辽国和西夏的威胁非常担心，曾提出了一套很专业的防御策略（二边之备），可惜不为皇帝接受。

他不但喝酒好，胸中也确实有非常之志。史载，他为人以气自豪，读书通大略，不专治章句，特别钦佩古人的大英雄气度和不世功勋。他的文章刚劲雄健，效法韩愈和柳宗元，有古意，大气磅礴。

北宋景祐五年（公元1038年），西夏王改称皇帝，定国号为大夏，意思是与北宋政权处于同等地位。从康定元年（公元1040年）到庆历二年

（公元 1042 年），西夏每年对北宋都要发动一两次大规模的军事进攻，宋军常常战败。满朝文武这才重视起石曼卿的言论。他临危受命，担起了西北军事防御之责。这一次，他充分施展自己的才华，短时间内就从河北、河东、陕西等地征召了几十万大军，有效地起到了防御作用。宋朝廷对他的功绩非常看重，特别赐给他绯衣银鱼。可就在这时他却病倒了，不久去世，年仅四十八岁。

和所有的名士一样，石曼卿博学多才，诗文写得好，工于书法，精通音律，好结交天下豪士。当时的大名士欧阳修、梅尧臣、蔡襄、苏舜钦等人都是他的酒友，他去世时几乎每个人都为他写了吊祭文章。苏舜钦在《哭曼卿》一诗中说："去年春雨开百花，与君相会欢无涯。高歌长吟插花饮，醉倒不去眠君家。"最后一句，化用的是陶渊明的典故。陶渊明每次酒醉，就对客人说"我醉欲眠君且去"。从诗中颇能窥见昔日朋友们在一起饮酒的盛况和欢乐。

关于石曼卿的死，应该说宋仁宗负有间接责任。由于石曼卿酒量过人，宋仁宗爱惜他的才华，因此劝他戒酒。在古代，皇帝的话就是圣旨，尽管是劝告，但仍然具有圣旨的效用，是不能违抗的。因此石曼卿戒酒了，当然也死掉了。长期喝酒突然被禁，会不会死，我不知道，但我相信一个人对某种东西爱到深入骨髓的地步，突然被禁止，一定会死。这就好像禁止诗人写诗一样，他视若生命的东西被禁止了，即便他的人还活着，但是他所依托的灵魂已经死了。

在宋代，石曼卿的诗文就已经成为人们传唱的作品，他是那时"流行歌曲"的词作者。他的名作《寄尹师鲁》，被赞誉"词意深美"，大诗人梅尧臣说他的诗"星斗交垂光，昭昭不可挹"，可见其文坛地位之高。最后，让我们用他的一首诗来终结这篇文字吧："十年一梦花空委，依旧山河损桃李。雁声北去燕南飞，高楼日日春风里。眉黛石州山对起，娇波泪落妆如洗。汾河不断天南流，天色无情淡如水。"

第十六章

苏舜钦：沧浪亭里的失意男子

——汉书下酒思古意，沧浪清浊自留去

　　子美豪放，饮酒无算，在妇翁杜正献家，每夕读书以一斗为率。正献深以为疑，使子弟密察之。闻读《汉书·张子房传》，至"良与客狙击秦皇帝，误中副车"，遽抚案曰："惜乎！击之不中。"遂满饮一大白。又读至"良曰：始臣起下邳，与上会于留，此天以臣授陛下"，又抚案曰："君臣相遇，其难如此！"复举一大白。正献公闻之大笑，曰："有如此下物，一斗诚不为多也。"

——《中吴纪闻》

　　苏舜钦（字子美）在老丈人家，每晚都要喝一斗酒。他岳父很奇怪，心想就算你是个酒鬼，来我们家也该收敛一下吧。于是派人偷偷看他如何喝酒，发现这位老兄喝酒居然不要下酒菜。不过查看的人很快就佩服起苏舜钦来，原来他的下酒物，乃是《汉书》，他读一段文字，喝一口酒。那天晚上他读的是《汉书·张良传》，读到张良花重金请刺客在博浪沙椎击秦始皇时，禁不住拍手叫好，可惜只击中副车，于是喝一大口酒；又读到张良和汉高祖风云际会，再喝一大口。杜衍听说，笑道："有这样的下酒物，饮一斗实在不算多啊！"这就是"汉书下酒"的故事。

"沧浪之水清兮，可以濯吾缨；沧浪之水浊兮，可以濯吾足。"这是屈原的名篇《渔父》里的句子。意思是，处世不必太耿介，世事清明就出来做官，世事混乱就与世沉浮。这是一种圆顺变通的处世之道。宋代诗人苏舜钦的别墅中有一个亭子，名字就叫"沧浪亭"，他一生写的诗文中多次提到沧浪亭，可见沧浪亭在他的生活中占据重要地位。在古代，凡受过儒家思想熏陶的人，大多保持着积极的出仕心态，苏舜钦何以藏身于沧浪亭呢？这是因为他是一个失意的人。

苏舜钦，字子美，梓州铜山（今四川中江）人。蜀中自古出才子，且以出风流倜傥的巨子出名，苏氏正是属于文学巨子的那种人。他出生于公元 1008 年，处于北宋王朝的黄金时期。他和所有有志于报效国家的读书人一样，通过科举考试进入了政府机关。在这一点上，他比老朋友石曼卿幸运得多，石曼卿考了三次还考不上，最后还是特招才进入官场的。此时的宋政权虽然处于上升期，但并不是一个强势政权。它和历史上的那些大一统政权不同，从立国之初就面临着北方游牧民族的威胁，因此各代君王都为此忧虑不已，加上国家的财政危机，可以说皇帝老儿常常寝食难安。为改变国家积贫积弱的状态，大文学家范仲淹、杜衍、富弼准备进行改革，这就是著名的"庆历改革"，而苏舜钦就属于这个改革集团。

在"庆历改革"集团中，苏舜钦有一个非常厉害的靠山——杜衍。他不仅是改革派的领袖人物之一，还是苏舜钦的岳父，在这翁婿之间曾留下了一段名垂青史的佳话——汉书下酒。

苏舜钦第一个拿史书当下酒菜，成为典故。第二个这么做的就不见得会成为美谈，最多自娱自乐一下。陆游有诗："欢言酌清醴，侑以案上书。虽云泊江渚，何异归林庐。"看来他也是以书下酒的，不过没说自己看的是什么书，如果一边看武侠小说或者侦探小说一边下酒，那就很有滋味，如果是四书五经那可就倒尽胃口了。清人屈大均的诗中说，"一叶《离骚》酒一

《秋夜读书图》（清代 蔡嘉）

杯"，看来是用《离骚》下酒的，可惜没有留下"离骚下酒"的典故。这就充分证明了一句话，第一个把女人比喻为花儿的是天才，第二个把女人比喻为花儿是庸才，第三个则是蠢材了。晚清吏部侍郎宝廷则连蠢材都算不上，他也是用《离骚》下酒，诗中说："《离骚》少所喜，年来久未温，姑作下酒物，绝胜肴馔陈。愈读饮愈豪，酒尽杯空存。"诗写得狗屁三通也就罢了，居然糟蹋《离骚》。之所以说他狗屁三通，而不说狗屁不通，是因为虽然是"狗屁"，但是还通一点点。苏舜钦"汉书下酒"之后的优良传统的确被保留下来了，但是有此风骨之人却不过二三，笔者恐怕要算一个。

有了杜衍这层关系，加上苏舜钦也确实是人中龙凤，他很快就受到了重用。庆历四年（公元1044年），范仲淹、杜衍、富弼等人开始实行新法。苏舜钦被范仲淹推荐担任集贤殿校理，监进奏院。监进奏院是一个非常重要的职位，所谓"监"有管理的意思。宋代进奏院是全国各州府设置在京城的办事单位，地方办事官员叫进奏官，这些官员由一名京官统一监领。苏舜钦正是监领，主要掌管转呈各地章奏，分送文书至朝廷各部门。处在这么一个前途大好的职位上，应该说，他很可能实现自己"致君尧舜上"的理想，成为宰相级别的人物也未可知。实则不然，因为有改革派，必然就有反对派。当时的御史中丞王拱辰等人就是反对派，可是范仲淹、杜衍都很强势，反对派无力拱翻这些大佬，于是就先拿羽翼人物开刀，而苏舜钦就是他们选中的人物。

有一天，进奏院祀神，按照惯例祭祀完毕之后官员们要举行一次酒会。当然酒会花的钱是公家的钱，因为这是潜规则，大家心知肚明，很多年一直都是这样。另外朝廷也知道这事，也把它当成每年官员们的一次聚会，是默许的。偏偏苏舜钦心血来潮，想为国家节省一些财政经费，他把全国各地进奏官奏事后拆封的废纸拿去换了钱，然后用这些钱置酒开宴会。实际上这并不是他的首创，只能说他承袭了之前一些清廉官员的做法。但这事恰好成为反对派打击他的口实，王拱辰当即添油加醋地在皇帝面前诬告苏舜钦。

按照宋朝规定，进奏给皇帝的任何文字都不能外传，何况拿进奏的纸换酒喝。因此，皇帝当即派人去调查，结果属实。皇帝大怒，苏舜钦被免职赶回家，其他官员或者降级，或者流放，参加酒会的十几名官员几乎全部遭到处罚。

实际上，苏舜钦是大大地被冤枉了，他拿来换酒的不过是进奏院的废纸，并非奏章。但是换酒是事实，这正好成为政敌的口实。庆历改革最终也流产了，范仲淹、韩琦、富弼、欧阳修等人相继被赶出朝廷，这是一年以后的事。

苏舜钦遭到罢黜，非常失意，便乘船南游，到达苏州。当时天气炎热，他住在旅馆里酷热难耐，因此白天常到城外阴凉的地方避暑。一天，他出城路过苏州的官学，发现东边一片树木郁郁葱葱，有石头砌成的码头、宽阔的水域，不像苏州城内那么喧闹和浮华。他顺着水边野花野草遮住的小路，向东走了数百步，看到了一大片荒芜的空地，方圆将近六十寻（古代长度单位，一寻等于八尺），三面临水。这一带没有老百姓居住，但是环境很好。苏舜钦一下子喜欢上了这里，准备把这块土地买下来。这时他看到不远处有一位钓鱼的老人，就过去询问。老人告诉他，这是吴越国王的贵戚孙承佑的废园。苏舜钦这才想起，苏州在五代时期，属于吴越王钱镠建立的吴越国。这钱镠也堪称大英雄，原来只是个盐贩子，硬是靠着英雄梦想建立了一个据地十四州府的王国。所谓"满堂花醉三千客，一剑光寒十四州"，说的就是他。他奉行"以民为本，民以食为天"的国策，保持了苏杭一带的社会稳定和安宁。他的后世子孙在宋初的时候归顺了赵匡胤，被封为王。苏舜钦想着这些历史往事，对这个地方更加喜爱。最终，他花四万钱买下了这块土地，建造了一处精巧的园林，园子里最著名的建筑就是沧浪亭。这个亭子是苏舜钦后半生的精神寄托。

有了沧浪亭这个寄身的地方，苏舜钦不再四处游走，而是把精力投入到艺术创作中。他常常乘着小船，在水中漂来荡去。有时候穿着宽大的衣服站在亭子里，或把酒赋诗，或仰天长啸。这是个人迹罕至的地方，除了鸟叫、水流声，就是风吹过竹林的簌簌声。风来疏竹，风过而竹不留声；雁渡寒潭，雁去而潭不留影。当鸟叫停了，风声息了，一切是那么安静，他孤独地站在那里。但苏舜钦并不是屈原式的人物，他的内心多少有些庄子的旷达，他有时候和鸟说话，有时候和鱼说话，有时候对着天空喃喃自语。这种情景常常让我想起《射雕英雄传》里的老顽童，被困在桃花岛上，寂寞孤独，又没有人和他玩，因此就自娱自乐，练左右互搏之术，练成了一种奇怪的功夫。所谓左右互搏，就是用自己的左手打自己的右手，一个人当两个人玩。这当然是小说家的想象，但这何尝不是人生的寓言。当一个人独处的时候，尤其是一个拥有天才般敏锐思维的人，他就会更加孤独，思想就会产生。所谓思想，就是自己和自己说话，自己给自己铸造信仰。在这种情况下，人有两种选择，一种是沉迷于自然，放浪于山水，把心灵和自然连接在一起，达到人与自然的沟通；另一种是穷究心灵，探索心灵内部的秘密。中国人有一种特殊的文化心理，大多数独处的人能够做到心灵和自然沟通，这是一个特殊的哲学层次。而西方人，比如尼采、叔本华就是进入心灵层次，尤其是尼采，他的思考全部是心灵内部的东西。如果他接触了中国人精神层次的山水情思，也许就不会发疯了。当然，并不是所有的失意文人都是沟通山水心灵，也有一小部分人进入了心灵内部，比如苏东坡。不过，他是个例外。

　　在沧浪亭里，苏舜钦的思想逐渐脱离了儒家"修身、治国、平天下"的固定模式。他在《沧浪亭记》中说："形骸既适则神不烦，观听无邪则道以明；返思向之汩汩荣辱之场，日与锱铢利害相磨戛，隔此真趣，不亦鄙哉！"意思是形体得到了充分的休息，心灵得到了极致的净化，眼中所见、耳中所听没有邪恶，这样人生的道理就明白了。回过头来看，从前在名利场上的计较，每天都和鸡毛蒜皮的事情较真，同亲近大自然的山水相比，不是很庸俗吗？他还说："人固动物耳。情横于内而性伏，必外寓于物而后遣。寓久则溺，以为当然；非胜是而易之，则悲而不开。唯仕宦溺人为至深。古之才哲君子，有一失而至于死者多矣，是未知所以自胜之道。予既废而获斯境，安于冲旷，不与众驱，因之复能乎内外失得之原，沃然有得，笑闵万古。尚未能忘其所寓目，用是以为胜焉。"这已经很有庄子的情态了。

暮雨潇潇修竹青，小桥泊船和琴声。一曲怅然枫林醉，唯有孤枝寒鸦鸣。沧浪亭的竹林后面是水，水的北面又是竹林，林中有亭，水上有小桥，桥下停泊着小船，常常传出琴声，这种生活似乎没有穷尽。细雨潇潇的傍晚，晚秋的枫林被秋雨浇了一遍又一遍，如火如荼。可是弹过一曲后，人还是那么怅然，只听到孤枝头寒鸦在鸣叫。这就是他的生活，好似神仙，却又不是神仙。因为神仙不会怅然。

若是真以为苏舜钦就这样做了沧浪亭里的神仙，那就错了。因为，他是一个读《汉书》的人，凡是以读《汉书》自诩的人，都是胸中有大志向的人。三国名将关羽深夜读书，隋末李密"牛角挂书"，读的都是《汉书》。所谓"汉书"那是冲天志向的象征，所以苏舜钦是绝不会真的忘记现实的。他的诗歌中多处反映了其关心现实的思想。他在给老朋友石曼卿的诗集写的序言中说："诗之于时，盖亦大物。"这里的"大物"，指的就是诗可以反映"风教之感，气俗之变"。他曾经批判"以藻丽为胜"的文学风气，而大力称道"任以古道"的诗风。他很赞赏石曼卿，说他的诗能"警时鼓众"。

苏舜钦的诗歌记载了很多宋代的大事。《庆州败》记叙了宋王朝与西夏的战争，愤怒地批评了朝廷在边防措施上的松懈和将领的无能。另外，如《吴越大旱》《城南感怀呈永叔》等诗中都体现了对现实的关心。也许和他的失意有关，他揭露社会矛盾尖锐而直接。如在《城南感怀呈永叔》中说："我今饥伶俜，悯此复自思：自济既不暇，将复奈尔为？愁愤徒满胸，嵘嵘不能齐。"他似乎在假想，如果自己掌握了权力，就能拯救百姓，可惜他自顾不暇，所以愤怒之情溢于言表。"人函愉乐悲郁之气，必舒于言。"也许这就是他的作风吧。

他的诗作不乏英雄气概，如《吾闻》一诗写道："予生虽儒家，气欲吞逆羯。斯时不见用，感叹肠胃热。昼卧书册中，梦过玉关北。"很有些唐代边塞诗的气象，这在以理入诗的宋代是不多见的。

也许，他始终都在思考现实吧。庆历八年（公元1048年），他居然被起用了，担任湖州长史，可就在他准备起身的时候，这个寂寞的人突然与世长辞了。

第十七章

倪云林：绝尘于人间烟火

——孤绝百年不染尘，图画千秋一逸品

身世一逆旅，成兮分疾徐。

反身内自观，此心同太虚。

——倪云林《古诗二首·之二》

倪云林是个在道观里长大的孩子，身上有着浓厚的宗教气质。他虽然在兄长的呵护下过着较为优裕的生活，却离世俗生活很远，就像是一个生活在真空里的人一样。他的这首诗也充满了同样的宗教味道，宛若禅宗的偈语，有一种开悟见性的意境。

文人中有洁癖的不少，但是像倪云林一样洁癖过甚的人可以说千古罕有。一个人爱干净并无错误，可是干净到累人的程度那就不值了。不过一个人有一个人的生活态度，倪云林这种人的生活态度就是追求洁净，因此他的风骨和作品中才透露出一股孤绝而不染纤尘的风致。

倪云林，名瓒，字元镇，别号荆蛮民、净名居士等，是元代著名的大画家。他的祖父是当地的缙绅，富甲一方，是乡里的著名人物。父亲早丧，是兄长将他养育成人。在元朝，居于南方的汉族人社会地位很低，但是倪家的社会地位却很高。原来他的两位哥哥——倪昭奎、倪子瑛都是道士，而且

是南方道教的上层人物。在元代，道士属于特权阶层，不但不用像普通百姓那样缴租纳税，而且不受普通官吏的约束。这主要源于成吉思汗对道教的政策，当年长春真人丘处机（《射雕英雄传》中的那位全真道士）曾不远万里追随铁木真，劝告他少杀戮。成吉思汗对丘处机很尊崇，之后的忽必烈继承了相同的宗教政策，从而使道士成为一个比较特殊的阶层。而倪昭奎曾受命担任提点杭州路开元宫事等职务，从"提点"二字可以看出，这一职务是政府委任的管理宗教事务的上层人物，不但拥有很大的权力，而且还拥有很大的社会影响力。倪云

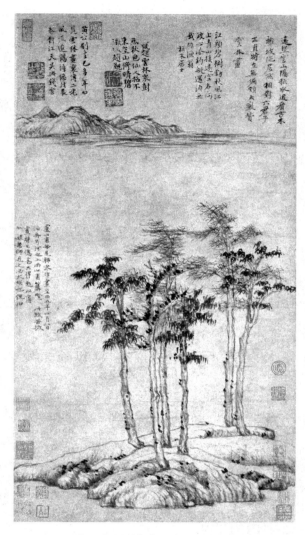

《六君子图》（元代 倪云林）

林成长在这种家庭环境里，生活条件优越，远离儒家思想影响，也感受不到官场的倾轧。而他的哥哥倪昭奎为他请的老师也是道士，这就导致他从小远离尘俗生活。实际上，他少年时代的生活不是一种凡人的生活，而是一种不近人间烟火的生活。也许，这就是他有洁癖的根源。

史载，兄长倪昭奎为倪云林请的老师是一位名叫王仁辅的道士，此人对

第十七章　倪云林：绝尘于人间烟火

道家典籍很有研究，曾得到过元政府的"真人"封号。倪云林有了这样的老师，再加上两位兄长都高居道教尊长的地位，每日间谈论的都是神仙故事、道藏经典，从而使他形成了异于常人的脾性：第一是脾气大，第二是清高孤绝，第三是洁身自好。究竟他脾气多大，多么清高，如何洁身，从后面的故事就可以看出。

元惠宗妥懽帖睦尔在大都的皇宫里开掘了一个巨大的人工湖，命名为"洋碧池"。池上有三座顶级设计师设计的豪华飞桥，连接飞桥的是设计精巧的飞楼。惠宗为了让这些建筑充满艺术气息，就命令官员到全国各地搜集著名的文人骚客的墨宝和丹青妙手的画来装饰。倪云林作为一代宗师，当时已经名满神州，拿着皇帝龙笺的钦差大人到了江南后，就直奔倪云林府上。他早就知道倪云林的脾气很大，凡是来求画的达官贵人一概被拒之门外。但他一想，倪云林的脾气再大，也大不过皇帝的面子吧。为了谨慎，钦差大人还是准备好了一副礼贤下士的面孔。他到倪家门前，拿出皇帝的龙笺，很诚恳地对倪家的仆人讲述了飞楼的精妙和宏伟，说凡是收藏进这个殿堂的作品都会成为千古传世之作，这是一座真正的艺术殿堂。可是就算钦差大人说破天，倪云林还真就不给这个面子。他只用了一个理由：身体不适，无法作画。就这么简单的一个理由，便让钦差哑口无言。尴尬的钦差本想用威权来压他，可是转念一想，倪云林并不吃这一套，因此不死心的钦差只好说，等他身体好了再画。

钦差并未等到倪云林身体好转，因为倪大师开溜了。他坐一条小船儿消失在了烟波浩渺的太湖之中。即便是皇帝的钦差来了，照样不买账，其脾气之大可以管窥。

再说倪云林的洁癖，可以说他的洁癖和他的画一样出名。有一姓徐的朋友来他家做客，恰逢倪家的童仆从远处的山泉挑水回来。倪云林用前桶的水煮茶，用后桶的水洗脚。徐氏对此很不解，问他理由。他说，后面的那桶水

《江亭山色图》（元代 倪云林）

第十七章 倪云林：绝尘于人间烟火

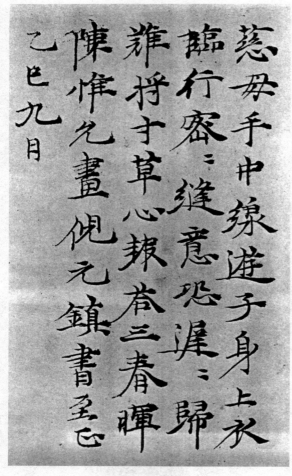

倪云林所书《游子吟》

被童子的屁味弄臭了，因此只能洗脚。徐氏大为惊讶，真是长见识了。我对此十分怀疑，因为山泉距离倪家有好几里远，童子挑水不可能不换肩，一担水挑到家里不知换了几回，根本分不出前后，所以倪云林用后桶的水洗脚至多只是自我心理安慰罢了。不过，读了其他的文献后，我很快推翻了自己的想法。原来倪家的仆人挑水不敢换肩，原因在于下面这个故事。

倪云林用水分前后桶，有一个仆人偏不信这个邪。有一天，他挑水挑了一段路，故意把后面的桶换到了前面，倪云林喝茶时，说喝出了"屁味"，将仆人狠狠抽地了一顿鞭子，逐出了家门。新来的童子知道主人有多么厉害，因此绝对不敢换肩。可是有一天，倪云林还是说茶中有异味，他责问童子说："混蛋东西，你换过桶了？"童子回答说："小人不敢。"倪云林又问："你挑水时放屁了？"童子赶紧强调："未曾放屁。"倪云林大惑不解地说："既然如此，为何水中有臭味，糟踢了上等好茶。"这时童子突然跪倒在地，解释说："小人该死，挑水的时候打了个喷嚏。小人口臭。"读到此处，笔者也不由得捧腹大笑。倪氏洁癖达到这种程度，实在令人忍俊不禁。

倪云林从茶水里闻到屁味，和茶学祖师陆羽有一拼。陆羽只不过鉴水而已，鉴定水质好坏还有些道理可讲，而倪云林对屁味儿的敏感实在有些无稽之谈，这或许是后人的附会。我想也有可能是倪氏专门派人监视挑水的童子，一旦有人不守规矩，就抓住惩罚，起到震慑的作用。从他的脾气来看，这种事不无可能。

倪云林的洁癖还体现在他对环境的要求上。他书房里的笔墨纸砚有专人管理，每天都有两个童子手拿拂尘，不停地轮流拂拭。院子里有两棵梧桐树，他早晚命人打水为之清洗。结果由于洗得太勤，这两棵树忍受不了倪氏的洁癖，居然死了。这些也就罢了，真正能够体现倪氏卫生意识的是他的厕所。倪家的厕所下面设计了木格，中间装着鹅毛。大便完了后，鹅毛就会落下来覆盖住，丝毫闻不到臭味。这也许是当时中国设计最精巧，也最高级的厕所了。可惜倪氏没有专利意识，否则真可以去申请专利，然后在全国推广了。

好朋友徐氏参观了倪家的厕所，对倪云林的洁癖也长了见识，就要求在倪家留宿。倪云林虽然知道徐氏也很爱干净，但仍然不放心，夜间起来了三四次，察看徐氏是否有什么不洁行为，但都没什么可虑的。就在他放下心来的时候，突然听到小小的一声咳嗽，不由得大为厌恶。他再也无法安眠，天还不亮就命令童子寻找痰痕，可是找来找去就是找不到。童子害怕遭到倪云林鞭打，就找了一片颜色较深、沉积着灰尘的树叶拿来充数。倪云林看也不看，捂着鼻子让他扔到三里以外的地方去。之后，命令童子们打水洗树，搞得徐氏非常尴尬，只好悄悄地离开了。对此，我十分怀疑，或许那位朋友根本就没有吐痰，只是咳嗽了一声。或者，他深知倪云林的脾性，故意咳嗽了一声也未可知。总之，倪云林大忙一场。

元末，终于天下大乱。张士诚、陈友谅、朱元璋各自拉起了起义大旗。其中，张士诚的势力在太湖一带很大，他的弟弟张士信也成为起义军的高

这些古人治好了我的精神内耗

倪云林手札

级将领，曾多次邀请倪云林去张士诚的小朝廷当官，但都遭到倪氏拒绝。不久，倪云林变卖了田产，浪迹于太湖上。张士信很喜欢倪云林的画，听说之后就派人带着宣纸、金银、名贵的丝绸绢帛去求画。面对来人，倪云林的执拗脾气再次爆发，他撕毁送来的绢帛，回绝了差人画画的请求，说："倪瓒宁肯饿死，也不会去做王门画师。何况，我现在还不到饿死的程度。"来人回去将倪云林的话汇报后，张士信大怒，但也无可奈何，只好就此罢休。

中国有一句话叫作"冤家路窄"，信然。张士信又一次乘坐着大船在太湖上寻欢作乐，有一艘小船恰好经过，飘来一股奇异的幽香。一位幕僚闻到香味说，这味道很奇怪，听说无锡倪云林才使用这种叫作"七里梅花一尺幽"的薰香，莫非这人就是倪云林。张士信一听，命令船夫奋力追赶那艘小船，想不到果然是倪云林。想起当初倪云林拒绝作画，还羞辱了自己，张士信不由得怒火中烧，当即拔出刀准备将倪云林杀掉，左右人员苦苦为之求情，盐贩子出身的张士信才作罢。但死罪可免，活罪难饶，他将倪云林绑在船头，狠狠地打了一顿。面对暴力，倪云林显示出自己不畏强暴的本色，一声未吭。

张士信带着爪牙走远后，船家望着遍体鳞伤的倪云林，为之敷药时说："先生遭遇痛打侮辱，却一语不发，这是为何？"倪云林却说："一出声，便俗了。"

倪云林寄居在当私塾先生的好朋友邹氏家中，听说邹氏的女婿金宣伯是一个风流倜傥、有儒者之风的人。一天，仆人进来说金宣伯来了，倪云林一听连鞋子都来不及穿好，就跑出来迎接。可是一交谈却发现来人粗俗不堪，不但言行粗夯，而且面目可憎。倪云林的臭脾气顿时爆发，狠狠给了金宣伯两个耳光。金宣伯还没明白是怎么回事就挨了打，满面羞愧，连自己的老丈人也没见，就溜走了。邹老先生出来后，发现女婿不在，很奇怪。倪云林说："金宣伯面目可憎，言语一点儿趣味都没有，我已经把他打了一顿，赶走了。"他的这种作风，恐怕没有多少人能够容忍，这也是他后来取祸的原因吧。

名士不但喜欢饮酒，且多喜饮茶。未见倪云林饮酒的记载，可能是因为他有洁癖，不能忍受醉酒后狂呕的污秽，所以便不饮酒。但他却是品茶的大师，他喜欢一种茶，将之命名为"清泉白石"。他对这种茶非常珍视，不是最清雅的客人绝不会拿出来共享。有一位客人求见，倪云林多次拒绝，但这位客人并不灰心，坚持求见长达一个月。这让倪云林非常感动，就答应见他。二人相见后，倪云林发现来客丰神俊朗、谈吐不俗、姿态非常飘逸，顿时产生了惺惺相惜的情怀，就拿出自己珍藏的"清泉白石"来款待这位既诚心又风雅的客人。品茶之道，最基本的程序是：尝、闻、观、品。所谓尝，是指从茶的色泽、老嫩、形状来观察茶叶的品质；所谓闻，是指闻香味，从茶叶冲泡后散发出的清香来鉴赏茶叶的档次；所谓观，是指欣赏茶叶在冲泡时翻腾、舒展之过程，及之后茶叶在水中沉静的姿态；所谓品，是指慢慢地品尝茶汤的滋味，这一道是饮茶最重要，也是最具享受的一环。古人品茶大

《雨后空林图》（元代 倪云林）

多使用非常小的杯子，一小口一小口地喝。汉字"品"是三个口，其意不是说喝三口，而是喝很多口，"三"在这里是不定数。倪云林本以为这位风雅的朋友会好好珍视他的"清泉白石"，可谁知这位客人当时非常口渴，端起茶杯就是一气猛喝。倪云林一看，就不再给他倒茶了，而且进入内屋不再出来。客人还没和主人正式交谈呢，主人就已经避而不见了，这让那位客人很奇怪。倪云林让仆人传话说："普通人很难见到'清泉白石'，凡见到者没有不慢慢品尝的。端起杯子狂喝的人，必定不是雅士。"他拒绝再见面，那人只好悻悻地离开。古人认为，端起小杯子细细地喝是品，三下两下就喝完一杯是饮，端起杯子甚或茶壶一气喝干是驴饮，喝茶最忌驴饮。那位客人正是犯了这一大忌，他像骡马驴子一样一气喝干的方式本无可厚非，可是遇到倪大师只好自取其辱。

倪云林有一间阁子，被称为"清閟阁"，里面珍藏着图书、字画、古玩等物，除了他自己，从不允许外人踏入一步。即便是他自己要进去，也必定先沐浴、净手、薰香，然后才会轻轻地踏入。他有一匹白马，非常神骏，总是一尘不染，好像白玉雕成的一般。他对这匹马非常爱惜，从不外借。有一次，他的母亲病了，请一个名叫葛仙翁的郎中来看病。当时天下大雨，这位葛仙翁的架子也很大，他非要倪云林的白马来接，并且还要参观清閟阁，否则就不来看病。倪云林是至孝之人，当即答应。葛仙翁骑上白马，根本不知爱惜，专走泥泞的地方，连人带马都弄得满身泥水。倪云林不敢拦挡他，恐怕他拒绝治病。葛仙翁也不脱鞋子，直接穿着肮脏不堪的鞋子进了清閟阁。进去之后，到处吐痰，书籍字画被翻得一片狼藉，古玩多数打翻在地，几乎没有一件物品不被糟蹋的。倪云林嫌葛仙翁污秽，自己从此再也未曾踏入清閟阁一步，最终导致这所珍藏艺术珍品的殿堂荒废。时人认为倪云林有仙骨，葛仙翁试图以此让他幡然成悟，破除他身上的迂腐和洁癖，让他成仙，但倪云林终究执迷不悟。

有一次，他看中了一个歌伎，与之交谈之后感觉很符合自己的脾性，因此带回家里过夜，可是害怕她不够卫生，因此叫她洗澡。洗完了之后他进行了仔细的检查，仍然不满意，让她再去洗。就这样一直折腾到天亮，歌伎着凉生病了，倪云林最终未碰那歌伎一根手指。

在倪云林看来，官场、名利同样污浊，只有他的艺术世界是纯粹的、清雅的。但是现实世界不无罪恶，绝不会允许一个超凡脱俗的人存在，它会拼命扼杀他。据说，倪云林被抓入监狱后，每次狱卒送饭来，他都要求狱卒把端饭的盘子举得和眉毛一样高。狱卒问他原因，他不回答。旁边有个犯人替他回答说："倪先生有洁癖，怕你的唾沫星子溅到饭菜里。"狱卒大怒，将他锁在监狱里的马桶上，使他生不如死。同监狱的人为他求情，但最终不能免，他竟因此得病。

倪云林的画在古代就很受推崇，他和黄公望、吴镇、王蒙并称为"元代四大家"。他讨厌政治，专事画画，加上他早年受到道教的影响，一生视官场为畏途，不曾出仕。他的人生态度和儒家建功立业的理想毫无关系，他所追求的是艺术的自由。他的绘画达到了中国文人画的巅峰，他是古代艺术史中的传奇人物。后世对他的研究非常多，明代大画家董其昌在评论元代画家时，更是把他排在黄公望的前面，可见其所受的尊崇。

一代奇人傅青主说："作字先作人，人奇字自古。"可谓说出了艺术和人生的真谛。倪云林其人，把人生当艺术，把艺术当人生。他的作品中透着一种冰雪之美和空灵之气。他的画不论在构图上，还是笔触上都有独到之处。其所画的山水画，通常是大片的水域占去画面的大部分，前景是几块冷峻的石头或山丘，丘壑间疏朗的林木杂陈，远景是一抹远山，非常淡，非常悠远。他的画基本不设色，也不画人物，甚至在落款中不使用印章，整个画面空阔萧索、孤寂清冷，很能反映他孤绝超群的品质。他的这种风格成为一种新的画派，开拓了我国绘画艺术的新空间。

《琪树秋风图》（元代 倪云林）

《寒林图》（元代 倪云林）

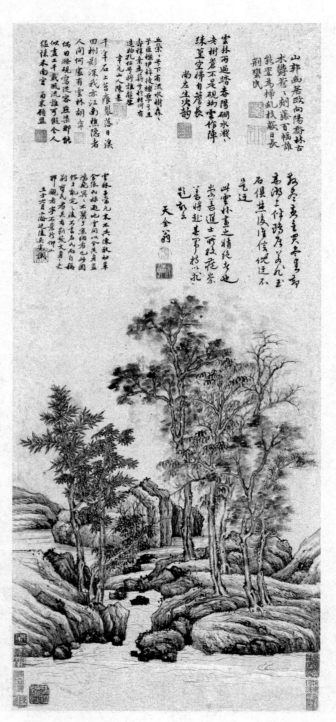

倪云林绘画并不拘泥于世风的影响，他曾经说："仆之所谓画者，不过逸笔草草，不求形似，聊以自娱耳。"也就是说，他并不把自己的作品放在多么高的位置，而是当成一种纯粹的娱乐。后世把他的画归为"逸品"，并以有没有"倪画"来判断收藏者的高下。

大概在明朝初年，倪云林去世了。孤绝百年不染尘，图画千秋一逸品。纵使骨碎成灰后，尚有丹青传后生。后世多有谣言，说他临终前患痢疾，满床都是粪便，臭气熏天，无人靠近。更有的人造谣说，倪云林是被朱元璋丢进粪池淹死的。也许俗世太污秽了吧，本就容不下倪云林这样的人。

第十八章
王冕：甘做农夫的旷世奇才
——种豆三亩粟六亩，开塘养鱼且种薯

王冕者，诸暨人。七八岁时，父命牧牛陇上，窃入学舍，听诸生诵书；听已，辄默记。暮归，忘其牛，或牵牛来责蹊田者，父怒挞之。已而复如初。母曰："儿痴如此，曷不听其所为？"冕因去，依僧寺以居。夜潜出坐佛膝上，执策映长明灯读之，琅琅达旦。佛像多土偶，狞恶可怖，冕小儿，恬若不知。

——《宋学士文集·王冕传》

王冕是诸暨（今浙江诸暨市）人。七八岁时，父亲叫他放牛，他偷偷地跑进学堂，去听孩童们念书。听完以后，他总是默默地记住这些内容。傍晚回家，他把放牧的牛都忘记了，或有时有人把牛牵来，责怪牛踩了田，王冕的父亲非常生气，打了他一顿。过后，他仍是这样。他的母亲说："孩子读书如此痴心，为什么不由着他呢？"王冕从此离开家，寄住在寺庙里。一到夜里，他就悄悄地起来，坐在佛像的膝盖上，手里拿着书就着佛像前长明灯的光亮诵读，书声琅琅，一直读到天亮。庙里的雕像多是泥塑的，个个面目狰狞恐怖，令人害怕。王冕虽是小孩儿，却神色安然，浑然不觉。

知道王冕，始于小学的一篇课文，题目就叫《王冕》。稍微年长，读了

《梅花图》（元代 王冕）

吴敬梓的《儒林外史》，对王冕这个人物的认识就更加清晰了。随着阅历的增加，读到史料，这才发现自己之前对王冕的认识都是不真实的，或者说都是浪漫化的，离那个真实的王冕是有较大距离的。但是，每个人的理解不同，也许我所谓"真实"，在别人看来也是不真实的吧。

王冕，字元章，号竹斋、煮石山农，别号梅花屋主等。他出生于元至元二十四年（公元 1287 年），当时元朝统治下的中国已经一片疮痍。乱世出隐士，这恐怕是王冕终身不仕的原因。《儒林外史》中记载说，他出身于农家，小时候很贫穷。父亲早亡，母亲无法供养他读书，就让他到隔壁秦老家放牛，说在那不但有点心吃，还能有几个闲钱买书。王冕认为母亲说得有道

《墨梅图》（元代 王冕）

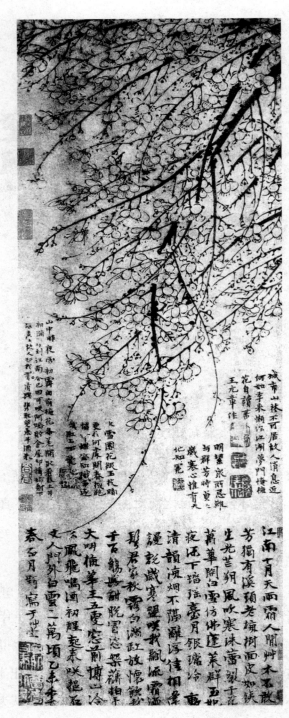

理，就不再读书，开始了放牛生涯。有一天，他在湖边放牛，忽然下起了一阵大雨，雨过天晴之后，天色澄澈，湖水青碧，美丽的荷花如同粉妆玉砌，晶莹剔透。他看了非常欢喜，不由得起了爱慕之意，就准备把它画下来。此后他就开始学画荷花，起初画得一般，但是日久天长，他画的荷花越来越传神，尤其是他用胭脂画的没骨荷花，更是远近闻名。很多人都拿钱来买，他也就不再放牛，而专心画画。卖画的钱不但能买书、纸和颜料，还常常有剩余，可以买点心果子孝敬母亲。随着阅历的增加，他最终成了名动全国的大画家。

从这个故事来看，王冕无疑是一个出身农家、自学成才，并且拥有艺术自觉性的天才人物。但事实并非如此，他非但从来没有给别人家放过牛，而且父亲也不是早亡。实际上，他生于一个正常的、父母双全的家庭。他的祖上地位非常显赫，其远祖王景是关西（今陕西一带）的大世家，十世祖王德元官至宋代清远节度使，九世祖王琪官至阆州观察使，王琳官至统制（宋代高级武官），迁徙到诸暨。可以说王家是官宦世家，但是到王冕的时候，昔日的尊荣已经不存在了。元朝统治者歧视汉族知识分子，使得大多数汉族知识分子和元政权之间存在隔膜。因此，像王家这样的家庭也就一代一代败落，到了王冕的父亲时，就成了真正的农民。

王冕天生早慧，据说一岁时就学会了说话，三岁就能面对年人对答自如，到七八岁就已经显示出高于同龄儿童的智力。同宗族的人都把他视作神童，一个到他们家里来做客的人更是将他称为"千里马"。可是，他家中贫穷，无法供他读书，他在家里放牛时，就偷偷溜到私塾和村童一起听老师讲课。傍晚回来后，发现牛不见了，结果遭到父亲一顿痛打。不过他求知欲很强，并不因此罢休，次日照常去学堂偷偷听课。由此可见，他不但从小就意志坚强，而且甚有主见，不会因为遭到痛打就改变自己的想法。这种人有一个特质，那就是渗透在骨子里的叛逆气质，总有一天会爆发出来。

《南枝春早图》（元代 王冕）

王冕白天在学堂里听课，晚上回家读书，可惜家里点不起油灯。恰好附近有一座寺庙，佛堂里夜夜灯火通明，他就捧着书去佛堂看书。可能是佛堂里的长明灯并不够亮，因此他干脆爬上莲台，坐在佛膝上看书。佛堂夜里阴森可怕，可是王冕丝毫不觉，完全沉浸在书中，一看就是一个通宵。

王冕成年后对母亲极孝顺，从他母亲说的"儿痴如此，曷不听其所为"这句话也可以看出，母亲对他也是非常呵护的。再看《宋学士文集·王冕传》中的"夜潜出坐佛膝上，执策映长明灯读之，琅琅达旦"一句，实在可爱得紧，似乎一个顽皮聪慧的童子就在眼前。在黑漆漆的深夜里，山村古寺，昏暗的佛堂里塑像狰狞可怖，佛祖的膝盖上坐着一个扎着朝天辫儿的小男孩，正抱着一卷书在长明灯下朗读。若是路人半夜进庙，恐怕会吓一跳，以为是哪吒三太子转世，或者红孩儿临凡吧。如此可爱，又心无点尘的一个玲珑剔透的人，恐怕连佛祖都不忍怪罪。古人用笔精妙，一句"冕小儿，恬若不知"极为精准，实在是神来之笔，把天真无邪的王冕活脱脱地勾画了出来。

从王冕佛堂读书，也可看出他对鬼神的态度。据明朝人陆容在《菽园杂记》中记载，青年时期的王冕对鬼神很不恭敬。他家附近有一座神庙（我怀疑就是他少年时代夜间读书的那座庙），他家里的柴火烧完了，他就去庙里砍了神像当柴烧。他的邻居是一个虔诚信神的人，王冕毁坏神像后，邻居立刻去修补好。过了一阵子，王冕家里再次缺柴，他又去砍神像拿来当柴用。如此反复多次，王冕家里安稳无恙，而那个邻人家里却灾祸不断，这让那个邻人很郁闷。有一次，邻人请巫师来家里算卦，很生气地质问巫师，为何王冕毁坏神像未遭到惩罚，自己修补神像却得不到神仙保佑。如此逻辑严密，又具有思辨性的问题当然超过了巫师的知识水准，他讲不出一套更有说服力的理论，非常尴尬，无奈之下便说："你不设神像，他毁坏什么？"从此之后，邻人再也不修补神像，而王冕却常常去那里砍神像当柴烧，最终导致那座庙废弃了。不知道那个庙宇是不是古迹，若是今日，王冕恐怕要落下破坏文物罪，或者毁坏公共财物罪吧。一笑。

《儒林外史》中故意把王冕写成没有师承的天才，是为了让他脱离学院派的圈子，成为一个真正从山野走出的丹青妙手。实际上他有老师，而且不止一位。他的第一位老师是安阳人韩性。据全望祖所写的《参军王先生冕传》来看，王冕在弱冠之时就已与韩性相识，并成为韩氏的得意弟子。由于韩性学识广博，因此王冕学到了很多知识，被称为通儒。韩性去世后，其他弟子视王冕如师，可见王冕在众弟子中名望之大。他的另外一位老师是诸暨人王艮。王氏其人学问精深，重视人的气节培养，是元末推崇学以致用的大师，王冕在其门下获益匪浅。

青年时代的王冕还没有受到现实的摧折，满腔抱负，曾经专心研读《孙子兵法》和吴起的兵书，还曾跟随武术名家学习剑术。他胸怀大志，常以伊尹、姜太公、诸葛亮自喻，期望像他们一样建功立业。不过，元朝统治者对汉族知识分子很不看重，将国人分为四个等级，居于南方的汉族人被看作四等人。热衷于功名的王冕多次去参加科举考试，结果都名落孙山。最后，他看透了科举考试的虚伪性，将所有应试文章和书籍付之一炬。这一年，他正好三十岁。孔子说，三十而立，但三十岁的王冕却立下了永绝仕途的志向。

失意的王冕在《自感》一诗中说："蹭蹬三十秋，靡靡如蠹鱼。归耕无寸田，归牧无寸刍。"由这几句可以看出，当时他家中贫穷，完全处于一种耕无寸田、牧无寸刍的状态，生活是相当艰难的。捉襟见肘的生活略有缓和后，王冕带着积累的微末资财赴杭州游历。他泛舟西湖，凭吊古迹，尤其是专门去拜祭他所崇敬的林和靖墓。可惜林氏的墓已经被盗掘，盗掘这位大名士墓的并不是一般的盗墓贼，而是元朝政府的官员。原来，蒙古人在中原立足后，曾命杨琏真迦掌管宗教事务。此人是个彻头彻尾的盗墓贼，在政府的支持下，公然盗掘宋朝诸帝后的陵墓，不但南宋诸多帝王后妃的坟墓遭到挖掘破坏，就连历史上的很多名人的坟墓也被挖了个底朝天。这是中国历史上官方支持挖掘陵墓最恶劣的事件。林和靖作为名人，也未能幸免。可惜的是，这帮像鹫一样食腐肉的强盗挖开坟墓后，并未发现他们期望的财宝，墓中仅有一根白玉簪。王冕感于此事，曾写下了"生前不系黄金带，身后空余白玉簪"的诗句。当时，江南地区洪涝成灾，汉族百姓忍饥挨饿，可是蒙古人和色目人却过着优裕的生活，这激起王冕的强烈的民族情感，并一再反映在他的诗中。

从此之后，王冕游历大江南北，他的足迹遍及南京、九江、潇湘、洞庭、太湖、庐山、天都、太行、潜岳等处。在游潜岳峰时，正下大雪。他赤着脚走到峰顶，四面一望，漫天大雪，寰宇雪白，六合不分。《芝园后集》中记载他喊道，"遍天地间皆白玉合成，使人心胆澄澈，欲做仙人飞去！此时，他的心境完全超脱了凡俗，如同一个和大自然合二为一的仙人，真正达到了那种天人合一的境界。他在游历途中，不仅访名山、搜胜迹，而且结交了很多普通朋友。《竹斋集》中记载，他游历中"遇奇才侠客，谈古豪杰事，即呼酒共饮，慷慨悲吟"，充分表露出他接近社会下层，流露真性情的一面。他的朋友中不但有形形色色的下层老百姓，还有很多高僧和道士。他曾和五台长老、山阴道士、疆长老等人谈玄论道，他自己还写过一段很有禅宗味道的偈语："法本法无法，无法法亦法，今付汝法时，法法何曾法。"这段偈语语言简洁，意蕴深远。"法本法无法"一句，第一个"法"指佛法，也可理解为一切运行的规律；第二个"法"指效法，运行；第三个"法"指规则。全句意思是，佛法的法则就是没有法则，或者说自然规律运行的法则是没有法则的法则。第二句的意思是，没有法则的法则也是一种规律，如今交给你佛法（规律），你所效法的法则何尝就是真正的法则呢。在这段偈语中，佛家"法无定法"的思想体现得很深刻。不过，我的这种变成白话的解

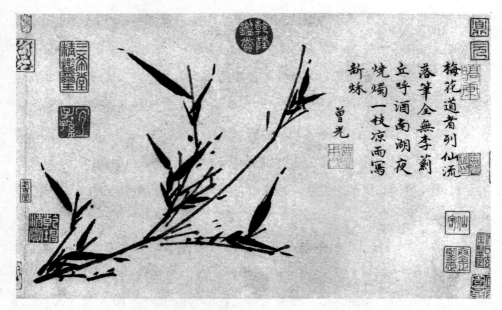

梅花道者列仙流
落笔全无李蓟立
呼酒南湖夜
烧烛一枝凉雨写
新姝
曾光

《梅竹双清图》（元代 王冕）

释本身就有局限。佛家云，一说即错。也许，我的解释本身就有错的。解释的错误就在于限定性，限定了王冕更加博大的思想。因此，佛学功底精深的人自有更精当的解释。

王冕在南方多处游历，终于进行了一次路途遥远的北游，他从杭州的古塘坐上船，顺着大运河，一路经过嘉兴、松江、镇江，到南京短暂住了一段时间后，又回到镇江，渡江到扬州，经徐州、兖州、济州，直达元朝的统治中心大都。在燕云地区，他游览了燕京的多处胜景。尤其在兵家必争之地居庸关和古北口流连多日，对长城要塞进行了极认真的考察。我怀疑，此时的王冕很可能产生了推翻元政权的想法，但这一点终究未在这个书生身上得到证实。他考察了长城要塞后，出塞到达被元朝政府称为上都的开平。

在这期间，王冕曾写过一首名为《南城怀古》的诗，这是他登上大都的南城时写的。当时他极目远眺，心情格外开朗，可是想到如此美好的山河却处于蒙古贵族野蛮的统治之下，浑身热血沸腾；想起历史上出卖幽云十六州的汉奸石敬瑭，不由得内心激荡，挥笔写下了："日上高楼望大荒，西山东海气茫茫。契丹踪迹埋荒草，女直烟花隔短墙。礼乐可知新制度，山河谁问旧封疆？书生慷慨何多恨，恨杀当年石敬瑭。"

元朝大贵族泰不花很喜欢王冕的画，常派人去王冕在大都的住处取画。派去的人大多野蛮无知，是猪八戒一般的粗夯蠢物，动辄大呼小叫，王冕很厌恶。泰不花为了体现自己对王冕的重视，干脆将他接入府中，并流露出让王冕担任幕僚的想法，结果遭到王冕的拒绝。王冕很不客气地对泰不花说，今日尚书大人这里虽然达官贵人络绎不绝，但是再过几年恐怕就成了狐兔出没之地了。王冕这一充满历史深沉感的论断不幸成为事实，多年后从皇觉寺出来的小和尚朱元璋把元朝翻了个底朝天，元大都更是被他破坏得面目全非，很多达官贵人的府第野草丛生、狐兔出没。

在大都，王冕的画名如日中天，很多附庸风雅的贵族、官员都来求画。尤其是他画的梅花竹石极受推崇，求画的人很多，送来的绸缎和各种名贵丝织物堆积成山。他画画很快，画梅花时挥毫泼墨，瞬间一树怒放的梅花跃然纸上，观者无不叫好。他画的梅花是当时的一绝，简练洒脱，风格独特。他最著名的《墨梅图卷》画折枝墨梅，笔走横向，笔调简单飘逸，枝干俊秀，疏可走马，密难插针，构图清新，浓淡相宜，把梅花的风韵画到了极致，表现了作者孤高不群的卓尔风姿；加上他著名的《墨梅》诗，诗情画意，风骨文章相辉映，从而成为绝世名作。当时的太仆危素很喜欢他的画，曾经想结交他，但王冕对危素很鄙视。当危素来后，王冕只说了一句话，就不再吭声，使危素很没面子，只好悻悻地离开了。

王冕在大都待的时间很长，对元朝统治者有了很深的了解，尤其是对元朝统治下百姓痛苦的生活有了深入的了解。百姓的苦难深深刺痛了他，他流露出一些反对元朝的情绪，尤其是他对权贵的讽刺，更使闻者惊心。当时的

第十八章　王冕：甘做农夫的旷世奇才

统治者对王冕的言行非常恼怒，王冕知道自己不能再待下去了，就偷偷地回了南方。

在南归途中，恰逢黄河决堤，沿河的地方大多被水淹没，田舍成为泽国，饿殍遍野，但是元朝统治者根本不予赈济。王冕看到这种景象，曾深切地指出：黄河北流，天下自此将大乱，我也只好南归，以遂吾志。这时候的他，满怀着推翻元朝统治的心情。

到达滦阳（今河北迁西县一带），他听说好友卢生去世，遗留下了一子二女无人抚养，当即去安葬了卢生，并把三个孩子带回南方自己家里抚养。到淮河时，他忽然明白自己推翻元朝统治、让天下清平的理想是无法实现的，因此决定永远隐居。他在诗中说："去岁离南去，今年自北归。过淮浑酒贱，出水白鱼肥。磊落同谁语，孤高与世违。最怜谯国子，潦倒说兵机。"

回到故乡后，王冕完全看破了人情世态，他不再期望一展宏图大志，而是学诸葛亮躬耕于隆中，把家搬到了九里山的水南村，在那里盖了三间茅屋，为茅屋取名"耕读轩"，自号"老龙"，过起了真正的隐士生活。此时的他完全像一个农民，自己种植稻、粱、桑、麻等作物，干着繁重的体力劳动。尽管如此，他仍然在晚上画画写诗，他的诗作充满了农民的朴实和天真，对农民的境遇给予了极大的同情。

王冕隐居的水南村山清水秀，流泉飞瀑，疏朗的林木好像风景画。全村只有三户人家，百姓衣不蔽体、食不果腹。王冕为了度日，种了三亩豆子、六亩粟、一千棵梅树，梅林中又夹杂着桃树和杏树，还种了些薤韭、甘薯之类的东西。他还挖了数亩方塘，从山溪中引来水，放养了上千尾鱼。他一生的大多数时间就是以这种方式度过的，应该说他过的是一种真正的农民的生活。这种生活养成了他热爱自然、热爱田园生活的性格，因此他的诗作中常常有一些田园牧歌式的句子，充满了生趣。和那些学院派的诗人相比，他的诗作更具有真实的自然美。

事实上，王冕的生活并不像想象的那么充满诗情画意。他隐居水南村后，虽然摆脱了权贵的追逐，却不为乡人理解，山民多轻视他。加上他生活窘迫，这就更加使他痛苦不堪。但是，他并没有对昔日的生活有所留恋，他坚决选择了当下的农夫生活。此时的他心情悲苦，连自己的父母都无法养活，他曾在《自感》中说："世俗鄙我微，故旧嗤我愚。赖有父母慈，倚门复倚闾。我心苦凄戚，我情痛郁纡。山林竞蛇虺，道路喧豺貙。荒林落日阴，羞见反哺乌。乌鸟有如此，吾生当何如？"其内心的痛苦，由此可见。

就在生活陷入窘境，人生陷入低潮的时候，王冕的父亲去世了，这对他打击非常大。他在诗中说"酸辛甘自爱，褴褛愧妻儿"，那种无奈，那种骨子里的高傲都在诗中，令人读之不忍放下，其中甘苦真可谓深入骨髓、铭入肺腑。当时，他的母亲生病，他送母亲到绍兴城中治疗，好朋友著作郎李孝光想推荐他做官，却遭到他的拒绝，他说："我有田可耕，有书可读，岂肯送公文让人家使唤？""穷且益坚，不坠青云之志"，王勃说的大概就是王冕这样的人吧。

王艮是王冕的老师兼同乡，他对王冕友善，曾亲自登门看望过王冕的老母。他担任江浙检校时，王冕去拜访他，一身破衣烂衫，王艮一见，立即拿来干净的衣服和新鞋子让他换上，并为他接风洗尘。王冕欣然接受，可是当王艮劝他做官时，他却一阵大笑，什么也没说，脱下王艮赠送的鞋子，飘然离去。

此后的王冕过着放浪形骸、狂放不羁的生活。他的母亲苦闷无聊，思念家乡，他就驾着牛车载着母亲，头戴屈原式的高冠，身披绿蓑衣，腰悬木剑，或者引吭高歌，或者手持《汉书》诵读，在市中穿行。人们都把他当作狂生，引得满街的孩童都跟着看，孩童们笑，他也拊掌大笑。

几年后，王冕的母亲去世了。事母极孝的他非常悲痛，他守了三年孝后，生活更加放荡不羁，常常进入深山数月不归。元朝最终陷入大乱，朱元璋、张士诚、陈友谅等人相继起事。元至正十九年（公元 1359 年），朱元璋大破方国珍，命胡大海屯兵九里山。胡大海曾就下一步军事行动请教王冕，并试图请王冕出来做官。但王冕无意做官，不久生病，在天章寺病逝了。

应该说，晚年的王冕确实过了一段消闲的艺术生活。他在九里山种梅千树，筑茅庐三间，还制作了一条小船，称之为"浮萍轩"，常常划着船在鉴湖上漂来荡去。他自号"梅花屋主"，以卖画为生，又常在自己栽种的竹子和梅花下，弹琴赋诗，饮酒长啸。种豆三亩粟六亩，开塘养鱼且种薯。弹琴饮酒忽长啸，堪比孤山清俊主。这种生活是他钦慕的林和靖所过的生活，而他有过之而无不及。

第十九章
傅青主：一个真实的侠者
——剑胆琴心江湖路，铁骨柔肠二百年

关窗出海云，著被裹秋皓。半夜潮声来，鳌抃郁洲倒。佛事要血性，此近田横岛。不生不死间，如何为怀抱。

——《东海倒座崖诗》

傅青主终生以不事清政府为傲，因此其作品在整个清代都遭到查禁。不但他的诗作《霜红龛集》成为禁书，就连他的医学著作《傅青主男科》《傅青主女科》也无法得到传播。这首诗虽然是抒怀之作，却充满了强烈的民族情感，他以"此近田横岛"一句表达了自己不为清政府所用的决心。

在香港武侠小说家梁羽生的名作《七剑下天山》中，傅青主是一个智慧型的人物，他性格深沉，武功高强，胸怀仁厚。为了艺术的需要，梁羽生用大量的文字去描绘傅氏的侠者本色，将他塑造成了超绝的天山剑客。实际上，历史上的傅青主确实称得上"侠者"。"侠之大者，为国为民"，金庸武侠小说中的这一论断也体现在傅青主的身上。

傅青主，生于公元1607年，即明神宗万历三十五年，是明朝走向衰败的时代。三十余年后明王朝在农民起义的打击下覆灭了，一个少数民族入主中原。傅青主的大半生就处在这样一个离乱的境况下。他是山西阳曲（今太

傅青主隶书作品

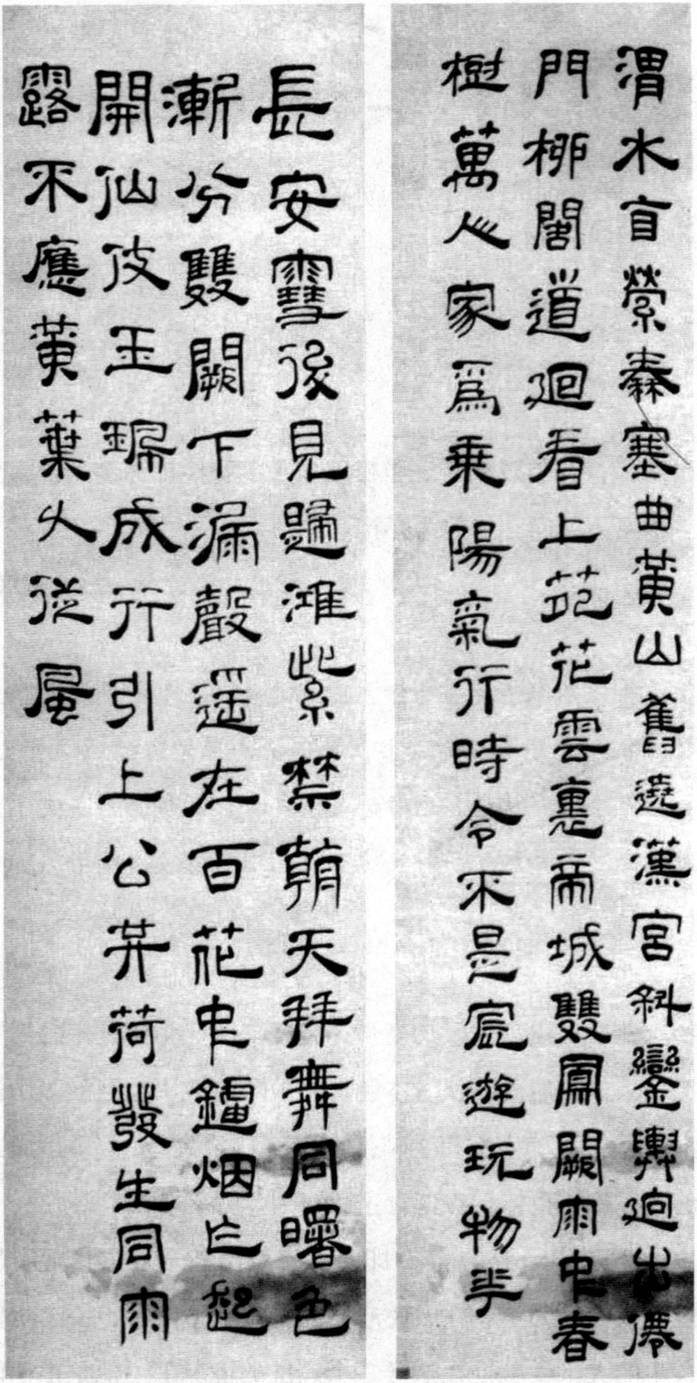

渭水自縈秦塞曲黄山舊遶漢宮斜鑾輿迥出千門
柳閣道迴看上苑花雲裏帝城雙鳳闕雨中春
樹萬人家爲乘陽氣行時令不是宸遊玩物華

長安雪後見黶灘紫禁巔天拜舞同曙色
漸分雙闕下漏聲遙在百花中鐘烟□起
開仙仗玉蟠成行引上公茅荷幾生同雨
露不應黄葉火從風

原）人，本名鼎臣，后改名山，字青主，他一生所用字号很多，这也反映了他内心的某种嬗变。

傅青主不但博学多才，精通诗文、丹青、书法、武术，而且精通医道。他是个孝子，早年丧父，由母亲一手抚养大，因此事母极孝。据说，山西著名的小吃"头脑"，就是他为了孝敬母亲而发明的。他的母亲年纪大了，常感觉身体不适，作为医生的傅青主想尽办法予以治疗，各种药物都试遍了，但是仍不见效。他仔细研究医理，认为老年人的身体弱光靠药物是不能奏效的，应该从食物上着手，变医疗为食疗。他反复比较和筛选，认为羊肉最适合老人食用，可是他的母亲吃了几次后就嫌气味太重，不愿再食。为了改善羊肉的食补效用，他又在其中加入了藕片、山药，配上黄酒、面粉调成糊状，送给母亲品尝。结果母亲吃后赞不绝口，天长日久，食疗的效果很明显。为了增加补气的功效，傅青主又在其中加入黄芪，佐以腌韭菜，母亲的体质渐渐强壮，脸色也红润起来，出现了鹤发童颜的良好状况。在他的精心照顾下，其母享寿八十四岁。他排斥封建式的亲亲观念，对封建的"孝道"形式不屑一顾，而更看重血亲之爱。为了纪念母亲，他不远万里赴河南东夏峰村请一代文宗孙奇逢为母亲写墓志铭，孙氏不负所望，为之写下了感人肺腑的《贞髦君陈氏墓志铭》。

傅青主早年受过良好的家庭教育，他生性聪慧，博闻强记，据说读书几遍就能背诵如流。他十五岁时成为博士弟子员，后来就读于著名的三立书院。当时的山西提学袁继咸主持该书院，非常看重他，收为门下弟子。袁继咸学识渊博，治学严谨，为人廉直耿介，对学生视若己出，因此深受学生尊重。此公不但学问和品格都符合君子标准，而且具有封建知识分子身上罕有的人格，他教导学生要重视气节，做人要有傲骨，不卑躬屈膝。这些教育对傅青主的影响很大，对他的人格形成有非常重要的作用。师生二人的关系，亦师亦友，这也是后来二人能相互砥砺的原因。

傅青主草书扇面

　　袁继咸主持三立书院期间，曾遭当地官员陷害。山西巡按御史张孙振在
视察该书院时曾保举一人在该学院读书，但是后来袁继咸发现此人并无真实
学问，倒在溜须拍马、巴结逢迎上很有一套。袁继咸一贯对此等败类深恶痛
绝，因此在此人的考卷上连批十余处"不通"。这件事让张孙振勃然大怒，
他认为是袁继咸不给他面子，因此勾结阳曲知县李云鸿，给袁继咸捏造了多
达十九条罪状，狠狠地向朝廷告了一状。不久，袁继咸被押赴京城问罪。此
事震动整个太原，由此引起了三立书院师生的愤慨。为了还老师一个清白，
傅青主和同窗薛宗周等人尾随囚车，徒步千余里从太原一直走到北京。临行
前，他特别叮嘱哥哥傅庚广泛联络同学，通知各县的学生到北京会合，到刑
部诉冤。傅青主一行人到京后，立即起草诉状，联络京城的学生三百余人，
向通政司联名上书。他的这种大胆举动，大概只有数百年后的康有为可以相
比吧。

　　可是封建时代的司法是非常腐败和黑暗的，通政司的官员袁鲸早就被
张孙振买通，他对学生们的诉冤请求不但置之不理，而且用"冒名欺君"
来恐吓他们。这个罪名是非常严重的，在封建时代有杀头的危险。这时，
张孙振派来的人也到了北京，他上下其手，一方面阻止诉状的上达，另一

《山水图》（明代 傅青主）

方面对在京的学生挑拨离间，甚至派人去太原威胁傅青主的弟弟傅止。张孙振有恃无恐的行径让傅青主非常气愤，一怒之下把诉状写成传单（当时叫作揭贴），贴遍了京城各大衙门的门口，逢人就送，此事很快传遍京城。不久传单落入了锦衣卫的手中，并假其手送到崇祯皇帝面前。崇祯帝勃然大怒，命人对张孙振进行调查，不久山西巡抚吴甡揭发张孙振贪污八万两白银。崇祯帝下令锦衣卫赴山西押解张孙振，这令请愿的学生非常振奋，奔走相告。

可事情总是一波三折。刑部的官员多有被张孙振买通之人，张孙振虽被捉拿，但是袁继咸的案件并无任何动静。傅青主总算见识了官员们盘根错节的关系，但他并没有灰心，而是决定和顽固的体制做一次拼斗。他带领同学们早早地聚集在长安门外，当时寒风凛冽，远处城头上禁兵刀光闪闪。可是为了替老师申冤，他们的脸上没有一丝惧意。不久，上朝的官员们结束了朝会，宰相温体仁的轿子也出来了。傅青主带领学生们冲上前去，将宰相的轿子团团围住。温体仁突然被围，不知发生了什么事，非常惊惧，大声呵斥，问他们是什么人。傅青主挺身而出，报出姓名，并向温体仁陈述了袁继咸的冤情。温体仁推说此事应该交给司法部门，并不归自己管，但傅青主丝毫不让。当时散朝的官员很多，对此多有所闻，因此纷纷劝说温体仁过问此事。温体仁无法推托，只好收下学生的诉状。在温体仁的推动下，不久刑部就对袁继咸、张孙振案进行了审理，傅青主出庭作证为袁继咸洗清了冤屈。后来，袁继咸被判无罪释放，调任武昌道台，张孙振被革职充军。至此，长达八个月的诉冤之旅终于有了圆满的结局，此事就是著名的"伏阙诉冤"事件。一时间傅青主名满天下，人称其为"山右（山西）义士"。傅青主骨子里的"侠道"精神首次表现出来。

傅青主大力营救袁继咸虽然和个人感情不无关系，但更多的是对正义的一种渴望。袁继咸调任武昌后，曾邀请他到武昌任职，但傅青主却谢绝了，他并不是为了个人利益才去救人的。他从此事中看透了官场的黑暗和腐败，因此决定远离仕途，专心做学问。他发愤五年，博览群书，涉猎经、子、史、集，对佛经、道经、绘画、医学、诗词、音韵、训诂都有很深的研究，遂成为一代学术大师。由于其才大如海，被时人称为"学海"。他一生学习不断，学问之博犹如百科全书。即便是在明末清初的战乱中，他流浪天下，仍然手不释卷。

1644年，农民起义军在李自成的率领下攻入北京城，明朝灭亡。不久，山海关总兵吴三桂引清入关，打开了清朝贵族入主中原的大门。这一年，傅青主三十七岁，他以布衣之身出家做了道士。和明末的官员们相比，他若是出任清朝的官职，并无"贰臣"的污点，但是他同意顾炎武"亡国"和"亡天下"的论断。他认为，清朝统治中国，所标志的不仅仅是明王朝的灭亡，还是对汉文化的一种摧残，尤其是导致了汉政权的"衣冠制度"的灭亡，这和普通的亡国之痛是不一样的，这是一种深沉的文化上的灭亡之感。这种感觉普通人不会有，只有像后世王国维那样的知识分子才会感觉得到。当时的清政府为了彻底改造汉族人，推行"剃发"，宣称"留发不留头，留头不留发"。但是出于宗教上的考虑，清政府另外推行"俗改僧不改，男改女不改"，也就是普通人都要剃发易服，但是出家的和尚、道士可以例外，男人要剃发易服，女人可以例外。因此，傅青主毅然出家做了道士，他常穿一件红色的道袍，自号"朱衣道人"。

做了道士的傅青主并没有躲入深山道观，恰恰相反，他利用自己的道士身份到处联络反清志士，筹划反清事宜。他曾经说："贫道初方外，兴亡著意拼……留侯自黄老，始终未忘韩。"这说的是汉初三杰中的张良。张良本为韩国贵族，祖上三代都是韩国的宰相。秦始皇灭六国后，他不甘心国破家亡，广为结交天下豪强之士，曾和刺客在博浪沙用大铁锤刺杀秦始皇，虽然功败垂成，却千古留名，并最终协助汉高祖推翻了秦帝国，建立大汉。傅青主以张良自比，心中始终存在一股强烈的民族之气，可见其推翻清廷的决心是多么强烈。他的老师袁继咸钦佩文天祥，文天祥号文山，所以就自号袁山。傅青主受老师影响，骨子里拥有一脉相承的民族气节。他的这种气节甚至渗透在他的艺术作品中。他曾很喜欢大书法家赵孟頫的字，赵孟頫是宋王朝的贵族，宋王朝被元朝所灭后，赵孟頫却做了元朝的官。傅青主鄙视其为人，后对其字也大为厌恶，改学颜真卿的字。颜真卿不但字好，而且很有知识分子的节烈之气。

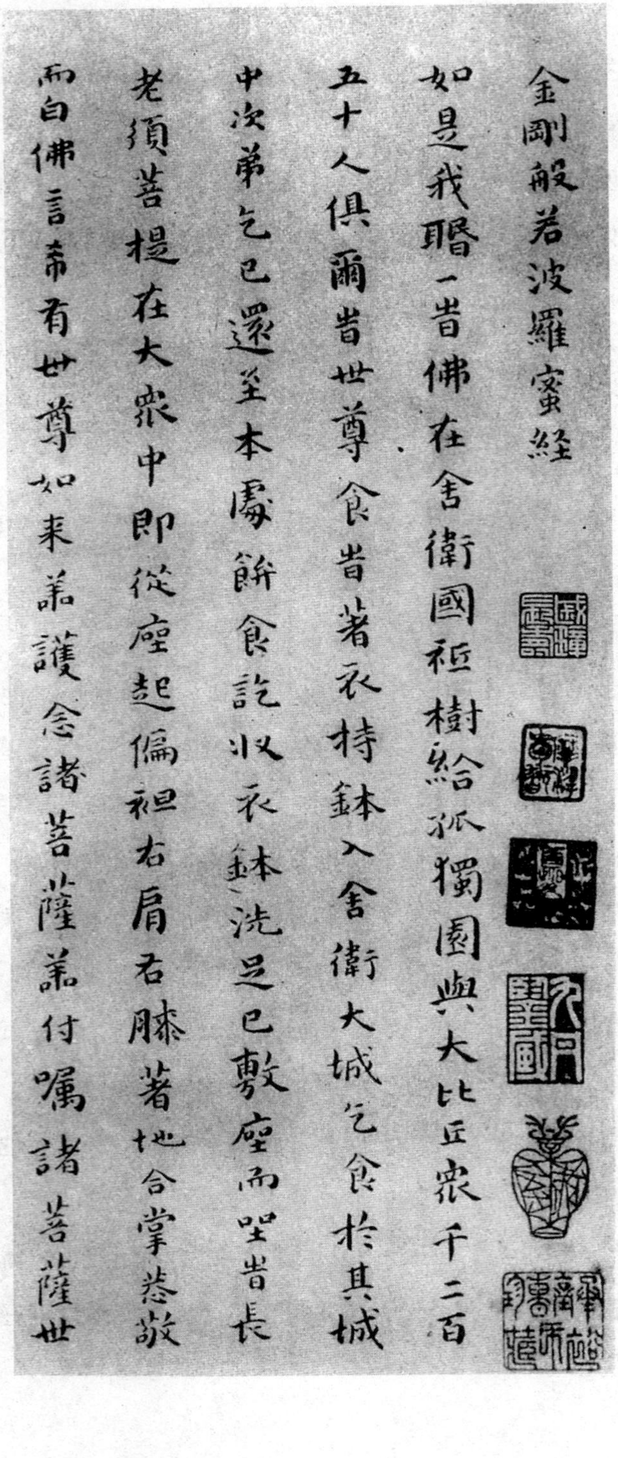

傅青主所书《金刚经》

金剛般若波羅蜜經

如是我聞一時佛在舍衛國祇樹給孤獨園與大比丘眾千二百

五十人俱爾時世尊食時著衣持鉢入舍衛大城乞食於其城

中次第乞已還至本處飯食訖收衣鉢洗足已敷座而坐時長

老須菩提在大眾中即從座起偏袒右肩右膝著地合掌恭敬

而白佛言希有世尊如來善護念諸菩薩善付囑諸菩薩世

清顺治二年（公元 1645 年），担任南明江楚总督的袁继咸被清军俘获押送北上，第二年抵达北京。在途中他曾两次给傅青主捎信，其中一封信说："晋士唯门下知我甚深，不远盖棺，断不敢负门下之知，使异日羞称继咸为友生也。"傅青主接信大哭："山亦安敢负公哉！"两人虽名为师生，实为知己。袁继咸在京羁押期间，傅青主悄悄潜入京城，秘密服侍老师的起居。袁继咸被杀后，他偷偷将老师的遗稿带出，努力为其出版。在和袁继咸相处的最后日子里，两人慷慨激昂，道义相酬，其胸怀常常令狱卒落泪。

顺治五年（公元 1648 年）十二月，原大同总兵姜瓖举起了反清的旗帜，兵锋南下，夺取了晋中大片地区，傅山的好友薛宗周和王如金都率千人加入了抗清的队伍。第二年八月，清军在多尔衮的率领下在大同和义军展开大战。晋祠镇附近的战事非常惨烈，义军战败，薛宗周和王如金战死，这对傅青主的打击非常大。他当时正在太行山区，奔往汾州，他是想参加这次战斗的，但是没赶上。

为了反清事业，傅青主开始了漂泊生涯。他这时的生活和梁羽生《七剑下天山》中的"傅青主"倒颇为相似。之前，南明总兵宋谦密谋反清，由傅青主负责联络，但是不久宋谦就被清廷逮捕，并供出了傅青主，傅青主遂被抓入大狱。在狱中，他受尽酷刑。不过，这时宋谦已死，因此死无对证，加上广大知识分子的营救，不久他就被释放了。

1659 年，郑成功、张煌言联合发兵，兵锋直逼南京城下，清王朝大为惊慌，调集大批军队予以镇压。傅青主听到这个消息后非常振奋，认为有望恢复明朝的统治，因此动身南行。快到江南的时候，听说南明军队战败，郑成功退到海外，他的期望再次破灭了。他认识到，自己一介布衣无力和一个强大的政权对抗，既然无法对抗，那么不合作总可以吧。

三藩被削平后，康熙帝完成了清初对各方势力的打击，开始笼络汉族知

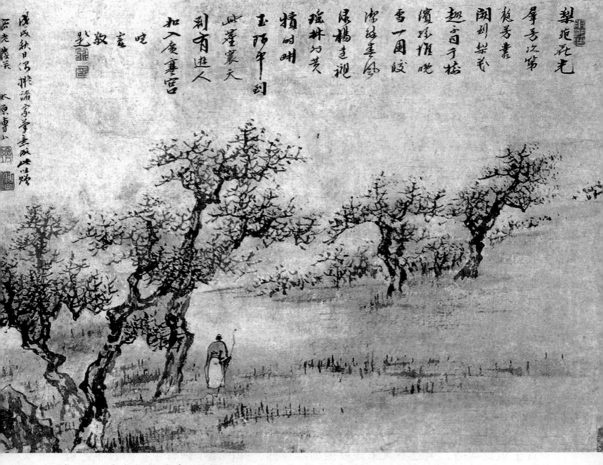

《山水图》（明代 傅青主）

识分子。傅青主名满天下，自然在笼络的对象之中，但他面对推荐自己做官的人，以生病为由拒绝了。傅青主不合作的态度，使康熙帝大怒，命令当地政府强行把傅青主送到北京。阳曲知县戴梦熊无奈，只得照办。在路上，傅青主打定了以死相抗的决心。他曾写诗说："生既须笃挚，死亦要精神。"一路上他拒不坐官轿，而是骑着自己家的小毛驴，儿子傅眉紧随其后。深深的民族忧痛一直折磨着他，以至于无法睡觉和吃饭，他甚至用锥子刺伤自己的两腿，等到了京城已经骨瘦如柴，奄奄一息，便卧病在北京城外三十里的圆教寺。很多前明的官员都来劝他做官，他始终不去参加考试。康熙帝知道他的才华，因此免试任命他为"内阁中书"，但他却不予接受。按照当时的规定，授予官职的人员要去午门外谢恩，不接受官职的傅青主也被抬到了午门前，望着昔日的宫阙，江山已经易主，他不由得泪如雨下。当康熙帝出来时，所有人都跪倒谢恩，只有傅青主拒不下跪。一个姓冯的官员非常害怕，赶紧把傅青主按倒在地，傅青主怒不可遏，干脆躺倒在地。这在封建时代是犯上的行为，旁边一个官员赶紧解释说傅青主病势很重，因此昏倒。康熙帝这才未加追问，算是谢恩结束。

完成了授官仪式，傅青主当即骑驴回太原。大学士以下的官员都出城送他，其中不少是前明的旧官，面对傅青主非常尴尬。但是他们钦佩傅青主高尚的民族节操，认为他"权贵难移志，威武不能屈"。

傅青主是个名医，而且很有个性。他在行医过程中有很多故事，尤其能反映其可爱的性格。他虽然身负高才，但并没有一般学者身上的学究气，恰恰相反，他还有一些很幽默的地方。他说："悬壶济世，不为名相，当为名医。"他给人治病，并不像普通医生那样只管治病。他对病人是有选择的，比如贪官和为富不仁的土豪，他就坚决不治。他还有一个怪论，说："好人害好病，

傅青主草书作品

自有好医与好药，高爽者不能治；胡人害胡病，自有胡医与胡药，正经者不能治。"他的这些言论，似乎让我们看到了一个撅着胡子的执拗的小老头儿形象，实在可爱得紧。

傅青主家乡有一个农民好赌，因为妻子劝其戒赌，他就将妻子打了一顿。没想到妻子居然病了，奄奄一息水米不进。这个人吓坏了，赶紧来找傅青主，傅青主问明缘由后，顺手从地上拔了一根草，叫他拿回去给妻子服用。农民问他还需要什么，他说需要两味药引子：其一，每天在妻子面前熬药，一天三至四次，熬药时必须和颜悦色；其二，药熬好后，要面带笑容，恭恭敬敬地端给妻子服用。而且他还说只要按照自己说的做，三天就会好。农民半信半疑地回去了，三天后他妻子果然病好了。有人问傅青主为何一根草能治好病，他笑着说，那个农民的妻子本无什么大病，只是女人爱生气，尤其是非常愤怒就会致病，现在她丈夫恭顺得像只听话的小狗，她的气平了，病自然也就好了。

一次，山西巡抚的母亲病了，请傅青主去看。他素来厌恶官员，因此坚决拒绝。派来的人苦苦哀求，说生病的并不是巡抚，况且巡抚也还算清廉，因此傅青主答应出诊，但他提出了三个条件：一是必须让巡抚大人亲自来请；二是自己坐轿，巡抚步行跟在后面；三是进巡抚衙门要走正门，不能走侧门。巡抚大人为母治病心切，因此答应了全部条件。到了巡抚衙门，傅青主仔细为巡抚的母亲诊断后，让其母亲回房，屏退左右，然后才对巡抚说："令堂得的是相思病。"巡抚非常生气，他的母亲虽然早寡，但是声名并无问题，他认为傅青主是故意侮辱他，因此叫衙役将傅青主拖出去打一顿板子，傅青主却笑着说："大人要是不信，可以去问你的母亲。"巡抚想想，进了内屋，巡抚的母亲听了儿子的话，连说"神医"。原来，巡抚的母亲前几天翻箱子，偶然看到了亡夫的鞋，病就发作了，得了伤怀的病，即所谓的"相思之症"。巡抚明白后，赶紧出来向傅青主道歉，请他开了处方，并亲自送出衙门。

　　从这几个故事就可看出，傅青主为人之幽默和医术之高明。他的著作很多，但由于里面有反清思想，大多被查禁，但医学著作却流传了下来，并很受推崇，最著名的是《傅氏女科》和《青囊秘诀》。

　　傅青主游历广泛，他一生走遍了大半个中国，不但遍及五岳，就连一些很偏远的山峰上都有他的足迹。他甚至想着老死山林，"横尸于大林丘山间"，很有些魏晋名士刘伶"醉死即埋"的诙谐。他还好酒，山西著名的竹叶青和杏花村等名酒都和他有些故事。喜欢酒的人大多喜欢交友，傅青主也不例外。和《七剑下天山》中那个大侠傅青主不同，他的朋友中不但有侠客高人，还有很多高僧和名士，其中和他关系最密切的是一代宗匠顾炎武。两人交情非常深，顾炎武曾经三次从南方赴山西去看望傅青主，两人志同道合，都暗藏反清之心，称"岁寒之盟"。顾炎武在《赠傅处士山》一诗中说："为问明王梦，何时到傅岩？临风吹短笛，剷雪荷长镵。老去肱频折，愁深口自缄。相逢江上客，有泪湿青衫。"描述了傅青主躬耕于田亩，亲身参加劳动，依然临风吹笛的那种淡然、洒脱的风骨，真可谓知己。

　　傅青主看着老友顾炎武形单影只，认为他

《墨菊图》（明代 傅青主）

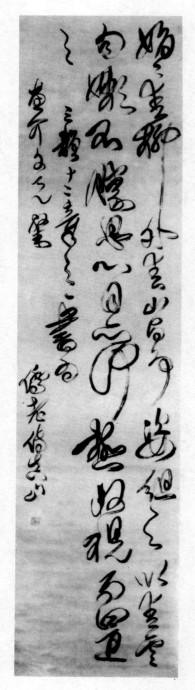

傅青主草书作品

需要一个伴侣，曾极力为之物色。而傅青主本人青年丧妻，终生不曾续弦纳妾，一身孤单侍母教子，是一个非常重情的人。他的妻子在他二十七岁时病逝，之后他就再也未曾亲近过任何女子。他说是因为自己做了道士的缘故，实际并非如此。他的好友戴廷栻一语道破天机："自谓闻道，而苦于情重。"所谓做了道士只是个幌子，真正的原因是情重。像傅青主这样的人，一生只要爱过一个女子，其他任何女子就算是天姿国色也难入他的眼睛了。十四年后，他在漂泊的路上曾经写过一首诗："留我唯一心，从母逃穷野。不然尔尚存，患难未能舍。人生爱妻真，爱亲往往假。焉知不分神，劳尔尽狗马。使我免此嫌，偷生慈膝下。绀绵传清凉，菩萨德难写。"这首诗的结尾虽然颇有宗教的意味，但是"不然尔尚存，患难未能舍"一句却是怀念妻子的，读来令人落泪。他一直将自己的情感埋在内心深处，就像大诗人陆游在八十余岁依然念念不忘被拆散的发妻唐婉一样，如此重情，能不令人唏嘘？

除了顾炎武之外，傅青主和太原学者阎若璩、关中大学者李因笃、江南大画家戴本孝、江苏诗人阎尔梅、浙江文豪朱彝尊、广东诗人屈大均等人都有来往，这些人不但是文坛巨擘，而且大多参加了抗清活动。顾炎武曾说：

傅青主隶书条屏

"萧然物外，自得天机，吾不如傅青主。"可见其对傅青主之看重。傅青主在思想上超越了当时的很多大学者。他大胆地挑战传统的"君臣"观念，认为君可择臣，臣亦可择君。他生来鄙视权贵，同情下层人民，充分肯定广大民众对物质利益的诉求，表达了对平民的人道关怀，对传统的民本主义思想发展有杰出贡献。他认为"不事王侯，高尚其事"，还说，如果王侯是真正的圣贤，不去当官，也不图名利，才算真正的"高尚"，如果王侯不为百姓服务，百姓也没必要为王侯服务。他所说的是普通人之间的平等关系，这种思想高度连顾炎武、黄宗羲、王夫之这三位学界泰斗都达不到。

康熙二十三年（公元 1684 年），傅青主的独子傅眉病逝，对这位年逾古稀的老人打击非常大，他再也经受不起任何挫折，不久便与世长辞，享年七十八岁。他半生漂泊，浪迹天下，开始十余年一直从事反清活动，后半生则治病救人、悬壶济世。山河遭际遗士在，前朝衣冠孤月寒。剑胆琴心江湖路，铁骨柔肠二百年。侠之大者，为国为民，他把大半生精力都给了人民。

第二十章

张煌言：茫茫苍水诗人心

—— 日月双悬于氏墓，乾坤半壁岳家祠

凭陵风涛，纵横锋镝，今逾一纪矣，岂复以浮词曲说动其心哉！

——《清史稿·张煌言传》

"屈指兴亡，恨南北，黄图消歇。便几个孤忠大义，冰清玉烈。赵信城边羌笛雨，李陵台上胡笳月。惨模糊吹出玉关情，声凄切。　　汉宫露，梁园雪。双龙逝，一鸿灭。剩逋臣怒击，唾壶皆缺。豪杰气吞白凤髓，高怀眦饮黄羊血。试排云待把捧日心，诉金阙。"张煌言这一阕《满江红》直可比岳武穆之词，悲壮苍凉，荡气回肠，忧国忧民之心跃然纸上。张煌言有诗集《寄零草》，系其军旅之作，词句均甚壮，颇能看出其人肝胆。

张煌言（公元 1620—1664 年），字玄著，号苍水，浙江鄞县（今浙江宁波市鄞州区）人。为人好谈兵事，慷慨有大志。崇祯十五年（公元 1642 年），大明帝国烽烟四起，急需军事人才，张煌言去考举人，顺带参加了武举考试，连发三箭均命中靶心，引起极大轰动，被视为文武全才。崇祯十七年（公元 1644 年），李自成攻入北京，崇祯帝自尽。之后，山海关总兵吴三桂降清，并引清军入关。清军击败李自成农民起义军后，顺势南下，直逼南京。

这些古人治好了我的精神内耗

张苍水像

1644年6月，福王朱由崧抢先称帝，但仅一年就败亡。鲁王朱以海在张煌言、钱肃乐、沈宸荃等人拥戴下准备称帝，但唐王朱聿键已抢先在福州称帝，即隆武帝。朱以海不愿屈从隆武帝，自称监国，张煌言受命主管军务。为了争正统，鲁王与唐王先是打口水官司，不久就兵戎相见。隆武二年（公元1646年），清军趁鲁王与唐王起内讧的时候，渡过钱塘江，鲁王政权遭到毁灭性打击，绍兴、杭州、义乌、金华等城池相继失守。鲁王与部分臣子逃奔石浦（今浙江宁波市象山县石浦镇），与定西侯张名振等将领会合。张煌言立即赶回家乡鄞县与父母、妻儿告别，颇有一去不复返的意味，随后与张名振一起护卫鲁王出海到舟山。舟山总兵、肃虏伯黄斌卿借口自己是隆武帝的臣子，拒绝接纳鲁王。

当时，隆武帝已被清军俘杀，朱由榔在隆武帝死后监国（公元1646年10月），并于次年改元永历，是为永历帝。清政权的苏松提督吴胜兆想投奔南明，并联络南明将领，张煌言劝张名振援助吴胜兆，张名振便委托张煌言予以接洽。当年四月初六，张煌言和水师舰队一道从舟山出发，岂知在崇明岛外遇到飓风，加上清军的袭击，损失惨重，户部左侍郎沈廷扬、总兵蔡聪等十余名将领被俘遇害。张煌言座舰遭到清军围攻，他逃离包围圈后，在浙东再次招募义军，日日不离弓箭，练习骑射。当时浙东还有几支抗清义军，却都以劫掠的方式维持后勤供给，几乎与匪盗无异，为祸甚烈。张煌言为免于前者之失，严厉约束自己的部属，让士兵们屯田，凡有劫掠者皆以军法处死，受到当地百姓的欢迎。

南明永历五年（公元 1651 年）七月，清军将领张天禄、马进宝，闽浙总督陈锦等三路大军围攻舟山，鲁王命张名振、张煌言出兵吴淞，牵制清军的主力。九月，清闽浙总督陈锦攻陷了舟山的要塞螺头门（即蛟门），南明守将阮进战死。清军直逼舟山城下，围攻十余日，明军从城头发射火炮，清军中炮者俱炸为齑粉，战斗异常惨烈。后来明军弹药用尽，城池被攻破，明军又与清军展开巷战，清军每前进一步都要留下数百具尸体。此战，明军付出极大的代价，大将刘世勋、张名扬（张名振之弟）被俘遇害，张名振母亲及全家十余口全部自焚而死，舟山军民战死达一万八千余人，参与进攻的清军将领曾说这是他遇到的最惨烈的战事。

舟山血战时，张煌言、张名振均在海上，他们保护鲁王赴厦门，依附于唐王的支持者郑成功。郑成功将鲁王安置在馆舍，按时供给衣食。张煌言见郑成功并未按照监国的标准对待鲁王，知道他内心始终忠于唐王，便对郑成功说："招讨（郑成功）始终为唐，真纯臣也！"郑成功答道："侍郎（张煌言）始终为鲁，岂与吾异趋哉？"他二人各为其主，却彼此惺惺相惜，私交甚厚。

南明永历六年（公元 1652 年），郑成功围攻清军据守的海澄（今福建龙海市海澄镇），清军浙闽总督陈锦前来增援，被击败。之后，郑成功又进攻诏安、南靖、平和，并围困漳州长达八个月。老对手陈锦再次来援，被阻于漳州灌口。陈锦急于扑灭南明军，屡次进攻无果，却不料祸起萧墙，其家丁库成栋倾向于南明，将他刺死，并把首级献与郑成功，一时间清军大溃。陈锦之死令南明军盲目乐观，致当年十月遭到挫折，郑成功不得不退守海澄。

当年冬天，张煌言秘密回到吴淞、天台，联络各地的反清力量。永历七

这些古人治好了我的精神内耗

年（公元 1653 年）春天，张名振和张煌言率兵进入长江，郑成功也派部将陈辉率领两万余人进攻崇明岛，配合张部作战。明军攻下镇江，登上金山，张煌言朝着南京方向的孝陵（明太祖朱元璋陵墓）举行祭拜，痛哭流涕。此次进攻，原本和长江上游的另一支反清力量孙可望（原农民起义军张献忠的部将）部约定协同作战，却不见孙可望有所行动，张煌言等人只得退兵驻扎于崇明岛。十二月，江面冻冰，清军趁机踏冰过河进攻，张煌言率士兵们奋力杀敌，清军损失极大。

永历八年（公元 1654 年）正月，郑成功部将陈辉与张煌言会师，总兵力剧增，舰船达到百余艘，大军再次攻入长江，瓜洲、仪征均落入明军之手，水师舰船一直深入到燕子矶（南京江边）。但上游的反清力量却始终无动静，明军只得引兵向东。郑成功部将陈六御、程应蕃也来增援，再次攻入镇江，焚烧清军粮船六百余艘。张名振和张煌言还进军至登州、莱州一带。

永历九年（公元 1655 年），张名振与张煌言再次攻入长江，直抵燕子矶，但因兵力过于薄弱，无法和防守严密的清军抗衡，只得退而攻舟山。舟山城收复后，张名振缟素入城，寻找母亲的骸骨，其状甚哀，三军为之痛哭。当年年底，张名振猝亡，遗言张煌言统领其军，但郑成功却安排陈六御接掌。次年，清军再次进攻舟山，陈六御阵亡，张煌言被推举为将统率全军，继续与郑成功联合抗清。

永历十二年（公元 1658 年），永历帝封郑成功为延平郡王，张煌言为兵部左侍郎。同年，清军进犯永历帝驻跸的云贵，郑成功和张煌言作为牵制，在浙江积极收复故土，夺取乐清、宁海等地，但因遭遇台风，百余艘舰船沉没，数千名将士丧生，只好撤回厦门。

永历十三年（公元 1659 年）五月，郑成功、张煌言再度联合进军长江，攻克瓜洲、镇江。六月二十二日在江宁登陆，屯兵岳庙山。张煌言认为，兵贵神速，驻扎太久恐生变，应分兵夺取句容、丹阳等城。但是，郑成功没有

张苍水先生祠

采纳这一意见。不久，芜湖清军投降，郑成功命张煌言率军控制上游，防备湖北、湖南清军来援。张煌言分兵进攻溧阳、广德，据守池州，扼住来自长江的清援军，同时分别拿下和州、采石、宁国、徽州。不少地方传檄而定，各地人民纷纷起而反抗清朝的统治，江南四府三州二十二县全部脱离清军的控制。清廷大为震动，顺治帝甚至准备御驾亲征。

此时，明军若趁势而动攻下南京，或许历史就会改写。但是，郑成功对形势发展的估计过于乐观，认为攻下南京只是早晚的事，既不攻城，也不阻击清军的援军。永历十四年（公元 1660 年）六月二十三日，清军骑兵突然发动进攻，郑成功前屯营被攻破，明军略有混乱。次日，南京城的清军倾巢而出，郑成功命全军列阵迎敌，大将甘辉牺牲。郑成功见无法取胜，命镇江等地守军撤退，同时从长江出海做战略退却。

张煌言听说郑成功出海后，大为吃惊，但随即就决定进军鄱阳湖，赴内陆号召人民抗清。当年八月，张煌言到达铜陵，与当地清军作战不胜。张煌言烧掉船只，带领数百人取道霍山、英山，到达东溪岭，结果遭遇清军优势兵力，随从或散或死。张煌言突围后，改换服装，使人不辨其真面目，有时走险溪大泽，有时走悬崖绝岭，到祁门后藏匿于百姓家数天。这时张煌言感染上了疟疾，身体衰弱得几乎走不动路，但他坚持疾行。他走过休宁、东阳、义乌、天台，绕道潜行达两千余里，终于到达浙东海滨，然后收集旧部，重新招募敢死之士，准备抗清。同时派人向永历帝报告战败的消息，永历帝加他为兵部尚书职衔，予以慰劳。

永历十五年（公元 1661 年），清政府为了彻底扫平浙东一带的抗清力量，颁布了"迁海令"，下令沿海居民统统迁往内地，否则格杀勿论。内迁后，沿海的抗清力量得不到支持，尤其是粮饷缺乏来源，义军将士们只得施行屯田，以自给自足。郑成功反思自己十六年来的抗清，屡战屡败，东南沿海的州县数次易手，最终无法立足。他决定出海收复被荷兰人占领的台湾，作为海外抗清的根据地。他留长子郑经镇守厦门，亲率三万大军数百艘海船进取台湾。同年十二月，郑成功收复宝岛台湾，设置一府两县。就在郑成功进军台湾的同时，清军攻入云南，永历帝逃奔缅甸。张煌言派遣幕僚罗纶赴台湾，敦促郑成功出兵闽南，同时他积极支持沿海人民反对"迁海令"。他希望通过各地义军的兴起，吸引清军主力，使清军无暇顾及永历帝，这样就能使永历政权转危为安。但郑成功初到台湾，无能为力。张煌言只得派遣使者赴湖北郧阳山中，寻找李自成起义军的旧部，以联合抗清。李自成残部号称"十三家"，主要由郝永忠、刘体纯等部将率领。此时"十三家"虽保有一定力量，但已不复昔日风采，无力走出大山进行抗清，故而张煌言的这一策略未能成功。

永历十六年（公元 1662 年），吴三桂率军攻入云南，永历帝朱由榔被俘，后被吴三桂带回云南用弓弦勒死。郑成功到台湾后，建立了郑氏政权，仍然奉唐王为正朔，待鲁王如同藩王。张煌言虽然多次提出拥戴鲁王为帝，以使各地抗清力量有一个总的领导者，可惜未得到郑成功的支持。当年五月，民族英雄郑成功在台湾病逝，张煌言大为震惊，为之痛悼数日。张煌言转战宁海时，清朝浙江总督赵廷臣曾劝其投降，被他严词拒绝。

清康熙二年（公元1663年），鲁王朱以海在金门岛病死，张煌言听闻后悲痛欲绝，眼见抗清大势已去，他不忍再增加杀戮与伤亡，便遣散部属，仅带领罗纶等几个最亲近的人驾一条小舟驶往海外孤岛——花岙岛隐居。花岙岛非常荒僻，平时连打鱼人都很少停靠，岛的南边有数条河汊可以通舟，岛的北面是悬崖峭壁。张煌言在岛上建了几处茅舍，驯养了两只白色的灵猿，日间读史填词，夜间舞剑习拳，宛若《射雕英雄传》中隐居在桃花岛的黄老邪一般。

清朝浙江总督赵廷臣从降将口中获悉张煌言隐居于海岛，便派遣兵丁在舟山的普陀、朱家尖等地查访。花岙岛贫瘠而不产粮食，因此每隔一段时间张煌言就派人出岛购粮，清政府的"包打听"侦知了这一信息。

七月十六日黄昏，张煌言驯养的灵猿忽然望着波涛汹涌的海面哀鸣，声音非常凄厉。张煌言预感有大事要发生，便备剑准备一搏，然而整夜都风平浪静，并无异样发生。这一夜，他思绪难平，快天亮的时候，他忽然平静下来。他大半生奔走，究竟为何？是先圣"以天下为己任"的训导在支配着他，如今一切都已经结束了，若继续驱策南方子弟，只徒增伤亡而已。当初他解散部属，就是基于这种想法。

七月十七日天色未明，清军闯进了张煌言的茅舍，他与身怀绝技的仆人杨贯玉，还有爱将罗自牧一起被捕，他们几乎没有做任何反抗。也许，他们等的就是这一天。狱中的张煌言乌巾葛衣，不说话，也不吃东西，只是偶尔喝口水，颇有些伯夷、叔齐不食周粟的意味。此间，清廷曾多次派人来劝降，并许以高官厚禄，都遭到他的拒绝。前有文天祥，后有于谦，都是他的楷模，人生至此，唯一死而已。

清康熙三年九月初七（公元 1664 年 10 月 25 日），清政府要杀害张煌言。张煌言大步走出监狱，好似去赴一场宴会。当狱卒押解着他走到江边的时候，他抬头望去，只见青山夹岸，江水如澄练，忽然开口说道："真是大好河山。"

《台湾通史》载："（张煌言临绝）索纸笔赋绝命辞三首，付刑者，端坐受刃。贯玉、自牧同斩。略一振臂，绑索俱断，立而受刃，死不仆，刑者唯跪拜而已。……煌言著诗词，贮一布囊，悉被逻卒所焚，唯绝命辞在。"

张煌言在狱中曾写有不少诗词，装在随身携带的一个青布袋中，就义后被狱卒全部焚毁，除绝命词传世外，其他竟致不传，令人扼腕。但是，张

张苍水墓

煌言的精神是不会因他的诗章不传而埋没的，他自己就是一曲绝唱。他曾有诗云："国破家亡欲何之？西子湖头有我师。日月双悬于氏墓，乾坤半壁岳家祠。惭将赤手分三席，拟为丹心借一枝。他日素车东浙路，怒涛岂必属鸱夷。"

这是他写的《甲辰八月辞故里》。西子湖畔埋葬着无数忠魂，既有含冤被杀的抗金将领岳武穆，又有不计个人荣辱利害的于谦。张煌言将岳、于二人奉为师，实则是早就抱定了必死之心。明末清初大学者黄宗羲在《有明兵部左侍郎苍水张公墓志铭》中写道："慷慨赴死易，从容就义难。"何谓慷慨赴死？冲锋陷阵，战死于沙场，或国破君亡，自杀以殉国，都是慷慨赴死，对于满怀忠诚的人来说这并不难，难的是像文天祥、张苍水一样从容就义。

第二十一章

夏完淳：铁骨柔肠英雄梦

——锦绣朱颜人似玉，也应同向金樽老

> 蒋诩之径不开，王猷之舟时出。秋水迢遥，寒林萧瑟，野兽暮号，群鸦晚集，鹤唳霜惊，鸥眠月直，过耳伤神，仰天叹息。山气兮江光，春阳兮秋色。嫖姚空旧筑之坛，郎将有先陪之戟，蛟龙非遇雨之期，鲲鹏无御风之力，韩王孙之城下，知己谁人；宋如意之堂前，伤心何极。下江但见夫绿林，圮桥未逢夫黄石。此孤臣所以辍食而拊心，枕戈而于邑者也。
>
> ——夏完淳《大哀赋》

《大哀赋》是最能突显夏完淳性情与才华的作品，文章用典随性，气势奔放，情感沉郁顿挫，夏氏惜时事之心了然。作为一个十七岁的少年，夏完淳身上具有与他的年龄不相符的豪迈与壮美。他天资聪颖，五岁便能读经史，七岁能诗文，九岁结诗集《代乳集》传世，十四岁参加抗清斗争，十七岁慨然而死。他的死在数个世纪以后依然令人动容，他的殉国与殉道精神代表了拥有独立人格的江南知识分子的决绝。在短暂的一生中，他像一颗猛烈燃烧的流星，在晚明的天空留下辉煌灿烂的瞬间。

"生如夏花之灿烂，死如秋叶之静美"，用泰翁的这句诗来形容明末少年英雄夏完淳的一生极恰当。他的人生只有短暂的十七年，但这十七年却宛若巨钻出山，其质素蕴含万古之精，其琢磨耗费百千之工，其面世则如日星之绚烂，闪耀得令人睁不开眼睛。这是一颗吸取了天地灵气、阴阳精华的顽石之玉。他生则携带千山巨脉之灵气，死则化身为万岭之魂，令人若睹崔嵬浩然的亿万峰峦，既有倾慕之意，又有难以企及之感，唯有叹之、惜之。

崇祯四年（公元1631年），松江华亭县（今上海松江区）夏家大宅里传来一声响亮的婴

夏允彝与夏完淳父子像

儿啼哭声，一个丫鬟三步并作两步地冲出产房，大声喊道："夫人生了，生了，是位公子。"

廊檐下站着的男主人夏允彝手中攥着一卷书，一派玉树临风的潇洒模样，当他听到丫鬟的话后，再也无法抑制内心的激动，手中的书卷掉在地也顾不得捡，就进了产房。夏允彝三十五岁喜得贵子，起乳名端哥。《说文解字》上说："端，直也。按：立容直也。"夏允彝给儿子的乳名赋予了"持身端正，立容乃直"的含义。端哥就是夏完淳，名复，字存古，号小隐。从"复"这个名，颇能看出其父夏允彝的一番苦心。"复"者"复社"是也，这是由江南知识分子张溥等人发起的一个组织，以讨论时政、针砭时弊为务。由此可见，夏允彝也希望儿子做一个对国家民族有责任感的人。

夏完淳属于天才儿童那个级别的，三四岁就能识字。夏允彝对儿子的要

求十分严格，不但要其读圣贤之书，还要像圣人一般养浩然之气。加之与夏家来往的多是社会名流，如大名士陈继儒（此人脱略行迹，十分潇洒，类似于宋代隐士林和靖一类人物）、陈子龙、张溥、钱旃，甚至文坛宗匠钱谦益也与夏家有来往，可以说其家座上客多为人中之龙凤，故而小家伙天生就有一种名士的执着与悟性。据《砥斋集》记载，夏完淳"生有至性"，整日端坐于书房中，手握书卷以为乐事。大夏天的时候，别的孩子都光着屁股在池塘里玩水嬉戏，而他却在父亲的书架前煞有介事地翻看一些大部头著作，颇得陶渊明读书不求甚解的神韵。嫡母盛氏心疼他，叫他去玩耍，他却把玩耍当作苦事，玩一会儿就回来继续读书。这一点笔者深有心得，笔者幼年即读书成癖，故而早熟，无法融入同龄之人，于是乎干脆更加痴迷地埋首书海。夏允彝倒是随性，既然儿子喜欢读书，便任其自然。

五岁的时候，夏完淳进私塾读书，已能读懂"四书五经"。老师令其讲述经学大义，小家伙常能切中肯綮，偶尔小家伙发问，居然将老师问住。其父夏允彝是一个十分率性的人，虽然曾习八股之学，却未沾染八股习气，因而对儿子的独立思考精神十分赞赏。夏允彝的好友陈子龙时常来夏家，看到小家伙聪明伶俐，就与他逗乐，辩说学问。陈氏本来是开玩笑，但夏完淳却十分认真，常问出一些非常专业的问题来，陈子龙由此再也不敢有小觑之心，也更多喜爱之心，后来更是当了小家伙的老师。

大约在崇祯十年（公元 1637 年），夏允彝被任命为福建长乐县县令，他赴任时将儿子夏完淳也带上了。古人说，"读万卷书，行万里路"，其目的在于知行合一。从松江华亭到福建长乐路程在今天看来虽不算远，但在古代的交通条件下仍然是一条漫漫长路。那个时候主要的交通工具是马车，这一路上走走停停使幼小的夏完淳眼界开阔不少。

赴福建之前，夏允彝特地带儿子去拜访嘉善（今浙江嘉善县）名士钱旃。古人有订童婚的习俗，至于钱秦篆和夏完淳是订的娃娃亲，还是指腹为婚，那就不得而知了，总之钱夏两家在两个孩子幼年时就确定了婚姻关系则是无疑的。钱旃的女儿钱秦篆是夏完淳未婚妻，钱旃自然是准岳丈了。

话说那一天风和日丽，夏完淳打扮得甚是齐整，一领素白长袍，粉底短靴，黑亮的长发束起再戴上头巾，细瓷般的脸儿更是精致，活脱脱一个哪吒三太子转世。父亲带着他进了钱家大院，院中假山巍峨，流水潺潺，不知何处传来《牡丹亭》的唱段：原来姹紫嫣红开遍，似这般都付与断井颓垣，良辰美景奈何天，赏心乐事谁家院。朝飞暮卷，云霞翠轩，雨丝风片，烟波画船，锦屏人忒看的这韶光贱……夏完淳侧耳细听，听到廊下有人在跟着这柔媚的唱腔吟唱，便紧走几步朝廊下去。原来钱旃暑日无事，便招几个家养的小戏子唱戏，忽见爱婿夏完淳和亲家翁夏允彝到来，顿时喜出望外，一边招两个儿子钱默和钱熙出来相见，一边命私家大厨整几个酒菜出来。

钱旃与夏允彝絮叨了一些日常之事，话题又转向时政，不免发起浩叹。一边的夏完淳和两个舅子哥谈得正欢，忽然转头问钱旃："今日世局如此，不知丈人所重何事？所读何书？"如此大的一个问题，出自童子之口，钱旃一时不知该如何回答（汗颜啊），胡乱搪塞道："我所重所学，与汝父无异。"据说事后钱旃曾抹着汗珠子对夏允彝悄悄说："允彝兄，还是你教子有方，我领教了。"夏允彝心中自豪，表面上却故作谦虚地说："你的儿子们也不差啊。"钱旃连连摇头，自叹弗如。无怪乎当时的大名士陈继儒会对夏完淳欣赏有加，还写下了"包身胆，过眼眉，谈精义，五岁儿"这样的句子。

这次去钱家，夏完淳并未见到钱秦篆，但是钱秦篆却在门后偷偷将这个未来的夫婿看了个够。也许，对于他们来说，爱情还是一个非常模糊的概念，然而这一刻却已经种下爱之因，尽管这要到十年之后才能结出果实。十年之后，他们的爱情之梦才刚刚开始，却很快就被战争的血与火打断，一个粉身碎骨，一个托身古佛青灯，这等惨变的情事是何等痛彻肺腑。夏完淳曾在《满江红·无限伤心》一词中写道："无限伤心，吊亡国云山故道。萋萋地，杜鹃啼罢，棠梨开早。愁随花絮飞来也，四山锁尽愁难扫。叹年年春色倍还人，谁年少！　　梨花雪，丝风晓；柳枝雨，笼烟袅。禁三千白发，镜花虚照。锦绣朱颜人似玉，也应同向金樽老。想当时罗绮少年场，生春草。"他也曾想与玉人白头偕老，可是历史却没有给他机会。

夏允彝到福建长乐后，以百姓为本，消除当地多年的积弊，兴修水利，调整官员和百姓之间的关系，清理陈年旧案，轻减刑罚。由于他为人清廉，熟悉法令政策，又颇有办事的才干，不几年就改变了当地的凋敝状态，使长乐县呈现出欣欣向荣之象。不但长乐境内百姓安居乐业，就连周遭县的百姓也争相向此移居，甚至请夏允彝去裁决难断之事。

这段时光是夏完淳一生中最快乐，也最清闲自在的日子，他和姐妹、亲戚中的同辈人结成诗社互相唱和。他的姐姐夏淑吉是位女诗人，字美南，号荆隐；他的妹妹夏惠吉也是一位女诗人，字昭南，号兰隐。她们与号小隐的夏完淳合称"空谷三隐"。夏完淳的两位舅子哥钱默、钱熙，他的嫡母盛氏的侄女盛蕴贞也都颇有才气。尤其是钱默八岁就能作诗，十五岁就考中进士，是和夏完淳一样的天才儿童，二人之间酬唱之作甚多。可以说，这时的夏完淳就像贾府中的宝玉，过着联诗结社、饮酒唱和的日子。其父夏允彝把他九岁之前写的诗词辑录成集，是为《代乳集》，亲朋好友争相阅读。他的老师陈子龙在编订当时诗人的诗歌选集时，特地把他的几首诗也收录其中，一时间江南士林无不知其才名。

夏允彝在长乐县五年，励精图治，终于引起了明朝中央政府的注意。崇祯十五年（公元 1642 年），吏部对全国县令进行考查，铨选出廉洁奉公、才识卓著的七人，夏允彝独占鳌头。崇祯帝当面考问，准备委以重任。谁知此时夏允彝的母亲顾氏病逝了，按照中国封建社会的礼制，官员祖父母、父母辞世，必须向上级申报，然后卸任奔丧，称为"丁忧"。崇祯帝虽然欣赏夏允彝，但也不敢破坏祖制，只好让夏允彝回家奔丧。夏允彝唯一可能获得重用的机会，就这样失去了。夏完淳借这次机会游历了京城，对北国有了一个较深的认识。

崇祯十七年（公元1644年）三月十九日，李自成攻入北京，崇祯帝自杀，明朝灭亡。李自成的大顺政权维持不久，就被清军打败。夏允彝感念崇祯帝的赏识，决定投身于抗清之中。他曾拜谒史可法，商量恢复河山的方略，但是立足南京才一年的南明弘光政权很快就因腐败和清军的进攻而倒台了，夏允彝的复国梦破灭。国破君亡的惨剧折磨着他，这种情绪也传给了夏完淳。

此时，清朝在长江以南地区的统治并不稳固，民间的抗清力量不断发动起义。夏允彝给自己的学生、明朝前江南副总兵吴志葵写信，让其拉起队伍抗清。他认为苏州防守薄弱，起兵后可先取苏州，然后光复杭州，再进军收复南京，江南的其他地方必然会跟着响应，这样长江以南传檄可定。此时，夏完淳已经十五岁了，他和未婚妻钱秦篆匆匆完婚，然后就投入了抗清洪流，与父亲一起参赞军务。可惜吴志葵对清军的力量缺乏准确估计，加之义军队伍良莠不齐，尚未攻破苏州城，吴志葵就被俘牺牲，起义也宣告失败了。壮怀激烈的夏完淳是第一次在军中供职，吴志葵之死给他的震动极大，他饮泪含血写下《哭吴都督》："知己功名尽，伤心叩九阍。余光留日月，遗恨满乾坤。湖海门生谊，荆榛国士恩。滔滔江水阔，万里独招魂。"

万里独招魂，何悲壮哉！这是国殇之魂，这是捐躯于疆场的英雄之魂。古人认为人死，其魂魄流于外，须招之。想这南国大好河山，有多少英雄志士为之抛骨荒野，只有那些生死与共、寒暖同袍的战友才会知道其中滋味。夏完淳一曲哀辞，情深意切，读来荡气回肠，有欲放声大哭一场之感。

抗清一败再败，面对僚属为国牺牲，夏允彝也决定以身殉国。同乡人劝他渡海赴福建长乐，在他经营过的地方重新招兵买马，但他拒绝了。古人云，君辱臣死，何况崇祯帝已经殉国了，作为一个屡次抗争而失败的臣子，夏允彝决定自杀，以报国家，以唤醒民众。当时，驻守松江的清军主将早已听闻夏允彝的大名，因此积极拉拢他，只要他肯出山，就给他大官做，夏允彝毫不犹豫地拒绝了诱降。他平静地和家人告别，然后将后事托付给好友陈子龙，又将未完成的文集《幸存录》交给儿子夏完淳，希望他继承父志，继续抗清，然后投松江塘自杀。自杀时，他的兄长夏之旭、儿子夏完淳、妻子盛氏、偏房陆氏，以及小妾、仆人、朋友均在场，默默地看着他殉难。他投水之后，才发现松江塘的水很浅，仅没过腰间，这位风度翩翩的文人毫不犹豫地俯身水中，将自己呛死了。收殓时，人们发现其背上的衣衫都是干的。夏允彝用一种非常惨烈的方式殉国，这惨烈的一幕深深地印在了儿子的脑海里，使夏完淳肝胆欲裂。

死亡是如此接近夏完淳，几乎令他喘不过气来。十五岁的夏完淳虽然也曾跟随父亲和老师参与抗清，但是死亡对他来说仍然是一个陌生的概念。父亲的死，在他内心引发了一场地震，他是如此清晰地感觉到死亡的存在。哥伦比亚作家马尔克斯在父亲去世后曾经说：父母在世时就像一层垫子，将我们和死亡隔开，父母去世后我们就直接面对死亡了。此时的夏完淳正是这种感觉。痛哉！痛哉！痛彻肺腑，痛何如哉！

夏允彝殉国时，陈子龙本欲一同自尽。但是夏允彝以家事托付于他，加之他九十岁的老祖母尚健在，不忍让亲人失去依靠，便忍死待变，剃发为僧，隐居乡间。夏完淳听说太湖一带有抗清义军活动，便将此事告知陈子龙，并和陈子龙一道变卖家产，携带大量金银投奔太湖义军。后来，清军和太湖义军在海盐发生激战，义军几乎全军覆没，义军首领吴易突围。其父、妻、女得知战败消息，不愿做清军的战俘受辱，全都投湖自尽。夏完淳在清军合围之时，泅水逃生。他痛感国势日衰，挥笔写下了《大哀赋》，文辞恢宏，悲壮深沉。

太湖义军的失败，不但未使夏完淳灰心，反而更坚定了他的斗志。永历元年（公元 1647 年），获悉清廷任命的苏松提督吴胜兆欲反清，夏完淳当即为吴胜兆和浙东抗清义军首领张名振、张煌言牵线搭桥，自己也准备亲自上阵杀敌。但吴胜兆谋事不密，联合义军反清之事泄露，其属下抢先一步密报清廷。一兵一卒未动，吴胜兆被抓。浙东义军也出兵不利，义军水师舰队刚刚出海，就遇到飓风，大部分舰船沉没，损失惨重。清廷对吴胜兆事件非常重视，到处抓人，陈子龙也被捕。在押送南京的途中，陈子龙趁看守不注意，从船上跳下，溺水殉国。

此前，鲁王朱以海曾赐谥夏允彝为文忠公，并授予夏完淳中书舍人（主管诰敕、制诏的官员）之职。为此夏完淳写谢表，连同抗清志士的名册一起交给使者谢尧文从海上送出，但谢氏在松江漴阙口等船时被清军所抓，并被解到苏松提督吴胜兆处。后来吴胜兆事泄被捕，夏完淳的谢恩表和志士名册落入清军手中，于是清军按名册抓人。夏完淳不能再待在松江，便到嘉善岳父家避难。他欲和鲁王秘密会合，然后再图大业。他是个孝子，自知此次离家后恐怕再无回归之期，便秘密潜回松江向嫡母盛氏、生母陆氏告别，不幸被清廷的密探盯上，和岳父钱旃、堂岳丈钱棅一起被捕。

夏完淳被捕后，在押往南京途中，他一路吟诗，佳作犹如井喷，既悲壮又惊艳。也许，在所有的人中，他最放不下的还是自己的妻子。其妻钱秦篆娴静淑雅，工诗文，懂琴棋，蕙质兰心，和夏完淳性情相投，堪称其贤内助。弘光元年（公元 1645 年）三月，两个人完婚，当时夏完淳十五岁。他曾在《寄内》一诗中写道："忆昔结缡日，正当擐甲时。门楣齐阀阅，花烛夹旌旗。问寝叹忠孝，同袍学唱随。九原应有待，珍重腹中儿。"

诗人愉快地忆及新婚的浪漫生活，虽仅用"结缡"二字，却能感受到背后深浓的情意。可惜，他们未生在太平之世，结缡之时，正是诗人擐甲仗剑抗御清兵之际。夏、钱两家都是书香门第，他们的婚姻开始于血与火的洗礼中，故而诗人说"门楣齐阀阅，花烛夹旌旗"。钱秦篆为人非常贤惠，每晚入寝必向婆婆问安，与夏完淳夫唱妇随十分契合，故而诗人说"问寝叹忠孝，同袍学唱随"。九原是秦朝设置在北方的一个郡，后被匈奴所占，汉代时收复。诗中，诗人说他会在九原等待妻子，意指抗清胜利时再见面，希望她珍重腹中的孩子。最后一句，看似轻轻一笔，实则含意深切。如果在太平盛世，他们本是一对神仙眷侣，可惜天不假年，婚后仅两年时间，夏完淳便如流星一般消逝。

夏完淳被押解到南京后，关入狱中八十天，这八十天是他人生的最后时日。在狱中，他写下了大量的诗作和文章，其中感人至深的是两封遗书——《遗夫人书》和《狱中上母书》。古语说，英雄气短，儿女情长。刚猛如西楚霸王项羽者，也还有柔情的一面，何况长了一副热心肠的诗人，百炼成钢化作绕指柔，他柔情的一面更痴更缱绻。

好吧，毋庸赘言，让我们先来读《遗夫人书》：

三月结缡，便遭大变，而累淑女相依外家。未尝以家门盛衰，微见颜色，虽德曜齐眉，未可相喻；贤淑和孝，千古所难。不幸至今吾又不得不死，吾死之后，夫人又不得不生：上有双慈，下有一女，则上养下育，托之谁乎？

然相劝以生，复何聊赖。芜田废地，已委之蔓草荒烟；同气连枝，原等于隔肤行路。青年丧偶，才及二九之期；沧海横流，又丁百六之会。茕茕一人，生理尽矣！呜呼！言至此，肝肠寸寸断。执笔心酸，对纸泪滴，欲书则一字俱无，欲言则万般难吐。吾死矣，吾死矣！方寸已乱。平生为他人指画了了，今日为夫人一思究竟，便如乱丝积麻。身后之身，一听裁断，吾不能道一语也，停笔欲绝。

去年江东储贰诞生，各官封典俱有，我不曾得。夫人夫人！汝亦先朝命妇也，吾累汝！吾误汝！复何言哉！呜呼，见此纸如见吾也！外书奉秦篆细君。

信的开篇，"三月结缡，便遭大变，而累淑女相依外家"，是说他们在弘光元年（公元 1645 年）三月结婚后，便遇到一连串事变：四月扬州沦陷，督师史可法死难；五月南明政权倒台，弘光帝朱由崧被俘；九月，其父夏允彝投水自杀殉国。遭此大变，诗人不得不送妻子钱秦篆寄身于岳父家。开篇三句，一方面回忆"结缡"之好，一方面对婚后让妻子寄身于岳父家微含歉意。

"未尝以家门盛衰，微见颜色，虽德曜齐眉，未可相喻；贤淑和孝，千古所难。"钱秦篆为人贤惠，不因夏家的盛衰而发生态度上的变化。诗人用"举案齐眉"之典譬喻，以汉代名士梁鸿的妻子孟光的风范比拟妻子。

"不幸至今吾又不得不死，吾死之后，夫人又不得不生：上有双慈，下有一女，则上养下育，托之谁乎？"诗人以自己"不得不死"来表达赴难的坚决，又以自己死后，妻子的"不得不生"来表达这种无奈。上有嫡母盛氏、生母陆氏需要赡养，下有弱女需要呵护，这么大一个家庭的担子都要妻子担负起来，想到此处，诗人必是肝肠寸断。

作为一个大家族，本来其乐融融，现在却人天永隔。其大伯夏之旭在南明灭亡后自缢于孔庙，嫡母盛氏在父亲去世后削发为尼，生母陆氏寄身别家。姐夫侯玄洵在抗清中积劳成疾而死，姐姐寡然一人。妻子秦篆本有二兄，但长兄钱熙已在抗清中病殁，仲兄钱默抗清失败，不忍胡人衣冠，愤而在黄山出家为僧。这境况就如李密在《陈情表》中所说："既无伯叔，终鲜兄弟；门衰祚薄……茕茕孑立，形影相吊。"诗人说"隔肤行路"，这实在是一个残酷的现实。

诗人自知不免，则妻必守寡。以二九之龄遭此大变，今后的生活将如何继续？诗人想到此处，痛入骨髓，不由得大叫"呜呼"。这是多么惨痛之怀，肝肠寸寸而断，其凄楚之情令人泪下。在这种情况下，每写一字、每动一笔都是艰难的，凡动笔则泪如泉涌，以至于"欲书则一字俱无，欲言则万般难吐"。写到此处诗人再也控制不住自己的感情，连声痛呼："吾死矣，吾死矣！"已是方寸大乱，难以自控。诗人感叹自己平日间出谋划策，游刃有余，如今给妻子出个主意却是如此之难。古语云，关心则乱。临绝之人，所能想、所能言者不过万中之一二，其心之乱可知，身后之事也只能听天由命，非诗人所能左右。

书信的最后一部分，诗人提到储君诞生时各人都有封典，独自己没有。从表面上看，这是诗人放不下功名之念，细读则非也。封建时代储君诞生时，对臣子的封典中有封妻荫子一项，所谓妇凭夫贵，官员的妻子会成为诰命夫人。这里，诗人遗憾自己没能给妻子带来诰命夫人的荣誉。只有挚爱到了极点的人，才会把带给妻子一丝一毫的快乐都当作大事。诗人所看重的并非诰命夫人这个头衔，而是希望妻子获得一种尊荣，其所怀的挚爱令人读来心疼。

最后一段，诗人似乎陷入迷乱，连说"吾累汝！吾误汝！"所谓"累"，所谓"误"都非诗人之错，而是命运的颠倒。诗人一想到自己辞世，妻子将投靠无门，不由得捶胸顿足，呼号不已，心仿佛被锥所刺，痛不可禁。最后再一次说"见此纸如见吾也"，这是怎样的难舍，千言万语尽在这平平的一句话中。此信仅两百八十余字，但是纸短情长，字简情烈，读来荡气回肠，缠绵悱恻，令人想起后世维新变法志士谭嗣同写给妻子李闰的遗诗，民国初革命者林觉民写给妻子陈意映的遗书，均有令读者肝胆震颤、为之挥泪的力量。

诗人外具霸才之姿，内具豪雄之气，有文胆，有铁骨，亦有柔肠。在生命的最后阶段，他把一腔情感都交给了自己所热爱的事业。但这并未使他放弃对亲人的挚爱，尤其是情爱。他在狱中写了多首寄托情愫的词曲，如《自叙》中道，"为伊人，几番抛死心头愤，勉强偷生"；《感怀》中说，"愁三月，梦九州，归期数尽大刀头。人千里，泪两眸，西风雁字情谁收？"词句

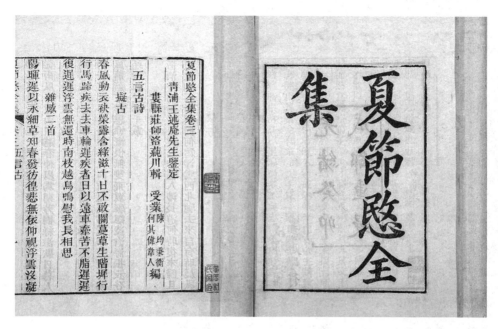

夏完淳遗编《夏节愍全集》书影

缠绵悱恻，却又壮怀激烈，既有最后时光的痛惜，也有憾恨无尽的缠绵。一个是玉面郎君，一个是娴静佳人；一个是翩翩浊世佳少年，一个是冰雪聪明窈窕女；如花美眷，良辰悦事，转瞬间阴阳相隔，永无相会之期，这是何等哀绝。诗人的生命如同流星，划亮天空的同时也消失了，将巨大的痛苦和无尽的回忆留给了他的爱人。"今生已矣，来世为期，万岁千秋，不销义魄"，这是诗人在《土室余论》中留给妻子的誓言，他相约下辈子再做夫妻。若真能这样，我倒希望这世间真有一个轮回的世界。

诗人的另一封遗书是《狱中上母书》：

> 不孝完淳今日死矣！以身殉父，不得以身报母矣！
>
> 痛自严君见背，两易春秋。冤酷日深，艰辛历尽。本图复见天日，以报大仇，恤死荣生，告成黄土。奈天不佑我，钟虐先朝。一旅才兴，便成

斋粉。去年之举，淳已自分必死，谁知不死，死于今日也！斤斤延此二年之命，菽水之养无一日焉。致慈君托迹于空门，生母寄生于别姓，一门漂泊，生不得相依，死不得相问。淳今日又溘然先从九京，不孝之罪，上通于天。呜呼！双慈在堂，下有妹女，门祚衰薄，终鲜兄弟。淳一死不足惜，哀哀八口，何以为生？虽然，已矣。淳之身，父之所遗；淳之身，君之所用。为父为君，死亦何负于双慈！但慈君推干就湿，教礼习诗，十五年如一日。嫡母慈惠，千古所难。大恩未酬，令人痛绝。

慈君托之义融女兄，生母托之昭南女弟。淳死之后，新妇遗腹得雄，便以为家门之幸；如其不然，万勿置后。会稽大望，至今而零极矣。节义文章，如我父子者几人哉？立一不肖后如西铭先生，为人所诟笑，何如不立之为愈耶！呜呼！大造茫茫，总归无后。有一日中兴再造，则庙食千秋，岂止麦饭豚蹄，不为馁鬼而已哉！若有妄言立后者，淳且与先文忠在冥冥诛殛顽嚚，决不肯舍！兵戈天地，淳死后，乱且未有定期。双慈善保玉体，无以淳为念。二十年后，淳且与先文忠为北塞之举矣。勿悲勿悲！相托之言，慎勿相负。武功甥将来大器，家事尽以委之。寒食盂兰，一杯清酒，一盏寒灯，不至作若敖之鬼，则吾愿毕矣。新妇结褵二年，贤孝素著。武功甥好为我善待之，亦武功渭阳情也。

语无伦次，将死言善，痛哉痛哉！人生孰无死，贵得死所耳。父得为忠臣，子得为孝子，含笑归太虚，了我分内事。大道本无生，视身若敝屣。但为气所激，缘悟天人理。恶梦十七年，报仇在来世。神游天地间，可以无愧矣！

此信可以和《遗夫人书》参照来读。诗人在给妻子的信中已流露出对家门无靠的忧虑，在此信中更加明确地说："淳一死不足惜，哀哀八口，何以为生？"随后，又对两位母亲做了交代，他终究还是放不下亲人。将嫡母盛氏托付给长姐夏淑吉（号义融），将生母陆氏托付给妹妹夏惠吉（号昭南）。

又嘱托说，自己死后如果妻子生了男孩，也算幸事，若是女孩，便不要过继。孟子说："不孝有三，无后为大。"古人把是否后继有人看得很重，但夏完淳却能跳出窠臼，以义为先，而非以后为先。他一再叮嘱两位母亲，注意保重身体，并近乎预言似的说，二十年后他将和父亲一起转世为人，在北方起兵反清。还一再强调外甥侯檠（夏淑吉之子）根基良好，是可造之才，要好好培养。随后又说"新妇结褵二年，贤孝素著"，赞誉妻子钱秦篆贤惠孝顺，希望彼此善待。家事交代完，似乎是为了安慰家人，他说"人生孰无死，贵得死所耳"，颇有文天祥"人生自古谁无死，留取丹心照汗青"的气度。"大道本无生，视身若敝屣"，既有视死如归的精神，又有庄子"人游于天地间与万物齐一"的思想，似乎死亡并不是永恒的止息，仅是去天地间神游罢了。

清顺治四年（公元 1647 年），降清的前明督师洪承畴主审夏完淳，在他的眼里这不过是个不谙事的少年，他说："童子何知，岂能称兵叛逆？误堕贼中耳！归顺当不失官。"两边的陪审官员也一同呵斥，并让夏完淳跪下。夏完淳立而不跪，假装不认识洪承畴，反问道："尔何人也？"旁边的狱卒说："此乃洪亨九（洪承畴号亨九）先生。"夏完淳冷笑一声，说道："我闻亨九先生本朝人杰，松山、杏山之战，血溅章渠。先皇帝震悼褒恤，感动华夷。吾常慕其忠烈，年虽少，杀身报国，岂可以让之！"

夏完淳的话既大出洪承畴的意外，也戳到了他的痛处，使他如芒在背，面如死灰，陪审的官员也都非常尴尬。从僚怒斥道："大胆童子，这就是洪承畴洪大人。"夏完淳声色俱厉地说："亨九先生死王事已久，天下莫不闻之，曾经御祭七坛，天子亲临，泪满龙颜，群臣鸣咽。汝何等逆徒，敢伪托其名，以污忠魄！"此时的洪承畴汗如雨下，口唇哆嗦，根本无法审问。与夏完淳同时被捕的岳父钱旃受刑不住，不由得呼出声。夏完淳勉励道："今与公慷慨问死，以见陈公于地下，岂不亦奇伟大丈夫哉！"由此，钱旃至死也未出一声，显示了一个硬汉和义士的高贵气节。

同年九月十九日，清朝刽子手在南京西市砍下了夏完淳的头颅，与他一同慷慨就义的共四十三人，他是这四十多人中年纪最小的。壮哉！夏完淳。壮哉！十七岁的少年。你是诗人，是忠臣，是孝子，是烈士，同时也是情种，且大情种也。有历史学家说："盖人之异于禽兽者。便是不同的禽兽，各有其独特的物性，如虎狼之残暴、乌鸦之反哺、鸳鸯之爱情等。这种不同的灵性，人类却兼而有之。只是人类各个体，偏向发展各有其不同程度罢了。世人之中君子小人之辨，爱情色欲之别，贪婪廉洁之分……也就在此。事实上一个人在天赋性灵上，不能做情种，又安能做烈士。"说得真好，非情种不能做烈士，无柔情焉能有大爱？痴情之人亦能刚烈，举凡夏氏家族及明代末期死难或不合作的江南知识分子，均属此种人也。

夏完淳的死代表了拥有独立思想的江南知识分子的决绝，当时江南地区不少家族都悉数殉国。如夏完淳家族，其父夏允彝投水殉国，其大伯父夏之旭在孔庙自缢殉国，其长姊夏淑吉削发为尼，其岳父钱旃慷慨就义，其岳母徐氏投水自尽，其堂岳丈钱栴壮烈殉国，其舅兄钱熙为抗清而积疾身亡，其二舅兄钱默不忍异族衣冠出家为僧，其妻钱秦篆削发为尼，其表亲盛蕴贞削发为尼，其姐丈侯文中为抗清而积疾身亡……柔弱的知识分子，温柔的女性，何以能够做出如此壮烈和决绝的举动？是因为他们拥有独立的精神和人格，不以世俗的荣辱功名为意。在他们的内心，始终有一种"士大夫"情怀，其重点不在"大夫"，而在"士"，不论他们是否有官职，"士"的情怀始终抱持于心。《战国策·魏策》说："夫专诸之刺王僚也，彗星袭月；聂政之刺韩傀也，白虹贯日；要离之刺庆忌也，苍鹰击于殿上……若士必怒，伏尸二人，流血五步，天下缟素。"唐雎以"士之怒"来说明个人的反抗，江南知识分子的死与出家都是一种反抗。也许，在历史洪流中，这种反抗显得过于微弱，但是作为一个个体的人，他们的反抗却惊天地泣鬼神。

二百五十余年后，谭嗣同等人维新变法，其肝胆可比夏完淳。再后之辛亥革命，最终推翻了清王朝。

夏完淳离去了，但是他的精神并未离去。十七年时光，是锦衣玉食的十七年；十七年时光，是子孝母慈、尊长护幼的十七年；十七年时光，是饱读经史而赋辞章，披肝沥胆的十七年。书香生活远去，情爱令人断肠，血与火的生活一天天逼近。昔日握书卷的手，横持利剑与雕弓，欲刺暴秦，射落天狼，却只化为二十年之期。噩梦十七年，报仇在来世。神游天地间，可以无愧矣！

第二十二章
顾贞观：相约来世的友情
——人间生死可寄君，河梁心迹惊世情

季子平安否？便归来、平生万事，那堪回首！行路悠悠谁慰藉，母老家贫子幼。记不起、从前杯酒。魑魅搏人应见惯，总输他，覆雨翻云手。冰与雪，周旋久。

泪痕莫滴牛衣透。数天涯、依然骨肉，几家能够？比似红颜多命薄，更不如今还有。只绝塞，苦寒难受。廿载包胥承一诺，盼乌头马角终相救。置此札，君怀袖。

——《金缕曲·之一》

顾贞观的好友吴兆骞因为科场舞弊案受到株连，被流放宁古塔二十年，写信给顾贞观，请求营救。顾贞观回信写了两首词，两词如同话家常，字字可见作者的痴心，读来令人动容。正是这种动人心魄的力量，让纳兰容若看到词后，请求父亲纳兰明珠在康熙帝面前说情，最终吴兆骞被释放回来。这首词直接起到了营救吴兆骞的作用，因此被后人称为"赎命词"，成为清词中最具人情味的作品。

我最早知道顾贞观这个人，是因为一首词——《金缕曲》。这首词包含着一个名垂千古的文坛掌故，这是一段惊世的友情。任何一个有文化修养的

人，读到这首词都会深受触动的，因为它浸透了凄凉人世间最后的一抹温情。

顾贞观是江苏无锡人，字远平，号梁汾，生于公元 1637 年。那是一个烽火连天、纷乱不堪的年月，关内流民四起，关外满洲人的铁骑纵横驰骋，明朝政权已经日薄西山。在他还来不及体味家国之痛的时候，明朝就灭亡了，因此他也可说是明朝的遗民，但是和他的父辈相比，他并无那种深入骨髓的亡国之痛。或许，是他掩藏得好，毕竟在清朝统治者初入中原时的文化高压政策下，稍不留意就会掉脑袋。他的曾祖顾宪成是明朝后期影响深远的东林党领袖，曾长期在东林书院讲学，不仅是江南地区的学术泰斗，也是江南地区最有号召力的人物。到了顾贞观这一代，虽然影响力不及祖上，但是声望依旧存在。因此，他的家族也备受清政府猜忌，弄不好还有灭族之祸，审慎处事也就可以理解。这也注定他不会做朱舜水似的遗民。

由于出身于名门望族，加上家庭良好的文化熏陶，造就了顾贞观极高的艺术天分和风流品性。史载，他幼习经史，尤喜古诗词，还是一个小屁孩的时候，就获得了江南名士吴伟业、陈维崧等人的嘉许，并加入了文人社团"慎交社"。他虽然年纪最小，却"飞觞赋诗，才气横溢"，深受同社中人看重，以至于和大名士陈维崧、朱彝尊并称"词家三绝"。少年聪颖，加上罕有的禀赋，年纪轻轻就获得极高的声誉是难免的。这和今日那些通过宣传和包装而出名的明星们不可同日而语，但明星效应却大大过之。在家乡无锡惠山，他和姜宸英、汪琬、汤斌等江南名士结成"云门社"，过着少年轻狂、诗酒唱和的日子。此间，他结识了一个重要的朋友——吴兆骞，这是一个和他拥有同等品性、同等才华的人，正是这个人的出现，才演绎了此后那段惊世的友情。

清政权在中原的统治逐渐稳固，统治手段也变得相对温和，汉族知识分子大多参与了科举考试，成为政权大厦中的一块块砖。顾贞观的好友们也纷纷出仕做官，就连他的好友吴兆骞也未能免俗。但是诗人毕竟是诗人，他们有着太过单纯的品性。顺治十四年（公元 1657 年），吴兆骞参加江南乡试中举，谁知科场发生舞弊案。顺治帝大怒，将两名主考官斩首，十七名同考官绞杀，并下诏把所有中举的江南举子押赴北京，自己在中南海重新主持考试，复试通过的保留举人身份，未通过者治罪。吴兆骞心高气傲，拒绝参加复试，结果被关入监狱。后来礼部、刑部经过多方调查，确信吴兆骞没有舞弊行为，但仍然被流放到宁古塔（今黑龙江宁安一带）。顾贞观极为震惊，极力相救，但终因自己不懂得权贵之间的游戏规则而未能成功，虽然如此他仍然发誓救友人脱身。

康熙元年（公元 1662 年），身负才名、怒马轻裘的顾贞观遍览了北京这个大都市的胜境。和今日那些到京城来寻梦的"北漂一族"完全不同，他一到京师就受到了尚书龚鼎孳和大学士魏裔介的重视，这皆因为他的一句诗"落叶满天声似雨，关卿何事不成眠"，古人爱才之心可鉴。三年后，他被任命为秘书院中书舍人，这是一个并不显赫的官职，却接近统治阶层的核心。康熙五年（公元 1666 年），顾贞观再次参加了科举考试，因成绩优秀，被调入国史院，官至内阁中书，但这仍然是一个没有实权的职位，他只能做些抄抄写写的工作，心中的苦闷自然不言而喻。

尽管顾贞观官职卑微，却颇得爱才的康熙帝欣赏。康熙在赴江南巡视期间

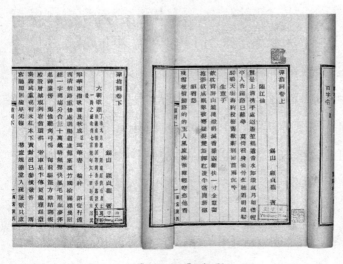

《弹指词》书影

曾命他作为扈从人员，随侍左右。在这段时间，他的生活比较稳定，有较为宽裕的读书时间，因此对曾祖顾宪成的年谱和父顾庸庵的文集作了较为认真的校订，先后编成《顾端文公年谱》和《庸庵公日钞》。这

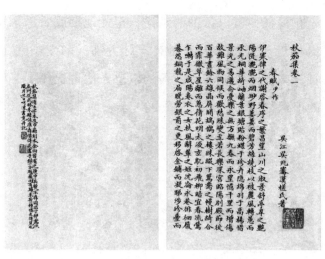

《秋笳集》抄本书影

为今日学术界研究顾氏家族在江南士大夫中的影响留下了较为宝贵的资料。

康熙十年（公元1671年），始终未能被驯化的顾贞观终于遭到同僚的排挤，一直郁郁不得志的他无奈地回到了家乡。但胸怀壮志的他终不肯埋身乡间，不久就返回了京城。大学士纳兰明珠仰慕他的才华，请他担任自己儿子纳兰容若的家庭教师。此时的顾贞观四十岁，纳兰容若二十二岁，两人年龄之间的差距可以说是两代人，但是却一见如故，大有相见恨晚之感，很快结为忘年交。也就是在这一年（1676年），顾贞观收到了吴兆骞从宁古塔写来的求救信，这封信字字泣血，如同一柄利剑刺穿了顾贞观的肺腑，他一读再读，泪流满面。这时吴兆骞谪戍边塞已经十七年了，老友在荒寒之地鬓发如霜、呼号无助的惨状似乎就在眼前。他深知老友再也经不起任何摧残了，营救必须立刻进行。

顾贞观首先想到了吴兆骞的其他好友。当年在江南一同唱和的宋德宜、徐乾学等人如今都已经身居高位，只要请求他们向朝廷说情，必然能够让好友回乡。可是这件案子是当年顺治皇帝御批的案件，康熙皇帝既无心免罪，大臣们也就明哲保身不愿冒犯。终日奔走于权贵门下的顾贞观并

未获得任何可以帮助的承诺，至此他彻底看透了炎凉的世态。那一夜，他借宿于北京千佛寺，面对青灯古佛，彻夜难眠，想着老友在塞外艰难度日，望眼欲穿地等待救援的讯息，他再次流下了泪水。他把一个男人一生的泪水都流在此处，写成了《金缕曲》。

（一）

　　季子平安否？便归来、平生万事，那堪回首！行路悠悠谁慰藉，母老家贫子幼。记不起、从前杯酒。魑魅搏人应见惯，总输他，覆雨翻云手。冰与雪，周旋久。

　　泪痕莫滴牛衣透。数天涯、依然骨肉，几家能够？比似红颜多命薄，更不如今还有。只绝塞，苦寒难受。廿载包胥承一诺，盼乌头马角终相救。置此札，君怀袖。

（二）

　　我亦飘零久。十年来、深恩负尽，死生师友。宿昔齐名非忝窃，试看杜陵消瘦。曾不减、夜郎僝僽。薄命长辞知己别，问人生到此凄凉否？千万恨，为君剖。

　　兄生辛未吾丁丑，共些时、冰霜摧折，早衰蒲柳。辞赋从今须少作，留取心魂相守。但愿得河清人寿。归日急番行戍稿，把空名料理传身后。言不尽，观顿首。

　　顾贞观在一筹莫展的情况下，将自己的一腔愤慨和悲凉都写进了《金缕曲》中，这首词却被另一个性情中人看到了，这个人正是纳兰容若。我不知道纳兰容若读到这首词是否落泪，但他看到这首词后惊叹说："河梁生别之诗，山阳死友之传，得此而三。此事三千六百日中，弟当以身任之，不俟兄再嘱也。"也就是说，他被词所感动，决心营救吴兆骞。顾贞观一听，分外欢喜，但又不无担忧，当即说："人寿几何，请以五载为期。"纳兰容若也答应了。纳兰容若的这几句话都包含着典故："河梁生别之诗"，指的是西汉苏武和李陵的故事。苏李二人私谊甚笃，尽管后来李陵被迫投降匈奴，苏武也被困匈奴多年，但是两人的私人关系一直非常好。苏武有《别李陵诗》，李陵也有《与苏武诗三首》。李诗第三首首句说："携手上河梁，游子暮何之？""山阳死友之传"，指的是东汉范式与张劭的故事。范式是山阳人，张劭是汝南人。二人并游太学，结为好友，后各自回乡。范式许约二年后去看望张劭，过二年果然到访。后张劭先死，临终前对身边人说"恨不见我死友"。人们问死友是谁，他说："山阳范巨卿（范式），所谓死友也。"张劭

死后，范式梦中有感，不远千里赶来为朋友送葬。纳兰容若把顾贞观和吴兆骞之间的友谊比作苏武和李陵、范式和张劭，这为他大力营救吴兆骞埋下了情感的种子。

让我们仔细地读一读这首词吧。"季子平安否？"开首一句，很平常，很平淡的句子，就好像老朋友之间的通信，你还好吧。其实在古代，这是一句大有深意的话，"季子"是对吴兆骞的称呼，同时也包含着两个典故。其一，吴姓发源于春秋时代的吴王寿梦，寿梦的儿子季札最有贤名，

《今词初集》书影

《纳兰词》书影

因受封于延陵而号称"延陵季子"，后世一般多用"季子"来称呼姓吴的人。其二，"季子挂剑"，说的是季札重诺轻财的故事。平平淡淡一句话，寄予了顾贞观无限关切。接下来说："便归来、平生万事，那堪回首！行路悠悠谁慰藉，母老家贫子幼。记不起、从前杯酒。魑魅搏人应见惯，总输他，覆雨翻云手。冰与雪，周旋久。"翻译成大白话的意思是：就算回来，平生的所有往事，哪里还有心境回头看。那些漠视你我的人怎肯来安慰我们的心怀，母亲老了，孩子年幼，家中贫困无依。不记得从前我们饮酒唱和的日子了，已经看惯了污浊的社会中鬼怪般的小丑们残害良人的生活。官场上反复无常，不是我们所能左右的。你我之间，如同冰雪之情，圣洁无瑕，我会为你不断奔走的。

下阕第一句就说，"泪痕莫滴牛衣透"，劝老友不要太过悲伤，其中"牛衣"一句暗含"牛衣对泣"的典故，深知老友伤心之深。接下来说："数天涯、依然骨肉，几家能够？比似红颜多命薄，更不如今还有。只绝塞，苦寒难受。"意思是，虽然天涯离别，但是孩子们依旧和你保持着骨肉之情，在这么残酷的局势下，还能如此又有几家能够做到呢？比起薄命的红颜来，这一切也算可以庆幸的了。只是塞外之地苦寒，荒凉孤寂，让你受苦了。在最后的几句中接连使用了两个典故。"廿载包胥承一诺，盼乌头马角终相救"，意思是你被谪戍边塞已经二十年了，我曾经答应必定营救你。其中

"包胥承一诺"的典故出自《史记》，是指春秋时楚国人伍子胥父兄被楚王所杀，伍子胥逃亡时立下重誓"我必覆楚"，而他的好友申包胥则立诺"我必存之"。伍子胥逃到吴国，受到吴王阖闾的重用，成为军事统帅，后来果然率兵攻破楚国都城郢，将已经死去的楚王从墓中挖出进行鞭尸。眼看国家将灭，申包胥跑到秦国，大哭三日，眼中出血，秦王受其感动为之出兵，从而保全了楚国。顾贞观在这里说自己也会像申包胥一样不惜血泪，积极营救好友的。"乌头马角"的典故同样出自《史记》，说战国末年，秦国以其强大威胁六国，燕国太子丹作为人质留在秦国都城咸阳。他要求回国，秦王故意刁难他说，除非乌鸦头变白，马头上长出角，否则他不能回国。太子丹为此仰天浩叹自己身世飘零，有国不能归，声泪俱下。想不到这一哭乌头变白，马亦生角，由此太子丹得以回国。当然，这些典故的真实性并不重要，重要的是顾贞观心中同样的苦痛之情。正所谓，古今一般同。

"置此札，君怀袖"，劝友人收到自己的信后千万想开些，放宽胸怀，一定要相信自己。两首词如同话家常，字字可见作者的痴心，读来令人动容。正是这种动人心魄的力量，让纳兰容若请求父亲纳兰明珠在康熙帝的面前说情，最终将吴兆骞救了回来。这种忠贞生死之谊，不仅反映在顾吴之间，纳兰容若也是抱着同等情怀来营救吴兆骞的。他和顾贞观之间不唯有师生之情，更多的是那种惺惺相惜的感情。他在看了顾贞观写的《金缕曲》之后，曾赠予顾氏一首词《金缕曲·赠梁汾》："德也狂生耳。偶然间、缁尘京国，乌衣门第。有酒惟浇赵州土，谁会成生此意？不信道、竟成知己。青眼高歌俱未老，向樽前、拭尽英雄泪。君不见，月如水。　　共君此夜须沉醉。且由他、蛾眉谣诼，古今同忌。身世悠悠何足问，冷笑置之而已。寻思起，从头翻悔。一日心期千劫在，后身缘，恐结他生里。然诺重，君须记。"

在这首词中，纳兰容若并没有以贵族公子自居，而是一开篇就放低了自己的身段，把自己的地位放在了和顾贞观同一个层次上，说自己也是个狂生。并说自己并不看重自己的豪门地位，将之视若粪土，自己看重的是意外地得到了顾贞观这个知己；虽然两人之间身份悬殊，但愿意像阮籍一样青眼相待。"共君此夜须沉醉。且由他、蛾眉谣诼，古今同忌。身世悠悠何足问，冷笑置之而已。"这几句把自己对顾贞观的友谊酣畅淋漓地写到了极致，说顾贞观遭到谗毁排挤，和古代的那些贤人一样。这样的身世管它做什么，不如我们冷笑相对，只管终夜沉醉于酒中，岂不欢怀。他这种轻门第、重知己的情怀颇有些俞伯牙对钟子期的胸襟。少年时代翻古书，曾在冯梦龙著的《警世通言》中读到"俞伯牙摔琴谢知音"的篇章，继之年长再听琴曲《高山流水》方才明了人生一知己的况味，不由奋笔写下：凭空飘来优雅风，闭斋有幸听弹筝。沧海自在胸中荡，愿生寒门做知音。

"寻思起，从头翻悔。一日心期千劫在，后身缘，恐结他生里。然诺重，君须记。"这句颇有些佛家不灭的味道，他说不论我们的友谊经历了多少劫难，下一生我们也还是朋友，下一辈子我们还能续前缘。重诺言，轻生死，当铭刻在心呵。顾贞观看到纳兰容若的这首词，深为震惊，尤其是"一日心期千劫在，后身缘，恐结他生里"，认为此句颇有些遗言的味道。

康熙二十三年（公元 1684 年），生死之交吴兆骞去世了，次年纳兰容若也去世了。那句"一日心期千劫在，后身缘，恐结他生里"终于成真，顾贞观悲痛不已，对他来说，北京这个大都市再也没有什么可以留恋的了。他离开京城，回归故土，在家乡无锡的惠山脚下筑庐"积书岩"，从此结束了交游，一改风流倜傥的作风，日夜沉浸在书中。康熙五十三年（公元 1714 年），他吟诵着纳兰容若"一日心期千劫在，后身缘，恐结他生里"的诗句，闭上了眼睛，他的灵魂直飞自由的天空，去寻找那些可托生死的朋友。正所谓：人间生死可寄君，河梁心迹惊世情。且拿前缘续后生，古今一般无不同。

第二十三章

谭嗣同：剑胆琴心照汗青

——我自横刀向天笑，去留肝胆两昆仑

"不有行者，无以图将来；不有死者，无以酬圣主。今南海之生死未可卜，程婴杵臼，月照西乡，吾与足下分任之。"遂相与一抱而别。初七、八、九三日，君复与侠士谋救皇上，事卒不成。初十日遂被逮。被逮之前一日，日本志士数辈苦劝君东游，君不听。再四强之，君曰："各国变法，无不从流血而成。今中国未闻有因变法而流血者，此国之所以不昌也。有之，请自嗣同始！"

——梁启超《谭嗣同传》

"亘古不磨，片石苍茫立天地；一峦挺秀，群山奔赴若波涛。"这是谭嗣同墓前的一副楹联，也是对谭氏一生的最好诠释。想苍茫辽阔的天地之间，风云变幻，草木枯荣，无一不变易，唯有一块顽石亘古不变，以不灭之相、坚贞之形而傲然独立，此非日月之精耶！想时光大河之中，人如犬逐，道如石沉，罕有不崩颓者，唯有一柱孤峰壁立千仞，以伟岸之魂、雄烈之魄而垂示万载，此非中流砥柱耶。谭嗣同之胆魄、识见、气度在维新诸人中堪称最佳者，其与梁启超相互砥砺，与康有为亦师亦友。执维新之牛耳的康有为曾评价他："挟高士之才，负万夫之勇，学奥博而文雄奇，思深远而仁质厚，以天下为己任，以救中国为事，气猛志锐。"康氏晚岁虽成保皇之老朽，然此评则中肯至矣。

谭嗣同像

19世纪末传入的照相技术为我们留下了一些珍贵的照片，令吾辈能够一睹英雄的风采。谭嗣同存照不多，其中一幅全身照为笔者之最爱，他兀然而立，左手叉腰，右手轻提衣襟，一袭白袍敞开襟怀，英气逼人。他的脸上闪烁着皓月般的光芒，深邃的眸子忧郁而悲悯，令人想到华严法相。他本就是一个胸怀菩提心的人，期许使天下万民裕安，故而不惜舍身成仁。晚清中国风雨飘摇，内则百姓贫困不堪，饥寒交迫；外则列强相侵，烽火不断。胸怀救国之志的维新党人推行变法，一方面想改变统治者，一方面想唤醒普通民众，使这个国家焕发出新的生命力。但是变法触及了以慈禧太后为首的顽固派利益，他们用屠刀将这次变革扼杀了。作为变法骨干，谭嗣同本可不死，但是他抱流血之志、必死之心，以"舍身饲虎"的精神成为惨烈的殉难者。

谭嗣同（公元1865—1898年），字复生，号壮飞，又号华相众生、东海褰冥氏、廖天一阁主等，湖南浏阳人，是戊戌变法的骨干人物、戊戌六君子之一。谭氏家族自明代移居浏阳，其中多人因战功被封侯，是浏阳的望族，但是到了谭嗣同的祖父谭学琴时，家道已经中落。谭学琴少时家贫，未读过多少书，但为人机警聪颖、忠厚大度，因此被引为县衙的官差。他生活俭朴，积攒了一些钱，其家也算是小康。谭雪琴个人生活十分节俭，但对有困难的人却从不吝啬。亲戚族人向他借钱，他总是想尽办法予以满足。史载，谭家抽屉里装满了借据，多得塞都塞不下。谭雪琴病重，临终时嘱托子孙以读书为业，并吩咐家人将所有借据付之一炬，而不是作为遗产让儿子继承。这位老人的大度与豪迈可见一斑。

谭学琴去世时，其子谭继洵，也是就是谭嗣同的父亲才六岁，一家人生活本就拮据，加上谭雪琴不要人家还钱，这个家庭就更加贫困了。谭继洵的哥哥谭继升颇有其父之风，一面苦苦支撑家庭，一面积极支持弟弟读书。谭继洵不负父兄之望，读书非常勤奋。道光二十九年（公元 1849 年），他考中举人；咸丰九年（公元 1859 年），考中进士；次年参加殿试，被咸丰帝钦点为户部主事（正六品），从此踏上仕途。同治四年（公元 1865 年），谭继洵家再添人丁，徐氏夫人在其北京宅内诞下一个男婴，他就是谭嗣同。这是个从小就桀骜不驯的孩子，既有其父亲刻苦读书、有志于学的一面，也有祖父豪迈大度、慷慨仁爱的遗风。十岁时，他与哥哥谭嗣襄拜大学者欧阳中鹄为师。欧阳氏是一个推崇实学的人，正是在欧阳氏的影响下，谭嗣同对王夫之的思想产生了兴趣，进而受到其思想的洗礼。王夫之政治思想的核心是"循天下之公"，王夫之曾猛烈批判历代的统治者，认为天下是天下人的天下，而非君主一人的天下。这种思想闪烁着民主主义的光辉。谭嗣同在这种思想影响下，开始对当时的中国社会进行思考。他曾赞誉这位灵魂的导师："万物招苏天地曙，要凭南岳一声雷。"

谭嗣同读书涉猎极为广博。他认为读书应以经世济民为要，因而对八股文深恶痛绝，在学制艺（即八股文）之学时，曾在课本上写下"岂有此理"四个大字。他仰慕古来之剑侠，对他们扶贫济弱、除暴安良的行为极为赞赏。十二岁时与京师大侠王正谊（即大刀王五）结交，向其学习剑术，还向外号通臂猿的胡七学习刀术。他待人平和，与出身江湖的王五、胡七平辈论交，绝无官家公子哥儿的傲气，因而深得王五等人的敬重与喜欢。

光绪三年（公元 1877 年），谭嗣同的父亲谭继洵被加二品官衔，任命为甘肃巩秦阶道（治所在今甘肃省天水市秦州区）道台，定于次年赴任。当年冬天，他随同父亲第一次回浏阳原籍。浏阳老宅"大夫第"保留着谭继洵昔年读书时的原貌，院内树木成荫，书房内书卷横陈。在原籍期间，谭嗣同日间读书，夜间习剑，并与浏阳人唐才常结为密友，是时谭嗣同十三岁，唐才常十一岁。谭嗣同曾作两联，其一曰："惟将侠气流天地，别有狂名自古今。"其二曰："除夕月无光，点一盏灯，替乾坤生色；今朝雷未动，击三通鼓，代天地扬威。"

正所谓潜龙腾渊，鳞爪飞扬；乳虎啸谷，百兽震惶。谭氏之辞，真有遗世而独步、睥睨天下之襟怀，真非常人也。谭唐二人思想相近，都胸怀救民报国之心，后世将二人合称为"浏阳双杰"，即缘于此。

光绪四年（公元 1878 年）夏天，谭嗣同随赴任的父亲踏上西北之旅。当时西北大旱，数千里寸草不生，草木俱枯，饿殍遍野。盛夏时节暑气逼人，加上自然灾害，致使瘟疫蔓延，道路两侧的沟壑内尽是人尸，越往北灾情越严重，死者不绝于道，宛若人间地狱。谭嗣同父子一行数十人，同样未能逃脱厄运，途中两个幕僚病死，跟随的挑夫车夫有的病倒，有的逃跑，去之大半。谭嗣同的父亲谭继洵也病倒了，不得不在陕州停留。十四岁的谭嗣同因身体强健，居然安然无恙，但是父亲骤然病倒，令他方寸大乱。幸亏幕僚刘云田十分忠谨，沿途事无巨细悉数打理，鞍前马后亲奉汤药。

有一次，天黑地僻，谭继洵病情加重，只有十里之外有药铺，从者或不知路，或无胆量夜行，刘云田只得举着火把策马而去。夜极黑，火把只能照到前面一小片，他忽觉马蹄下踩到异物，急忙拿火把照看，原来踩到人尸，顿时大惊失色，纵马狂奔，一口气跑出数里地。或许是踩到人尸的恐惧，他居然将火把坠落于地，顿时陷入一片黑暗之中。无奈之下，刘云田只好下马，手脚并用探路往前走，伸手所及处多次摸到人尸。买药回来后，用灯一照，鞋袜俱被血水濡染，这是从尸堆里滚爬而出的结果。谭嗣同目睹这种惨状，以及灾害疾疫横行之下百姓的苦难，感同身受。在刘云田的细心照料下，谭继洵逐渐恢复健康，谭嗣同也与刘氏结下了深厚的友谊。此次西北之行，使谭嗣同对王夫之的思想有了更深刻的认识，也使他对君主专制下的中国有了更深入的思考。

光绪五年（公元1879年），谭嗣同奉父命回到浏阳，此后三年均受教于"大围先生"涂启先（浏阳人，字舜臣）。涂氏的学术思想是"明体达用"，与经世致用的实学思想一脉相承。不过，涂氏所授之科目仍然未脱出儒家经典的范畴。叛逆的谭嗣同虽学习勤奋，但是对所学之经义却颇多不屑。他后来曾说："虽受读瓣姜（欧阳中鹄）大围（涂启先）之门，终暴弃于童蒙无知之日。"可见，他少年时内心对经学一直很反感。当然，他年长后对欧阳中鹄和涂启先的学术之精又有了新的认识，故而对少年时未专心做学问而自责。在浏阳就学期间，他和唐才常、刘善涵、贝允昕多有往来，接触到一些自然科学，比如数学、地理学、物理学、化学等学科的知识，视野更加开阔。

光绪八年（公元1882年），谭继洵对儿子的学业终究还是不太放心，因此命儿子赴甘肃，到其官衙内读书，以便亲自督导。大西北的自然环境十分恶劣，民风尤为剽悍，谭嗣同深受感染，常常策马行猎。光绪十年（公元1884年），谭嗣同离家出游，游历了直隶（今河北）、甘肃、新疆、陕西、河南、湖北、江西、江苏、安徽、浙江、山东、山西……大河上下，长城内外都留下了他的足迹。尤其是在大西北，他曾多次纵马出行。在写给友人刘善涵的信中曾说："飞土逐肉，掉鞅从禽。目营浩罕所屯，志驰伊吾以北。穹天泱漭，矢音敕勒之川；斗酒纵横，抵掌游侠之传。戊己校尉，椎牛相迎；河西少年，擎拳识面。"充满了对边塞生活的自豪之情。

谭嗣同将游历之所见，写进了诗词中，其中写西部的作品尤为精彩。他在《望海潮》一词中说："曾经沧海，又来沙漠，四千里外关河。骨相空谈，肠轮自转，回头十八年过。春梦醒来波，对春帆细雨，独自吟哦。唯有瓶花数枝，相伴不须多。　寒江才脱渔蓑，剩风尘面貌，自看如何。铿不因人，形还问影，岂缘酒后颜酡。拔剑欲高歌。有几根侠骨，禁得揉搓？忽说此人

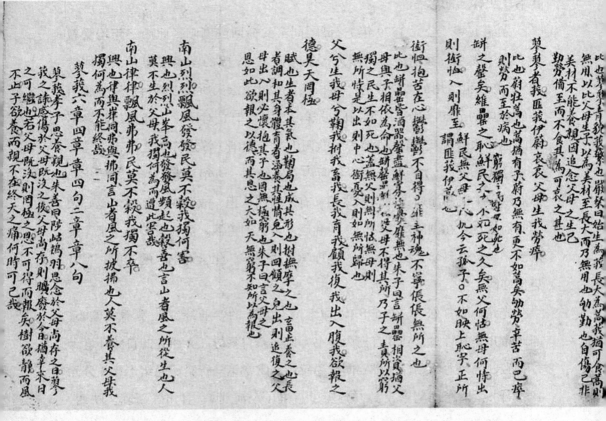

谭嗣同手札

是我，睁眼细瞧科。”

好一个“有几根侠骨，禁得揉搓？”便是这首词，也足以流传千古矣，又何必杀身成仁。大西北的旷古苍凉深深影响了谭嗣同，于此笔者颇有“戚戚焉”之感。盖笔者对此苍茫山河亦壮之，况为吾故乡耳。这个时候的谭嗣同有意识地培养自己的坚韧与胆略。他在《与沈小沂书》中说：“嗣同弱娴技击，身手尚便，长弄弧矢，尤乐驰骋。往客河西，尝於隆冬朔雪，挟一骑兵，间道疾驰，凡七昼夜，行千六百里。岩谷阻深，都无人迹，载饥载渴，斧冰作糜。比达，髀肉狼藉，濡染裈裆。此同辈所目骇神战，而嗣同殊不觉。"纵马大漠七昼夜，长驱一千六百余里，以至于大腿内侧血肉模糊，其同伴无不骇然，而他却不以为意。

光绪二十年（公元1894年），中日甲午战争爆发，腐败无能的清政府战败，签订了丧权辱国的《马关条约》。次年5月2日，康有为联合在京参加考试的举子们上书清政府，呼吁"拒和变法"，从而拉开了"维新变法"的序幕。1898年谭嗣同与唐才常在湖南长沙创立南学会，并创办了《湘报》，介绍西方资产阶级政治改革的学说，以"新政人才"而知名。同年6月11日，光绪帝颁布《明定国是诏》，谭嗣同被推荐给光绪帝，得到了光绪帝的召见，并和林旭、刘光第、杨锐一起被授予四品卿衔，参与新政。光绪帝变法之心极为强烈，曾下诏说："汝等所欲变者，俱可随意奏来，我必依从。即我有过失，汝等当面责我，我必速改。"但是以慈禧太后为首的守旧派力量十分强大，变法在不触动守旧派的前提下尚能维持，一旦触及守旧派的利益，便遭到他们的强烈抵制。

谭嗣同在推行新政时已感受到来自多方面的阻挠，而顽固派对维新志士尤其切齿痛恨。当时传言慈禧太后要借秋季赴天津阅兵之时废掉光绪帝，维新人士们预感不妙，却相顾无策。与袁世凯仅有数面之缘的康有为认为，只有袁氏可以帮他们。9月18日，谭嗣同夜访住在法华寺的袁世凯，要袁氏带兵进入北京除掉顽固派势力。老袁虚与委蛇，始终推诿，后见谭嗣同面有怒色，恐其怀有利器，便假意答应先回天津除掉直隶总督兼北洋大臣荣禄，然后率兵入京。但袁世凯回到天津后，立即将

唐才常像

第二十三章　谭嗣同：剑胆琴心照汗青

此事密报荣禄，出卖了维新志士。袁世凯出卖维新志士与否，因史料记录漏洞颇多，故而很多人持怀疑态度，笔者于此存疑。

9月21日，慈禧太后发动政变，缇骑四出，逮捕维新派人士。康有为、梁启超等事先获得消息，俱躲入外国大使馆。友人劝谭嗣同也躲避一下，以图卷土重来，谭嗣同却拒绝了这一建议。他说："不有行者，无以图将来，不有死者，无以酬圣主。"他将自己的书信、文稿交给梁启超保管，决定以身殉道，唤醒国人。当时，日本使馆方面提出为谭嗣同提供庇护，谭嗣同说："各国变法无不从流血而成，今日中国未闻有因变法而流血者，此国之所以不昌也。有之，请自嗣同始。"毅然回绝了庇护的建议。

9月24日凌晨，谭嗣同端坐在灯下，他估计清政府的缇骑天亮前就会来。为了不连累家人，他模仿父亲的笔迹伪造了七封父亲的信，每封信的内容都是父亲对他的申饬。后来，谭嗣同被捕，连同其居所内所有书信均被查获，提刑官员将搜集的书信上报给慈禧太后，慈禧太后认为谭继洵并非不教子，而是谭嗣同并非孝子，故而未予连坐，只是让谭继洵回归故里了事。

9月28日，清政府将谭嗣同、杨深秀、刘光第、林旭、杨锐、康广仁等六人押赴北京宣武门外菜市口。当他们的囚车穿过街衢时，市民们愤怒地向他们抛烂菜叶、吐口水。深夜读史，当读到这一不为人注意的细节时，我忽然感到非常悲哀。我常以为，英雄殉难，民众应该表现出愤慨，但事实却像周星驰电影里扔烂菜帮子的那一幕。我们的民族多的是麻木的看客，多的是乡愿，多的是"打酱油者"，罕有勇于站出来担当者或表达愤慨者。偶有几个勇于承担的脊梁，却被看客们吐满了口水。

谭嗣同在其著作《仁学》中说："二千年来之政，秦政也，皆大盗也；二千年来之学，荀学也，皆乡愿也；唯大盗利用乡愿，唯乡愿工媚大盗。"他的死仍然未能唤醒这个乡愿的民族，当他被大盗屠杀时，他看到的是乡愿们的围观。历史从来不惮以恶意来呈现人的卑劣，尤其是群体性的卑劣。明朝末年袁崇焕在宁远积极抗清，但因清军绕过宁远，从内蒙古一线绕道进攻北京，赶来勤王的袁崇焕被崇祯帝下狱，处决时市民们争相购买他的肉，更有人冲上去撕咬他，他绝不会想到他曾保护的这些人会如此痛恨他。有私仇否？没有。那是为何？

李敖先生在《北京法源寺》中有精辟的论述，他说："个人只有和群体的大多数一起浮沉，才能免于被残忍对待。个人太优秀了、太特立独行了，就容易遭到群体的迫害。群体是最残忍的，个人比较好。群体比个人不是更好就是更坏，群体比个人极端得多。所以，优秀的个人如果优秀得过分，就要准备付出惨痛的代价给群体，作为'冒犯费'。所以，许多优秀的个人为群体做事，必须事先就得抱有最后还得被群体出卖的危险。"什么是群体性的极端？起哄式的狂热就是群体性极端，鲁迅先生的小说《药》里面那些观看杀人并为之起哄的人就是群体性极端，他们是"看客"的代名词。到了21世纪的今天，我们真的摆脱了看客的身份吗？不尽然……深夜读史，每读至谭嗣同遇难之时看客们的表现，就感到后背一阵阵发凉。

鲁迅先生曾经将黑暗的时代比喻为铁屋子，他企图用呐喊来唤醒沉睡的、将要被闷死的人们。可惜，那些从黑甜梦乡中醒来的人却未见得领情，反而会责怪他惊醒了自己的梦。市民吐口水的行为，很好地说明了这一切。

谭嗣同遇难时，观者如潮，他大呼："有心杀贼，无力回天，死得其所，快哉快哉！"然后从容就戮，年仅三十三岁。谭嗣同对佛学悟之甚深，他不但有一种悲天悯人的情怀，更有一种视万物如一的精神，他所倡导之爱，不仅及于人，更及于一切生命。他的爱是人间的大爱，他有佛一样的心肠，正所谓佛本多情，他才能为了唤醒众生而决绝地死。笔者早年读李敖先生的《北京法源寺》，曾与内子专程在京城寻访法源寺，至宣武门外教子胡同

谭嗣同故居，位于北京市西城区北半截胡同 41 号，现在已成为民宅。

犹未见，问道于路人，于斯言谭嗣同，皆茫然不知。幸问一老者，方知在胡同南端东侧。步入寺中，古木参天，梵音声声入耳，我闭目肃立，试图感受谭嗣同在寺中盘桓的心境。是时，钟声大作，余悲而之于赋诗：为君豪壮知湖南，弹指刹那百余年。抚剑扬眉思壮飞，仰天大呼忆复生。侠骨丹心今不见，江山更新悲从前。欲换乾坤岂惜血，佛国莲花释一禅。

第二十四章
袁克文：痴狂的末世贵公子

—— 故国斜阳旧王孙，至今犹说袁寒云

天涯落拓，故国荒凉，有酒且高歌，谁怜旧日王孙，新亭涕泪；

芳草凄迷，斜阳暗淡，逢春复伤逝，忍对无边风月，如此江山。

—— 张伯驹悼袁克文挽联

1931 年，袁克文在天津去世，时年四十二岁。这副挽联是大名士张伯驹所题，精辟地概括了袁克文的身世与性情。设祭时，来吊祭的人员中既有亲朋故旧、政府高官、社会名流，也有优伶僧尼、道士喇嘛、帮会头目，尤其令人称奇的是哭祭的人中还夹杂着千余头缠白布的青楼女子，真堪比宋代词人柳永了。宋代词人柳永落拓不羁，不事产业，以填词作赋为务，经年与青楼女子厮混，以至于死后无

袁克文像

余资安葬，还是妓女们集资将他埋了。后来她们每年都聚以吊祭，谓之"吊柳会"。袁克文究竟何人，可与大名鼎鼎的风流才子柳永相比呢？

袁克文，字豹岑，号寒云，是民国总统袁世凯的次子，与河南都督张镇芳之子张伯驹、奉系军阀张作霖之子张学良、末代皇帝溥仪族兄溥桐三人合称"民国四公子"。袁克文是袁世凯的三姨太金氏所生，生于朝鲜汉城（今韩国首尔）。据袁克文的至交好友郑逸梅《"皇二子"袁寒云的一生》所载，袁世凯被清王朝派驻朝鲜，朝鲜国王将贵族女子金氏嫁给他。某一日，袁世凯小睡，忽然梦到朝鲜国王用金链牵着一头豹子赠予他，袁世凯欣然领受，将豹子拴在堂下的柱子上，没承想豹子挣断锁链，直奔后堂夫人房间，他大吃一惊当即醒了。也就是这时，怀孕的金氏分娩了，产下一子。事后，据夫人讲，她当时也在半睡中，忽然梦巨兽奔来，经描述，实则是豹。袁克文的字"豹岑"即由此而来。

父母的梦似乎预示着袁克文的不凡。袁世凯对这个儿子钟爱有加。因其宠爱的大姨太沈氏无嗣，便将克文过继给沈氏，沈氏对克文非常溺爱，几乎到了百呼百应的地步。袁克文五岁时，袁世凯回国复命，随后在小站编练新军。次年，袁克文开蒙读书，但他生性顽劣，令私塾老师非常头疼。顽劣虽顽劣，却聪颖异常，有过目成诵的能力，七岁即能读懂经史，十岁就可以动笔写文章了，十五岁时更是赋诗填词，显出一副贵公子的派头。

袁克文十六岁时，与天津候补道刘尚文之女刘姌婚配。刘氏字梅真，性格贤淑，能诗善文，有才女之称。新婚燕尔的袁克文十分中意梅真，留下了不少唱和诗，时人将袁氏夫妇二人比作赵明诚与李清照。试看刘氏诗：

清明

柳荫深处尽桥横，水自潺潺草自青。

春尽吹残桃李色，和风微雨酿清明。

次子韫三妹分袂韵

数载于归两地迟，津门才得共栖依。

无端匝月君言去，使我临歧笑语稀。

哽咽临歧对酒歌，人间只是别离多。

明朝君向都门去，哪有心怀赋绮罗。

刘氏诗清浅、婉转、雅致，将贵妇的心曲含蓄地表达了出来，可见传统女性的内心。刘氏才情虽不及李清照，但也可以易安自况，可惜袁克文不是赵明诚，而是柳三变。他情感多变，热衷于风月欢场的倚红偎翠，注定不会做一个中规中矩的夫君。袁克文喜好交游，尤以交才士和才女居多，他对名士的仰慕和对才女的偏爱一样，是没有分别心的。他爱女人，一生红粉知己无数。先后娶无尘、温雪、栖琼、眉云、小桃红、薛丽清、苏台春、小莺莺、花小兰、高齐云、唐志君、于佩文等女子为侍妾。所谓侍妾，即民国间所谓姨太太是也。这些女子或为女校书，或为说唱艺人，也有唱戏的角儿，其中以女校书居多。所谓女校书，是对妓女的雅称。凡俗之人大多将袁克文与诸女的关系视为感官之欢，殊不知风月场中也不乏深情之人。正如王家卫电影《一代宗师》中所说，风尘之中，必有性情中人。袁克文爱女人，但他最爱的却是才女，乃至奇女子。他与薛丽清、眉云、唐志君等女子的情事浪漫缱绻，令人遐想。

薛丽清，号情韵楼，姿色平平，但肌肤如同霜雪，举止优雅，谈吐不俗，顾盼之间自有一种夺魂摄魄的神采。袁克文一见，大为倾倒，以其肌肤之美，称之为"雪姬"，故后人又称其为"雪丽清"。薛丽清曾为袁克文生下一子。

袁薛相交，诚才子佳人之会也。他们在一起时，翻书做戏，饮酒赌茶，对弈谈禅，游园赋诗。袁克文在《分明》二诗中记录了其中的情状。

小叙云：乙卯秋，偕雪姬游颐和园，泛舟昆池，循御沟出，夕止玉泉精舍。

227

袁克文诗笺

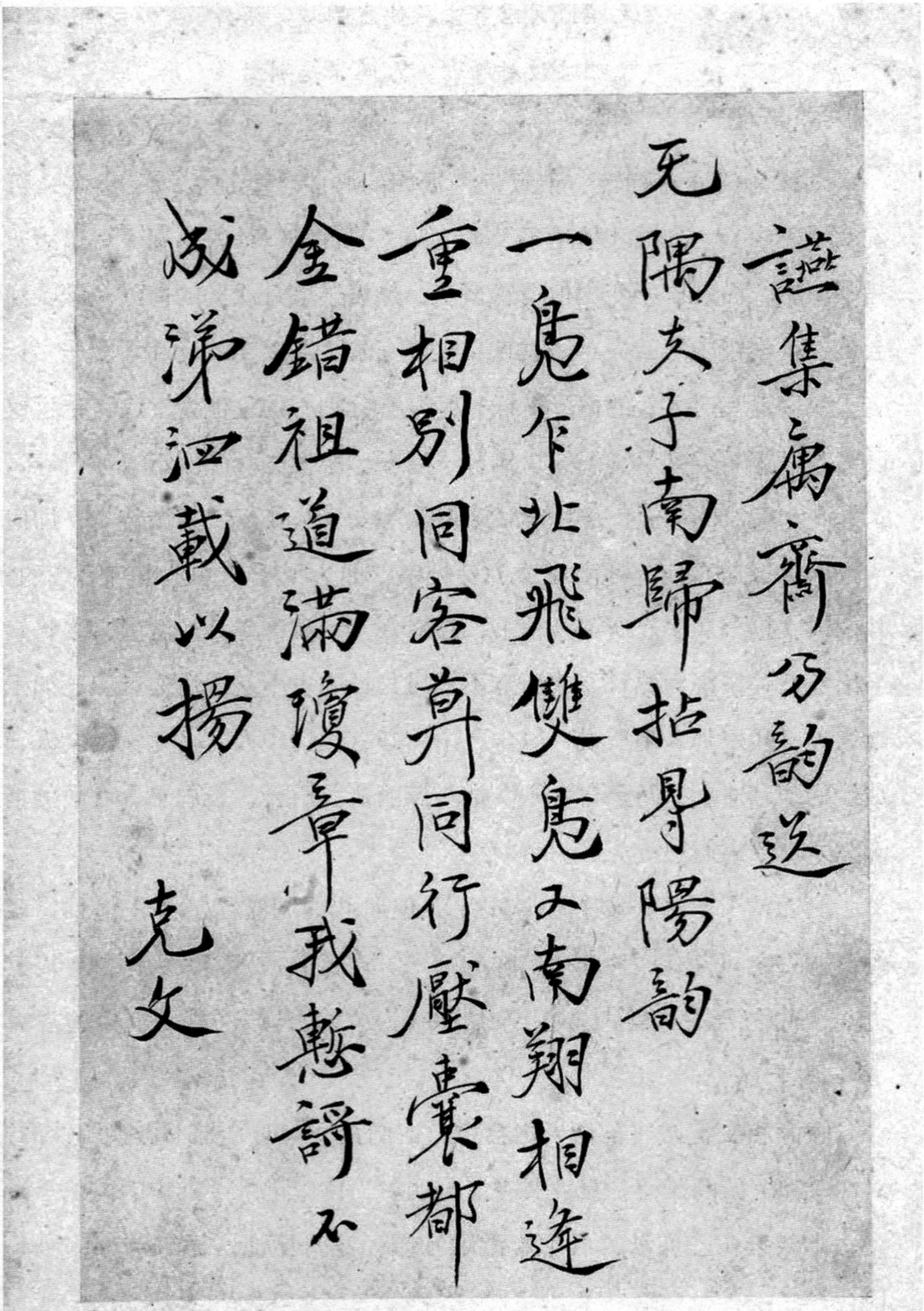
謹集偶齋乃韵送
无隅太子南歸拈尋陽韵
一鳧作北飛雙鳧又南翔相逢
重相別同客莫同行壓囊都
全錯祖道滿瓊章我懸詩不
成諷泗載以揚
克文

（一）

乍著微棉强自胜，古台荒槛一凭陵。

波飞太液心无著，云起摩崖梦欲腾。

偶向远林闻怨笛，独临明室转明灯。

绝怜高处多风雨，莫到琼楼最上层。

（二）

小院西风送晚晴，嚣嚣欢怨未分明。

南回寒雁掩孤月，东去骄风黯九城。

驹隙留身争一瞬，蛩声吹梦欲三更。

山泉绕屋知深浅，微念沧浪感不平。

  薛丽清固然爱慕袁克文的才气，但她却非"嫁鸡随鸡，嫁狗随狗"的旧式女子。她个性奔放，热爱自由，喜欢世俗生活中的烟火气，不愿做笼中的金丝雀。她曾说，追随袁寒云是一时情动欢悦，后来始觉袁寒云文人之气太重，只知翰墨之香，不知人世疾苦。况且豪门规矩太多，礼俗繁杂，一入其门，就不能自由地行动，终日间泛舟游园，没有丝毫趣味，简直要把人闷死。因此，薛丽清产子之后，不久就离开袁家，自谋生路去了。

  世事如棋，落子无悔。薛丽清爱袁克文之才，也见识了豪门的煊赫，相较于片刻的缠绵，她更偏爱自由的生活。《汉南春柳录》记载了薛丽清离开袁家的理由："我随寒云，虽无乐趣，其父为天子，我亦可为皇子妃。与彼同祸患，将来打入冷宫，永无天日。前后三思，大可不必，遂下决心，出宫而去。"由此可见，薛丽清对权力巅峰之家的利害认识之明，真可谓奇女子也。

  袁克文虽为浪荡公子，却绝无世俗之见，绝不轻侮地位低于自己的人。他与青楼女子相交，自始至终彬彬有礼，若两情相悦，则如胶似漆，诗酒今宵枯倚阑干，思无端，无奈不风纶。
雨太迟寒月，何处江南路，又团团，祇是
中秋容易，欲归难。
香渠仁兄属　　克文

袁克文诗词笺

酬唱；若缘分已了，也绝不死缠烂打，而是好合好散。薛丽清离去，他大为伤心。然而，斯人已去，也只能对着情人的旧物浅酌低吟。人之相交，无非一个"情"字，当且行且珍惜。王家卫说，世间所有的相遇，都是久别重逢。反过来，所有的离别，都是咫尺天涯。

看惯了风月场中的低眉浅笑，衣香鬓影，自然也窥透了人心的凉薄。袁克文经常携巨资出游，动辄遍征名花，散尽千金。离去时，罗绮夹道，粉黛成群地挥泪，大有潘郎倚车、夹道掷果之意。正所谓"骑马倚斜桥，满楼红袖招"，这是何等的风流与倜傥。他是贵公子，更是纨绔子弟。纨绔子弟的本性就在于，绝不自命清高，虚伪做作，这就是可爱了。无怪乎，他爱女人，女人也爱他。

袁克文毫无疑问是个花心人，然花心人并非无情。曾有人对花心人下过一个定义：花心人其实最是痴情，只是一直找不到那个令他停驻的人。一旦良人出现，从此一瓢饮。眉云，就是袁克文的良人。与薛丽清一样，眉云亦才女。袁克文有新作，必赠眉云视之。1927 年 1 月，袁克文赴济南，眉云到车站送别。满怀别绪的眉云强作欢笑，却躲不过袁寒云一双敏感的眼睛，他填《卖花声》相赠："莫更放春残，教梦无端，东风已自满江干。便是相思深几许，可奈天寒。底事问悲欢，门外关山，啼尘咽袂去留难。花妒花愁都未了，隔住红阑。"

袁克文诗词多应酬之作，偏向才情而缺乏真心，这首词却极尽真心，将缠绕在九曲柔肠、二百余块骨头里的浓情抖落笔底。1929 年，眉云在天津去世，袁寒云悲痛泣血，作《满庭芳》以悼之："才识春来，便伤人去，画楼空与招魂。璀窗灯灭，长想旧眉鬟。回首殷勤未远，定怊怅，无限黄昏。当时路，香残梦歇，何地逐闲尘。　　伤神犹记取，罗衾夜雨，锦幄朝曛。奈欢语重重，欲说谁闻，纵是它生未卜，容料理，宵梦温存。相望处，人天邈矣，荒树掩新坟。"

此诗大可与苏东坡的"十年生死两茫茫，不思量，自难忘"相匹敌。纵观袁寒云数百首诗词，给眉云的诗作最为动人。眉云去世后，安葬在天津西沽，袁克文亲手题写碑文。两年后，袁克文亦辞世，同样葬在西沽。他们在一起尽管只有短短四年，却生死不渝。寒云、眉云，大概在世界尽头的某一片天空，会依然飘着这样两朵云。

与袁克文一生相处最久的女子是唐志君。唐氏是浙江平湖人，气质极佳，才华卓绝，几乎可与袁寒云匹敌，是袁克文最相得的红粉知己。他们曾相携游平湖，袁克文写下《平湖好》《平湖灯影》《平湖琐唱》等篇章，是他赠人作品中同一题材最多者。唐志君似与夫君争领风骚，为上海的《晶报》撰稿，写下《陶疯子》《白骨黄金》《永寿室笔记》等作品。这些作品大多经过袁克文润色，华章斐然，流光溢彩，使人几难分辨是谁的手笔。

袁世凯称帝，袁克文曾作诗反对，即《分明》诗中"绝怜高处多风雨，莫到琼楼最上层"的讽谏，再加上大哥袁克定的猜忌，袁克文不得不躲避到上海。在上海期间，袁克文的衣食起居悉数得到唐志君的照料。中年后的袁克文热衷于阿芙蓉（即抽大烟），收集古董，变得更加疏狂懒散，有时候数日躺在床上不下地，任自己养的两只肥猫"大桃"和"小桃"蹦来跳去。有时候客人来访，或者有文件要签署，袁克文也都是躺在床上应付。唐志君则在一侧躬身侍奉，或手执拂尘铜砚，或手扶法帖长卷，或手执夜光杯琉璃盏，或亲喂银耳羹鱼炙汤……他们就像一对热恋中的小儿女，卿卿我我，

袁克文昆曲剧照

你侬我侬。

明月有盈缺，缘分有尽时。数年之后，袁克文终究还是厌倦了唐志君，就像先前那些旧人一样，分离固然分离，却不是反目成仇。唐志君懂诗书，更有青囊之才，颇善相面批卦之术，离开袁克文后干脆以此为业，倒也吸引了不少人。当时有人劝她以"袁皇帝儿媳妇"的名义登报做广告，招徕顾客，肯定来算卦的人络绎不绝。但她顾及旧情，不愿伤及袁克文的颜面，直接拒绝了。袁克文去世后，她悲恸不已，亲自到《晶报》馆核实消息，并决定为袁克文写传记。

袁克文兴趣广泛，交游甚广，三教九流无不往来，与不少人结拜为金兰兄弟。他的盟兄弟有徐州军阀张勋、清末两广总督张树声、直隶总督张锡銮、京剧老生孙菊仙、书法家刘山农、作家周瘦鹃等，但往来最多的还是文人。他在京时与易顺鼎、何震彝、闵尔昌、步章五、梁鸿志、黄秋岳、罗瘿公相交甚深，这七人合称"寒庐七子"。到上海后，更是与来自全国各地的文化名流相交，多次被推上"盟主"之位。

他在诗词、小说、书法、绘画、围棋、弹琴、昆曲、收藏等很多方面均有不俗的成就，其"诗、琴、棋、书、画、曲、藏"有七绝之称，因而诗词之交、翰墨之交、知音之交、丹青之交、舞台之交、货泉之交就特别多。张伯驹认为，寒云公子身负奇才，兴趣过广，若取其所学中任何一端深入，都能自成一大家。

袁克文才思敏捷，笔法在柔美与雄捷之间，二十四岁就出版了第一本诗集《寒云诗集》。他去世后，表亲张伯驹收集其词作印成《洹上词》传世。袁克文还为报纸撰文，或散文，或小说，他所写的武侠小说《侠隐豪飞记》、侦探小说《万丈魔》登在周瘦鹃主编的《半月》杂志上，很受人们的欢迎。更为难得的是，袁克文还写过几篇白话文小说，虽属鸳鸯蝴蝶派的游戏之作，但也可见他文路之宽。至于他写的《辛丙秘苑》《三十年闻见行录》

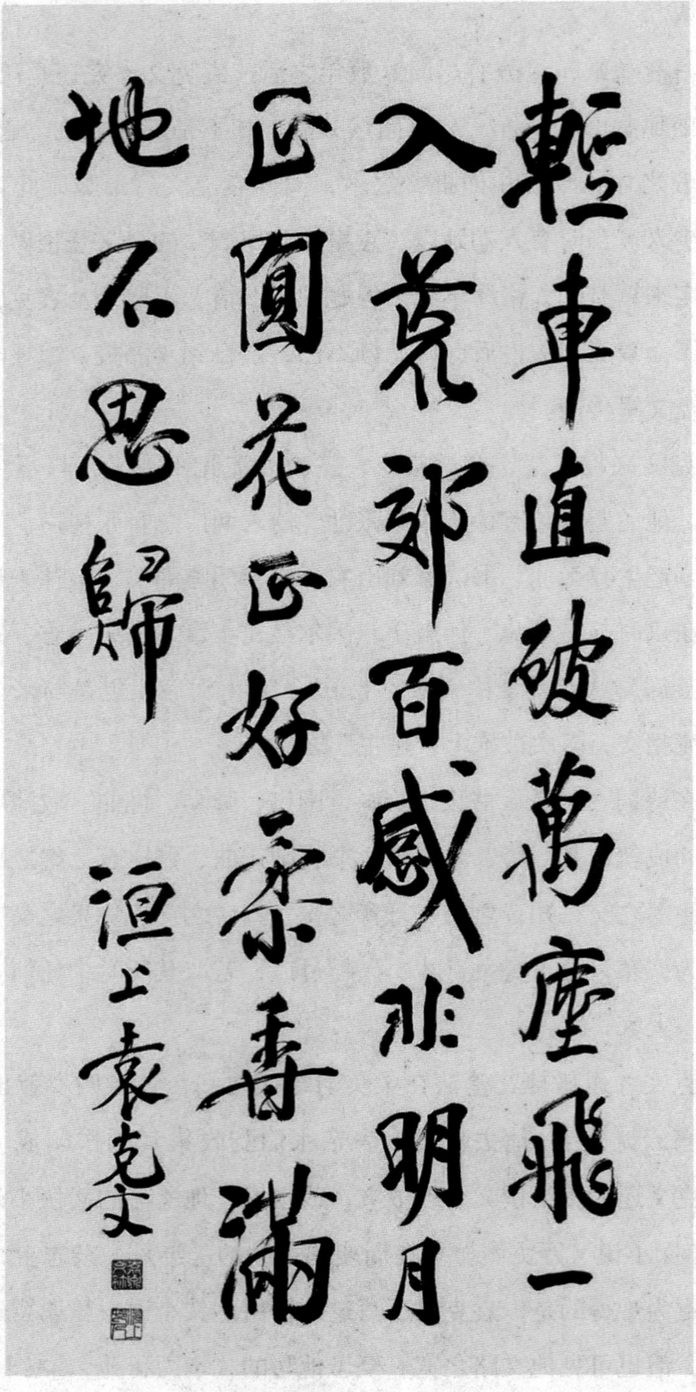

轻车直破万尘飞一入荒郊百感非明月正圆花正好梁春满地不思归

洹上袁克文

《洹上私乘》等笔记作品和《寒云日记》，更是研究近代史的第一手资料。因为不少事件袁克文都曾目睹，其史料价值不可忽视。

袁克文曾拜在天津四大书法家之一的严修门下学习书法，其书法多宗唐宋名家，真、草、隶、篆自成一体，清丽婉转，毫无媚俗之气，因而每到一地，风雅之人都会登门求字。寒云公子生性风雅，遇到有缘人则一挥而就，对于他憎厌的人，则示以白眼。他花钱如流水，每次南游时负笈万金，北归时却囊中空空，甚至陷入饥寒交迫的窘地。他信奉的是李谪仙"千金散尽还复来"的哲学，但在经营金钱上却毫无头脑，幸而他写得一手好字，一旦囊空，就鬻字疗饥。

1915年5月9日，日本逼迫中国承认修改后的"二十一条"，袁克文非常悲愤，曾挥毫作古风一首："炎炎江海间，骄阳良可畏。安得鲁阳戈，挥日日教坠。五月九日感当年，曜灵下逼山为碎。泪化为血中心摧，哀黎啼断吁天时。天胡梦梦不相语，中宵拔剑为起舞。誓捣黄龙一醉呼，会有谈笑吞骄奴，壮士奋起兮毋踟躇。"是年有人求字，他多书此诗赠人。

有一次，袁克文登报鬻书，朋友们多方张罗，声称寒云公子降低润格，一天之中写了四十多幅书法作品全部售空。这使他非常高兴，事后答谢朋友，专门购买了胡开文古墨，写一百联以酬友人。他还用冷金笺纸临摹秦代铁权上的篆文制成屏条赠人，此外写了四十幅扇面，所题诗文全部为上面那首纪念"五九"耻辱的古风。

1916年，袁世凯暴卒后，袁家由袁世凯的盟兄弟，后来曾担任代总统的徐世昌主持分家。袁世凯的诸多儿女都分得一份，儿子们每人十二万大洋，十二根金条，此外还有若干房产、股票，以及其他不动产。袁克文曾过继给大姨太沈氏，因而分得双份。按说，拥有如此之多的遗产，袁克文是不愁用度的。实际不然，他挥金如土，财权掌握在大太太手中，故而他的支出悉由太太支配。

第二十四章　袁克文：痴狂的末世贵公子

有一年，他出游时又花光了所有的银子，困居愁城。朋友们知道他有名士气，既不肯张口借贷，也不肯接受馈赠，因而与之友善的方地山、宣古愚、张丹斧、冯小隐、范君博、余谷民等名士联名写了一个广告，登在报上，云："寒云主人好古知书，深得三代汉魏之神髓，主人愈穷而书愈工，泛游江海，求书者不暇应，爰为拟定书例。"报纸一出，登门求书者络绎不绝，数日便获得千金，缓解了困窘。

民国十六年（公元 1927 年）夏，在上海流连了许久的袁克文准备北返，但囊空如洗，已无川资，只好再次登报鬻书，这次他亲拟广告："三月南游，羁迟海上，一楼寂处。囊橐萧然，已笑典裘，更愁易米。拙书可鬻，阿堵倘来，用自遣怀。聊将苟活，嗜痂逐臭。或有其人，廿日为期，过兹行矣。彼来求者，立待可焉。"

袁克文定下了二十天的卖字期限，一时间"粉丝"们蜂拥而至。人们知道他的性格，说一不二，一旦过了期限，便是手捧万金，也不可能得到他一个字，因此登门的人几乎挤爆他旅居的宾馆的大门。他不但卖字，还卖画、卖文，类似这样的故事，在袁克文一生中还有很多。

袁克文另一项较大成就是戏曲。他不但是当时最出名的"票友"，而且在昆曲的理论发展上亦有成就。他在 1918 年就创立了"温白社"，该社的成员还有同为"民国四公子"的溥桐、张伯驹。据著名戏剧理论家徐凌霄在《纪念曲家袁寒云》一文中透露，温白社迭兴时，袁克文一面会集曲友，排演于江西会馆，一面与同好同志时作文酒之会，讨论剧曲，兴趣弥浓。交换知识，研求有得，则笔而书之，以寄京园。

这里所说的"京园"，是指徐凌霄主办的《京园剧刊》，袁克文经常在该刊上撰文。袁克文在文章中对南曲昆系字音演变进行了梳理，对昆曲中的泥守成法和妄加篡改也都有自己的独到看法。

民国时代，平等之风大兴，袁克文与优伶论交，绝不居高临下，对师

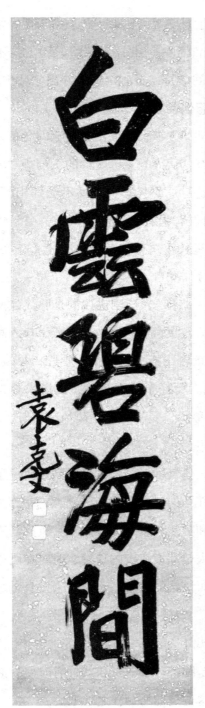

红楼青山外

白云碧海间

袁克文

承上低于自己者往往平辈论交，高于自己者则执弟子礼。由于他经常和"戏子"们厮混在一起，令他父亲的老部下——北洋系诸将领脸上挂不住，曾由冯国璋出面阻止。袁克文对此的回应是，在剧中演了一出"钻狗洞"，令北洋大佬颜面丧尽，再也不敢来招惹他了。

最值得一说的要数温白社的活动了，该社的演出非名流即名角，绝无草台班子里的演员。他曾与梨园行里有"通天教主"之称的王瑶卿之弟京剧老生王凤卿演《审头刺汤》，这出戏是讲述明代官员陆炳不受奸相严嵩指示，与诸官匡扶正义的故事。袁克文演得有板有眼，丝丝入扣，令名角们亦叫好。此外，他还与京剧的开山祖师程长庚之孙程继仙合演过《奇双会》，与京剧名家钱宝森、徐德义等也都曾合作登台。

他曾与溥桐合演昆曲《千忠戮·睹惨》，该剧讲述的是明代建文帝朱允炆被叔叔燕王朱棣夺去帝位的故事。建文帝削藩失败，遭燕王攻入京师，只得一路逃亡，流落天涯。袁克文在该剧中扮演建文帝，唱腔极尽哀婉："收拾起大地山河一担装，四大皆空相。历经了渺渺程途，漠漠平林，垒垒高山，滚滚长江。但见那寒云惨雾和愁织，受不尽苦雨凄风带怨长。雄城壮，看江山无恙，谁识我一瓢一笠到襄阳。"

他的这一段唱腔浑若灵魂出窍，荡气回肠，尤其是唱到"历尽了渺渺程途，漠漠平林，垒垒高山，滚滚长江"的时候，为变徵之声，悲凉之极，忽然落泪，令在场观剧的人为之震惊和哑然。据时人推测，大概这与袁克文的尴尬处境有关，他因遭到大哥"皇太子"袁克定的猜疑，时时在疑虑和悲愤中。结合了自身的体验，再加上他对该戏的理解，不由得引发身世之叹，唱到极处情动也是难免。

袁克文虽是纨绔子弟，但在演戏上却绝非一时兴起的"客串"，而是身在舞台，心入其境，无论是身段还是眼神，都非常入戏；有时候直演得声泪俱下，令在场的人泫然落泪，大概这也是他的痴狂之处吧。

乱山腾夫虎豹

大泽起兮龙蛇

克文

1931 年，寒云公子在天津去世，送来的挽幛数不胜数，无处悬挂，积压堆叠。吊祭之人从王侯将相到引车贩浆者之流，出现了本文开头的那一幕。

袁克文虽生在枭雄之家，却鄙弃政治与官场，一生志在做一名士。英国剧作家王尔德在《温德米尔夫人的扇子》中说，芸芸众生拥有的是同一个时间，善与恶、罪过与天真，都难分难解，在尘世里走过。为了现世安稳，就闭起眼睛，漠视另一半的心灵觉醒，这种态度实际上是自甘沦为盲人，只为不看遍地的陷阱和悬崖。袁克文生于风雨飘摇之世，眼见红尘翻涌，众生熙来攘往，以他的颖悟，自不肯闭起眼睛视而不见，因此沉醉在艺术与情爱中。然而，这并不能缓解艺术家独特的痛苦。他淹没在强烈的情感中，就像在烈酒中的沉醉，酒会醒，情感也会淡，人最终还是会醒来。就像是一种轮回，宿醉的头痛中醒来又拿起了酒杯，醉后还是醉，醒后还是醒，醉只是片刻，醒才是永恒。情爱是此身，痴狂即此心，身心不二，亦狂亦颠，他终究是一个可爱的人。

后　记

　　十五年前，我还是个二十啷当岁的年轻人，居住在京西一个亭子间里，房间很小，但经常有初来乍到的朋友"投奔"，我给他们的最高待遇是提供一张免费的沙发，少则半天，多则半月，他们就会离开。

　　那时候我在一家电视台打杂，同时兼职给杂志社撰稿，还写小说，差不多同时干着三份工作，经常抱着笔记本电脑一抱就是十几个小时。停下来后，内心会出现一个大洞，装满了茫然。

　　有一天回到寓所，我发现我那摆放了五百多本书、七百多张影碟的木头架子乱成了一锅粥，我家的"沙发客"正蹲在地上，划拉着最下面一层。

　　"你在做什么？"

　　"找个能看的东西。"

　　"那么多书和碟，都不好看？"

　　"不是，我还没找到工作呢。"

　　好几天没找到工作，他迫切地想抓一根稻草。

　　"你想做什么工作？"

"我妈想让我跟做生意的亲戚一起干，我爸想让我回去考公，我没想好做什么。"

我一时组织不出安慰他的话，看他像饿了好几天的猫，我挤出一句："你是打算哭一会儿，还是先去祭五脏庙？"

他乐了。

我住的地方是个城乡结合部，出门走不太远，有个夜市，我和朋友们戏称为"京城最潮的街"。那天不知什么原因，"京城最潮的街"停电。我俩走了十来分钟，看到一盏亮着的灯，路尽头的大排档居然没停电。那天吃了些什么，我已经不大记得了。倒是记得吃完发现路边有张台球桌，看球桌的是个中年妇女，招呼我俩打球。

自高中时代以来，我就再也没有摸过球杆了，我问他要不要打一盘，他说："好。"于是我俩就一边打球，一边东拉西扯，就这么谈到了竹林七贤。打到晚上十一点多，老板娘要回家。虽然有点意犹未尽，但我还是搁下了球杆。老板娘说："不着急，你俩继续打，我喊我老公来盯着。"

过了一会儿，她老公开着出租车来了。

这是个谢了顶的中年男人，把车扔在路边，进店拿了瓶罐装啤酒，蹲在马路牙子上喝了起来。既然不打烊，我俩就继续打，差不多到十二点，付了账，准备离开。开出租车的老板拿了两罐啤酒放在台球桌沿儿上，说："这个送你们的，想打的话，再打几盘，不收钱，听你俩聊天挺有意思。"

我俩又打到了凌晨一点。

街口唯一的灯灭了后，可以看到夜空无比璀璨的星星。那时候我的脑子迸出了写一本书的想法。

第二天我醒得很晚，朋友已经走了，给我留了纸条：

白羽君，昨晚聊了半夜，我突然想明白了，我还是得干自己喜欢的事儿。后会有期。

后来的十多年里，我写了十余本书。回头看当年写的这本书稿，虽然有不少稚嫩的地方，但仍然觉得有它的价值所在，偶然信手翻到写陆羽的篇目：

从此之后，他开始了半生的游历生活。沿途，他遇到茶山，就驻马采茶；遇到甘泉，就落鞍汲水。红日西斜、繁星满天的时候，他依然一个人在旷野里行走，或支起茶炉，摆好茶具，慢慢地冲好一杯香茗，在清风明月中细细品味。

奥地利诗人里尔克说："我们只是路过万物，像一阵风吹过。万物对我们缄默，仿佛有一种默契。"

在后来的日子里，我结束了那种没日没夜的工作，开始寻找适合自己的方向，我很清楚，只有这样，生活才有更多可能。

所以当我行走在西部的荒野中，远处铁青色的山脉涌动着，茫茫无际的戈壁沉默无语，偶尔一片葵花地里数千颗金黄色的脑袋挤在一起望太阳，我会想起海子，想起荷马，想起吉普赛女郎和大篷车，想起魏晋以来的诗人们，想起无数流浪者与朝圣者……

鲁迅先生说，以前的学究"悔少作"，对于年轻时的著作，要么删改，要么甚至于全部烧掉。陈丹青说，年轻时的作品"有点好笑，也有点亲切"，"亲切是因为到底是自己年轻时候的东西，不可替代，你也赖不了，这就是你画的"。我的这部书大抵也是如此，稚嫩、亲切、自然，也许还有一些狂妄，但不可替代。

生活从来不是画一个圈，将自己圈在里面。

写作者面对这个世界时，要有两种能力，一种是"通"的能力，张开每一个毛孔，感受这个世界。但要警惕所谓"强大"，很多人的强大是套了一层铠甲，说得不好听其实就是背了个蜗牛壳，自以为刀枪不入，其本质是懦弱，没有能力面对生活。而另一种能力是自我的屏蔽能力，能够无视外界的干扰，避免内耗以及避免在无休止的琐碎事务中纠葛一生。

勇敢追寻属于自己的生活，但也要勇于承担后果，而后自然会有神助。

生活不是轨道，而是旷野的追寻。

白羽

二〇二四年六月四日夜于独乐寺